国家社科基金
GUOJIA SHEKE JIJIN HOUQI ZIZHU XIANGMU
后期资助项目

Land Problem
and the Political Economy
of South African

土地问题与南非政治经济

孙红旗◎著

全国百佳出版社
中央编译出版社
CCTP Central Compilation & Translation Press

目　录

序　言

最近孙红旗教授请我为其国家社会科学基金后期资助项目成果《土地问题与南非政治经济》作序，我欣然应允：一来我自觉在他所研究的领域确实有些发言权——我研究非洲历史数十年，也算有些心得，正好有感而发；二来“徇些私情”：他在北京大学攻读六年，成绩斐然，算是我的高足；三则确实为他的敬业精神所感动，“十年磨一剑”，毕竟大不同，坐得冷板凳，功到自然成。

众所周知，南非是著名的“彩虹之邦”，它和东非地区一样是人类的发源地之一。迄今仍然保存完好的科伊桑人岩画证明了广袤的南非次大陆有着悠久的光辉灿烂的文明史。但自公元16世纪起，欧洲人的航海和地理大发现彻底改变了南非的历史发展进程，为数不多的欧洲殖民者，主要是荷兰人、英国人陆续登陆好望角，进而翻过桌山，向北直达林波波河，向东进至印度洋西岸，最终鸠占鹊巢，将南非1 221 037万平方公里土地的绝大部分据为己有，而占人口87%的广大黑人和有色人种则被圈进贫瘠的保留地，即所谓的“班图斯坦”，或称“黑人家园”。

1910年南非联邦成立后，通过颁布1913年的《土著土地法》，当政的阿非利卡人以严酷的法律手段强制推行种族隔离制度（Apartheid），在极短的时间内实现了畸形的现代化，南非成了“白人的天堂，黑人的地狱”。

西方有学者称欧洲人数百年的殖民统治在非洲历史上只是一段“插曲”，如果用这种观点来看，种族隔离制度在南非维持的时间也不算太久。但原住民被剥夺土地的历史却对南非现实的政治经济发展产生了深远的影响。

1994年，南非被颠倒的历史终于被颠倒了过来，被囚禁了将近28年的曼德拉从罗本岛的牢房走进了一直由白人把持的总统府，并成为那里的主人。

然而政权的易手并不能完全改变南非的三个半世纪白人统治历史所

形成的现实：白人仍然控制着南非绝大部分肥沃的土地，南非的经济和政治发展仍然充满着许多变数或未知数，正如曼德拉自己所言："自由路漫漫。"

这一切都是如何发生的？孙红旗教授的著作《土地问题与南非政治经济》从历史学、经济学、政治学和社会学的多维角度，通过跨学科研究，对此给出了自己系统而完整的答案。

孙红旗教授从事非洲的历史研究已近20年，其中6年是在北京大学跟随我攻读硕士和博士学位。本书即是他在博士毕业论文的基础上写成的。他当时以优异的成绩通过了毕业论文答辩，尽管我和导师组的其他几位先生都希望他在尽可能短的时间内将3年耕耘的成果付梓，但他仍一如既往地保持着难得的耐心，不断地充实和完善自己的作品。2006年，他远渡英国，在伦敦大学高级研究院潜心搜集更多的第一手资料，并与国外非洲学界同仁进行交流，为书稿的最终完成奠定了坚实的基础。

2007年，孙红旗教授的书稿《土地问题与南非政治经济》获得国家社会科学基金后期资助项目资助，又经过3年多的认真推敲，2011年交由中央编译出版社出版。于是读者们的面前便见到了这样一本在某种意义上填补了我国南非史学研究空白的新作。

理解纷繁复杂的南非历史，关键在于抓住南非历史发展的三个生产力要素：土地、资本和劳动力。马克思指出："土地所有权的垄断是资本主义生产方式的历史前提，并且始终是它的基础，正像这种垄断曾是所有以前的、建立在对群众的某种剥削形式上的生产方式的历史前提和基础一样。"（马克思《资本论》第三卷下册，北京，人民出版社，1975年，第696页）。孙红旗教授的著作紧紧抓住"土地"这个要素在不同历史时期的嬗变过程及其和劳动力、资本的互动关系，也即如书名所言，即土地问题与南非政治经济的互动关系。可以说，一部白人与黑人争夺南非土地的历史，就是整个南非的政治经济发展史。

除去"彩虹之邦"斑斓的外衣，其实南非的民族构成主要是对比鲜明的两色——黑人与白人。《土地问题与南非政治经济》当然并不局限于黑白两色，因为南非土地问题形成的历史并不是那么"一清二白"，而是有着许多非常规的内容。在孙红旗看来，南非土地问题的形成并非那么"规律"，不能按照一般殖民主义史的逻辑来解释。事实上也是如此。有许多事物的发展是"不以人的意志为转移的"。如最后形成的种族主义藩篱，最初要隔离的其实是阿非利卡人自己。因为东印度公司一开始并未想深入南非内陆数千公里，而只是想把好望角变成有"海上马车夫”之称的荷兰人大洋航线上的一个补给站而已。他们并不愿意冒险与原住民建立不确定的贸易关系，既无野心也无实力把南非拓展成帝国（荷属东印度公司）的一块殖民地。

然而好望角的风暴却阻挡不了越吹越猛的贸易风（Mosoon）。尽管奔赴南非的白人移民从未形成潮流，尽管粗放经营的“布尔人”的生产方式并不比原住民高明多少，为数不多的东印度公司雇员还是变成了自己坚决声称的Afrikaner（阿非利卡人，意即“非洲人”），他们脱离了祖国，创造了一种新的民族语言，建立起了自己的“共和国”，进行了浩浩荡荡的“史诗般”的民族大迁徙（The Great Trek），并与英国人打了列宁所称的第一场“帝国主义战争”，又从战胜者手中接管了整个南非。这一切看似出人意料，却又有许多“必然性”。

《土地问题与南非政治经济》的贡献在于，作者对这一切乱象给出了深刻而符合历史事实的解释。置身于黑色汪洋大海中的阿非利卡白人民族之所以能够像以色列人那样自命不凡，并且迸发出巨大的能量，凌驾于广大黑人民众之上，成为南非120多万平方公里土地的所有者，自有其超乎寻常之处。他们既是一般的殖民者，又不是一般的殖民者。说他们是一般的殖民者，是因为他们和其他殖民者一样，都是到海外掠夺财富的欧洲人；说他们不是一般的殖民者，是因为他们与其他殖民者相比有其特性——阿非利卡人的祖国荷兰，是个向大海索田的狭小的低地国家；他们的祖先在向大海争取空间的同时，还为了民族和宗教的自由同西班牙人进行了无情的斗争。他们对土地和自由的理解和感受近乎狂热而偏执。

他们获取了土地，他们赢得了自由。作为荷属东印度公司的雇员，他们中的一部分人来到了南非。这是一片与他们的家乡迥然相异的土地，当时他们的主要任务只是蹲守好望角，为过往船只提供淡水、蔬菜和肉类等。他们是优秀的农夫，但他们的经营活动受到公司的控制，他们的发财梦并不容易实现。

为了自己的切身利益，他们以租借农场的名义扩大了农牧场的范围，并偷偷地与科伊桑人进行贸易。不知不觉中，他们的身份发生了改变——他们成了“本土化了的殖民者”。他们增值财富的行为势必与原住民——最初是科伊桑人，然后是班图黑人——发生冲突。当后者不能满足他们的要求时，他们的行为变成了掠夺。然又诚如马克思所言，掠夺方式是由生产方式决定的。南非大草原主要以畜牧业为主的生产活动使得擅长农艺的布尔人似乎“英雄无用武之地”，他们只能屈服于大自然，他们需要土地来蓄养牲畜，需要劳动力来放牧和管理牛羊。在南非的条件下，尽管他们与原住民相比并无优势——无论是在生产技艺还是人数上，但他们拥有屡试不爽的“三件宝”——圣经、牛车和火药枪。虽然他们事实上已经沦为南非大草原上的“白人部落”，成为非洲大地上的“欧洲文明碎片”，但他们在土地扩张的初期，基本上能够做到战无不胜。尽管他们与祖国几乎断绝了联系，却有一条线把他们与欧洲连系在一起，即资本主义的世界贸易。而这也是他们呆在南非并能够获取财富的前提。当他们离开普港口越来越远的时候，说明他们与外部市场的关联越来越近。开普港口风帆云集的时候，正是他们财源滚滚的时候。

当然，他们的行为会受到当地原住民的反抗。但在与原住民交往的过程中，他们的精神已经变得很强大，“无主土地”的法理观念、种族主义的思想意识、极端自由主义的行为哲学，成为他们强大的精神武器，他们几乎消灭了桑人，役使了几乎全部的科伊人，将黑人不断向东、向北驱赶。

正当阿非利卡人在“开普东部边疆”向黑人步步进逼的时候，英国人闯了进来，接管了开普。19 世纪 20 年代，英国人按照威克菲尔德的“系统殖民”理论，向开普殖民地输入了数以千计的移民。尽管在南非垦殖的计划以失败而告终，但英国人带来的资本主义工业文明还是对南非社会产生了极大的冲击，并遭致阿非利卡人的反抗。由此在南非上演了一部所谓的“民族大迁徙的史诗”。数以万计的布尔人拖家带口，分期分批撤离开普殖民地和“东部边疆”，开始了向北向东的迁徙。不管怎么看待布尔人大迁徙的性质，其结果是，当他们最终到达林波波河南岸的时候，他们已经占领了属于班图黑人数十万平方公里的土地。在这一过程中，1838 年的“血河之役”更多地具有了象征意义：12 月 16 日既是阿非利卡人的民族纪念日，也是祖鲁人反抗侵略的“丁干日”。阿非利卡人在班图人的家园上建立起了德兰士瓦和奥兰治自由邦这两个“共和国”。

此时布尔人的土地扩张行为变本加厉，其驱动力不仅是 19 世纪 30 年代以前的贸易，而更多是大英帝国的“推力”和班图黑人的“阻力”。为了应对这两股力量，处于人口劣势的阿非利卡人试图极力保持民族与阶级的同一，尽可能地延迟阿非利卡人内部的贫富分化。而要实现这样的目标，唯一的和最主要的途径就是为“贫穷白人”提供充足的土地，而这些土地的源泉无一例外地必须从班图黑人那里获取。

黄金和钻石的发现彻底改变了南非的政治、经济和社会结构，而其最集中的体现就是围绕价格飙升的土地资源的争夺。争夺不仅一如既往地在白人与黑人之间展开，同时也在白人民族和利益集团之间进行。自从英国移民陆续有规模地、成批地来到南非之后，尽管他们与布尔人一样没有在农业领域大有作为，但经历过工业革命洗礼的英国移民及其后裔在南非大草原上充分显示出了其雄厚的实力，他们在与布尔人一道打败黑人民族的同时，与布尔人的冲突也因“两矿”的开采而骤然升温，直至双方兵戎相见。这场第一次世界大战之前非洲最大规模的近代战争以其惨烈程度而著称，双方几乎动用了所能调动的最大军力，其结果也充满了戏剧性。布尔人从战胜者英国人那里获得了巨额的“赔偿金”，并且在1910年南非联邦成立之后不久又从英国人手里接管了政权。布尔人输掉了一场白人之间的战争，却获得了整个南非，获得了对黑人和有色人种的绝对统治权。从此，阿非利卡人便为所欲为，不断用法律手段巩固自己的既得利益。

1913年的《土著土地法》的颁布是个标志性的事件。一夜之间，绝大部分世代居住在自己土地上的南非黑人从法律上被剥夺了土地所有权。此后，类似的法律层出不穷，不断“完善”对黑人民众土地资源的剥夺机制。阿非利卡人最别出心裁的发明，当属设立“班图斯坦”并最终让“黑人家园”在南非境内“独立”。又仿佛一夜之间，南非绝大多数民众忽然发现自己不再是南非人，而成了南非境内的外国人。他们被“独立”了，却无法支配自己的资源和命运。

绝望至极中，他们进行了不屈的反抗。依靠种族隔离制度保障建立起来的畸形的经济繁荣到20世纪80年代开始停滞甚至出现负增长，种族主义政治经济学面临前所未有的危机。

90年代初，变革之风终于吹动了曾经“铁板一块”的阿非利卡人政府。谈判在紧锣密鼓地进行，双方都在追求博弈的最大效益。几经反复之后，出现了和解的曙光。伴随着曼德拉从阶下囚变为座上宾，伴随着制宪谈判走上正轨，伴随着第一次不分种族的全民大选以及曼德拉的顺利当选，南非创造了一个历史的奇迹：三个半世纪的黑白对立的结果不是你死我活的内战，而是相对平静的和平过渡。曼德拉和最后一任白人总统德克勒克共同获得了1993年的诺贝尔和平奖，一个新南非从此诞生。

……

孙红旗教授以土地问题为主线，很好地阐释了21世纪之前南非的历史。进入新世纪以来，摒除了种族隔离制度的新南非充满了生机，然而其发展过程中也面临着许多困难和问题，面临着现实的考验，其中就包括在土地问题的解决进展缓慢的情况下如何实现经济和政治的健康、持续、和谐地发展的问题。期盼《土地问题与南非政治经济》的作者继续关注该领域的进展，并适时作出理性总结，正如他现在已经做过并且做得很好的工作一样。

最后还应提一下这本著作的其他几个特色。在我所读过的史学著作中，能以近乎文学的笔触来论述历史的著作并不多见，孙红旗教授的《土地问题与南非政治经济》可谓其中的佼佼者。当然，最引人入胜的还是其独到的分析。值得一提的是，作者在分析阿非利卡人土地扩张行为的思想根源时候，颇有一些“心理史学”的意味。在我看来，这应该是值得国内学术界提倡的。此外，作者不仅文字功底深厚，表述生动，把严肃的史学著作写得极具可读性，还用心从各种媒介包括公开的互联网资源中用心搜集到了一定数量的很能说明问题的图片和图表资料，使得该书图文并茂，这也是值得称道的一个方面。

以逾古稀之年，品评一位后学之辈的力作，不知当否，也请同仁和读者们指正。

北京大学历史学系 郑家馨

2011 年 3 月 28 日于北京大学蓝旗营寓所

绪　论

南非是世界上问题最多、最复杂的国家之一，因为她的历史和现实中几乎汇聚了当今人们所面对的世界上所有主要的矛盾，涵盖政治、经济、文化等各个方面——殖民主义的侵略、种族主义的强权、前资本主义生产方式和资本主义生产方式的对立等，而且都极具典型性。现实中，殖民主义的侵略早已结束，种族主义的政治强权统治也于1994年随着第一次不分种族的公平的大选和黑人领袖曼德拉的当选总统而走到尽头，但新南非的社会经济发展尤其是农村社会经济的发展仍然由于背负着沉重的历史包袱而举步维艰，殖民主义和种族主义遗留下的障碍一时难以根除。要理解南非的现在，就要了解南非的历史。

南非历史遗留下来的沉重包袱之一就是土地问题。土地问题和农民问题密切地联系在一起。关于南非农民的地位及其经济活动，许多历史学家从历史上进行了考察。麦克米伦（Macmillan）、基韦特（de Kiewiet）、马雷（Marais）等人的著作中都对南非黑人农业的兴衰进行了说明，他们一方面强调是白人统治的毁灭性影响，特别是史无前例的对土地的突然剥夺，另一方面是传统经济和社会秩序的解体，以及原始民族经济的脆弱性和农业科学技术的落后，无法面对更为先进的商业化市场经济的冲击，造成非洲土著的农牧经济无法维持下去。基维特和麦克米伦都指出，失去土地对“部落经济”[①]或传统的生产方式是个沉重的打击，没有可耕地，部落经济也就失去了立足的基石，现金的流入瓦解了旧的自

---

① 关于“部落”和“部族”等术语的使用问题，曾引起中国非洲学界的争议。李安山先生通过多方面的论证，强调指出20世纪后期西方和非洲学界已经不再使用tribe（tribal）这样的词汇，而改用ethnic group取而代之，中国学界应避免使用类似已被抛弃了的学术用语。详见李安山：《论中国非洲学研究中的“部族”问题》，《西亚非洲》1998年第4期。类似的还有“土著”（native）一词的使用问题。本文中偶尔出现的“部落”和“土著”等词皆为引用70年代前原著中的用语［“tribe\（tribal\）”和“native”］。

给自足的经济体系，不断上升的消费需求则使前资本主义的维生经济背上了难以忍受的负担。[①]同样，汉考克（Hancock）也将土壤侵蚀和非洲土著的困境归咎于"欧洲人给土著留下的土地太少"，无法促使黑人劳动者或白人农场上的"擅自占地者"以班图人的经济方式取得进步。[②]保留地经济史研究专家霍巴特·休顿（D. Hobart Houghton）则从南非存在的"二元经济"理论出发，进一步阐述了"维生"经济和"市场"经济之间的巨大鸿沟。[③]他认为由于种种原因，非洲人未能使其部落经济适应土地相对短缺的条件，或者从其白人邻居那里学到更现代的农耕方法。这种"经济适应的失败"是"他们不幸的根源"，失败主要是由于传统或维生经济的缺点：缺乏技术知识，社会习俗的制约，以及由此造成的对革新的敌视，对市场刺激反应的迟钝。另一个很有影响的南非经济学家富兰克林（Franklin）具体地列举了"这些自然的障碍"：土著对土地和牲畜的传统态度，保守主义，家庭纽带，忽视条件的变化和提供的机会。[④]霍巴特（Hobart）和富兰克林一方面轻视了非洲人土地严重缺乏这一农业发展的前提条件，过于从非洲人传统经济自身找原因；另一方面他们还忽视了莫妮卡·威尔逊（Monica Wilson）提请注意、邦迪（C. Bundy）重笔描述的这一事实：南非保留地地区和今博茨瓦纳、莱索托、斯威士兰地区曾经历过"早期的繁荣"，随即又出现了欠发展和维生经济的症状。[⑤]无论是否强调土地缺乏对南非土著农业的影响，从麦克米伦到邦迪，他们探讨的出发点是在承认既定的土地关系条件（即农民土地

---

① C. W. Macmillan, Bantu, Boer, and Briton, 1936: The *Making of the South African Native Problem*, Oxford, 1963, revised edition, originally 1929, pp. ix – x, 74 – 75; C. W. de Kiewiet, 'Social and Economic Developments in Native Tribal Life', *Cambridge History of the British Empire*, VIII, Cambridge, p. 812.

② C. W. de Kiewiet, 1937: The *Imperial Factor in South Africa*, Cambridge, p. 150; 1941: A *History of South Africa: Social and Economic*, Cambridge, p. 197; K. W. Hancock, 1941: *Survey of Commonwealth Affairs*, Vol. II, 'Problems of Economic Policy, 1918 ~ 1939', Part 2, London, pp. 25, 71, 17.

③ Hobart Houghton 关于保留地和二元经济的论述，参见 1938: *Some Economic Problems of the Bantu in South Africa*, South African Institute of Relations Monograph Series No. 1, Johannesburg; 1952: The *Economy of a Native Reserve of the Keiskammahoek Rural Survey*, Vol. 2, Pietermaritzburg; 1960: *Economic Development in a Plural Society*, Cape Town, 以及其他相关著作。

④ N. N. Franklin, 1948: *Economics in South Africa*, Cape Town, p. 83.

⑤ M. Wilson, "The Growth of Peasant Communities", *Oxford History of South Africa*, Vol. II, p. 55; C. Bundy, *The Rise and Fall of South African Peasantry*, p. 3.

缺少或土地资源贫乏的情况）下，研究农村经济如何向工业经济转变，如何调整二元经济之间的关系，也就是农民的适应性问题，即以班图族为主的南非“部落民”如何在现代经济社会里生存和过渡到现代社会的问题。在许多作者的笔下，“前工业社会”和“原始社会”与“工业化”和“现代化”成了他们常用的概念。特别是在20世纪60、70年代农民学兴起后，当代西方学者更多地从既定的生产关系出发，从传统（农业）经济向现代（工业）经济转型的角度来审视第三世界发展中国家农村的贫穷问题。他们认识到“农民是构成发展中社会的决定性因素”①，针对第三世界特别是非洲的历史和现实，对“农民”的定义和“农民化”进程做出了各种详尽的划分和解释。②如沙宁（Shanin）认为构成一个“农民社会”需要四个特征：（1）农民家庭作为社会组织的基本单位；（2）农耕是生活的主要手段，直接提供消费需求的绝大部分；（3）

---

① T. Shanin, 1971:“Peasantry: Delineation of a Sociological Concept and a Field of Study”, *European Journal of Sociology*, XII, p. 290.

② 关于“小农经济”的宏观论述，早在20世纪初，便有俄国等人代表的“组织与生产学派”的观点（参见恰亚诺夫：《农民经济组织》，萧正洪译，北京，中央编译出版社，1996）。美国经济学家、1979年诺贝尔经济学奖获得者威廉·阿瑟·刘易斯（W. A. Lewis）1954年发表的《劳动无限供给下的经济发展》首次提出了“二元经济”的命题（参见刘易斯：《二元经济论》，施炜等译，北京，北京经济学院出版社，1988）。另外还有霍布斯鲍姆《历史上的农民》（E. Hobsbawm, *The Peasantry in History*, Oxford, 1980）。国外其他有关非洲农民的代表作如A. L. Kroeber, 1956: *Anthropology*, Chicago; R. Redfield, 1956: *Peasant Society and Culture*, Chicago; Ithaca, N. Y. 1953: *The Primitive World and its Transformation*; K. Post, 1972:“‘Peasantization’ and Rural Political Movements in West Africa”, *European Journal of Sociology*, *XIII*; E. Wolf, 1966: *Peasants*, *Englewood Cliffs*; L. Fallers, 1961: “Are African Cultivators to be called ‘Peasants’?”, *Current Anthropology*, *II*; G. Dalton, 1964:“The Development of Subsistence and Peasant Economies in Africa”, *International Social Sciences Journal*, *XVI*, 3; J. Middleton, 1966:“The Effects of Economic Development on Traditional Political Systems in Africa South of the Sahara”, *Surveys of Research in the Social Sciences*, Vol. VI, The Hague; J. S. Saul and R. Woods, “African Peasantries”, in T. Shanin, ed., *Peasants and Peasant Societies*, Harmondsworth, 1971; B. Galeski, 1972: *Basic Concept of Rural Sociology*, Manchester。类似的著作和文章还有很多。其中专门论述南非农民问题的有：M. Legassick, 1974:“South Africa: Capital Accumulation and Violence”, *Economy and Society*, 3, 3, August; Monica Wilson, “The Growth of Peasant Communities”, *Oxford History of South Africa*, II; H. Slater, 1977:“Peasantries and Primitive Accumulation in Southern Africa”, in *Southern African Research in Progress: Collected Papers*, 2, University of York; C. Bundy, The *Rise and Fall of South African Peasantry*, California, 1979; Timothy J. Keegan, 1986: *Rural Transformations in Industrializing South Africa: The Southern Highveld to* 1914, Ravan Press (South Africa), 等等。李安山先生在其专著《殖民主义统治与农村社会反抗——对殖民时期加纳东部省的研究》（湖南教育出版社1999年8月第一版）的第一章“导言”中，对中外农民学特别是农民反抗问题的研究状况做了高度概括。另可参见侯建新：《国外小农经济研究主要流派述评》，《世界历史》1999年第1期。

与小集体生活方式密切相关的传统文化；(4) 低贱的地位：受到别人的支配，包括政治统治、经济剥削和文化依附。[①]有些学者专门论述了南非黑人"农民"的特征，如邦迪《南非农民的兴衰》(*The Rise and Fall of South African Peasantry*) 探讨了农民与其耕种的土地、作物、牲畜、工具和牧场的关系；农民和市场的关系，及其对新的贸易体制、价格和债务的利用；农民与约束他的经济和政治权力的关系，他对法律、政府和雇主的压力的反应，等等。邦迪 认为，非洲黑人农民对经济变化和市场机会的反应比通常人们估计的要积极得多。从部落民到农民——或非洲人对市场机会的反应——既是研究的出发点，还要看到其后果——失败的结局。他由此得出结论：发生在非洲农村地区的欠发展历史上与资本主义经济发展在南非采取的形式密切相关。[②]在笔者看来，上述学者们的分析无疑很深刻，不仅具有经济学意义，还具有文化学和社会学的意义，当然也很有现实意义，具有较高的学术价值。

不管 19 世纪末 20 世纪初的南非居民是不是"农民"，他们确实经历了邦迪所描绘的那种盛衰过程。在南非从事农业经济活动，或靠农业为生的南非黑人并不关心别人是否把自己当作农民看待，也不会忧虑所谓的"农民问题"。在他们的思想观念和现实生活中，首先是土地问题。在黑人学者中，最早关注这一问题的当属普拉彻 (S. Plaatje)。[③]不过，他的《南非土著的生活》与其说是研究，不如说是调查报告，是被剥夺土地者的直接呼声。黑人女学者莱特索阿洛 (Essy M. Letsoalo) 的《南非的土地改革》更多是对 1910 年后阿非利卡人统治者所实行的土地"改革"和农村政策的批驳。莱特索阿洛分析了非洲土地"公社所有制"和"酋长所有制"的本质，指出正是殖民经济剥夺了南非黑人的大部分土地，而白人却将保留地内的土壤侵蚀、农业凋敝归结为黑人传统的土地制度的落后，认为完全可以通过改变土地制度，如私有化、确立产权关系等措施来提高产量，改变保留地内的状况，并因此进行了一些所谓的"改革"。莱特索阿洛认为，这种改革不仅摧毁了黑人本已很糟糕的经济，

---

① T. Shanin, 1971: "Peasantry: Delineation of a Sociological Concept and a Field of Study", *European Journal of Sociology*, XII, pp. 294 – 296.

② C. Bundy, The *Rise and Fall of South African Peasantry*, California, 1979, pp. 12 – 13.

③ S. Plaatje, 1916: *Native Life in South Africa*, N. Y.

实际上还摧毁了黑人的传统文化，因而这种土地改革措施是不可容忍的。人们会问，这种土改带来的经济利益和文化上的损失孰轻孰重？事实已经表明，土改带来的经济上的好处是微乎其微的。且不说土地不多，即使法律赋予个人土地私有权，经济上的所得根本无法和文化上的所失相比。这实际上不能叫做土改，如果其中有反改革的内容，就是服务于资本主义的利益。①

那么，阿非利卡人学者是如何看待南非的土地问题呢？他们大多有意无意地为统治者的土地政策辩护，同时打着为“土著”谋利益的幌子，寻求保留地内班图人的出路，最终他们得出的结论就是“分别发展”。典型的如“汤姆林森（Tomlinson）报告”。②这实际上掩盖了南非发展问题的本质所在。

笔者认为，影响南非社会稳定和经济、政治发展的因素很多，追根溯源，最根本的应该是南非有色人和黑人民族的切肤之痛——土地问题。农民问题固然是个重要问题，但从历史发生学的角度看，从时间意义上，土地问题无疑具有本源意义。农民问题和土地问题息息相关，在一定程度上说，农民问题就是土地问题。事实上，历史学家们，包括上面提到的许多著名学者，在论述农民问题时，都不得不谈及土地问题。因为农民离不开土地正如鱼儿离不开水一样。如果没有土地，“适应性”再强的农民也会“巧妇难为无米之炊”。

对南非土地问题的研究，除刚才提到的黑人学者反映本民族呼声的著作外，世界上许多国家的学者从不同的角度和层面做了大量的具体而细致的深入研究工作。③ 近几年来国外学者对南非土地问题的关注大多表现为进行政策研究和个案研究，着重分析某一时期和某一地点的某种

---

① Essy M. Letsoalo, 1987: *Land Reform in South Africa*, Johannesburg, p. 6. Essy M. Letsoalo 的著作写于国外。在种族隔离制度盛行时期，由于政府的高压和学术的相对封闭，在南非国内专门探讨土地问题的论著并不多见。目前查阅到的篇目只有南非大学的 Patricia Allen Shifferd 写于 1979 年的“Trade, Land Expropriation, and Conquest: the Effects of European Contact on the Native of Africa and North America”通过与北美的对比论述了欧洲人的贸易、侵占土地和殖民征服对土著的影响。

② Summary of the Report of the Commission for the Socio – Economic Development of the Bantu Areas within the Union of South Africa, U. G. 61/1955, The Government Printer, Pretoria.

③ 据世界上最早和最大的博硕士论文收藏和供应商（ProQuest, UMI）提供的数据，截至 2010 年，全世界有关南非的博士和硕士论文数已经超过 2500 篇，其中百余篇论及南非的土地问题。另外，据世界著名的网络书店亚马逊公司（Amazon）的书库目录，20 世纪 90 年代以来出版的有关南非土地问题的著作也已逾百部。

土地政策、土地制度或土地关系。如美国南加州大学的基兰库马尔·拉罗（Kirankumar Lalloo）论述了南非的公民权、财产权和土地与住房之间的关系。[①]加拿大学者马瑟（Charles T. Mather）以20世纪20至60年代南非一个地区为实例论述了南非的农业变迁。[②]英国学者赫勒纳·多尔尼（Helena Dolny）论述了南非土地和农业改革计划中的土地所有权、土地市场与国家之间的关系问题。[③]法国巴黎大学的穆雷·维克多·勒布朗（Murray Victor Leibbrandt）对南非乡村的土地所有制进行了个案研究，论述了南非农村发展与劳动力市场问题。[④]瑞典的托马斯·亨德里克斯（F. Thomas Hendricks）认为种族隔离制度的支柱就是对土地所有权、农村计划和酋长制的控制。[⑤]种族隔离制度结束后，南非国内的学术气氛空前活跃，学者们也开始涉足土地问题这一敏感的区域，与西方学者一样，他们也大多是从个案研究着手，如比勒陀利亚大学的比勒陀利乌斯（Pritorius）对南非文达人居住区的公社土地所有制进行了系统的社会经济分析。[⑥] 弗朗西斯·丹尼尔·科瓦姆·阿尼姆（Francis Daniel Kwame Anim）的博士论文探讨了南非西北省前莱博瓦（Lebowa）家园公社所有制下的土地所有权、信贷和农场投资的关系问题。[⑦] 罗伯特·弗雷德里克·汤森（Robert Frederick Townsend）的论文认为出口定向的政策对南非经济尤其是对农业带来了诸多不利的影响。[⑧]还有不少学者则从环境保护的角度探讨了土地、人与自然的关系。这些个案研究以小见大，都从不同侧面触及了南非的土地问题。

---

① Kirankumar Lalloo, 1998: *Citizenship, Property and Plance: Land and Housing in South Africa*. University of Southern California.

② Charles T. Mather, 1992: *Agrarian Ttransformation in South Africa: Land and Labour in the Barberton District, 1920 – 1960*, Queen's University at Kingston (Canada).

③ Helena Dolny, 1992: *Land and Agrarian Reform in South Africa: Land Ownship, Land Market and the State*. Open University (UK).

④ Murray Victor Leibbrandt, Rabula revisited, 1994: *the South African Land Tenure in the Light of a Village – Level Study*. University of Notre Dame.

⑤ F. Thomas Hendricks, 1990: *The Pillars of Apartheid: Land Tenure, Rural Planning and the Chieftaincy*. Uppsala Universitet (Sweden).

⑥ Diederik Daniel Pritorius, 1994: *A Socio – Economic Analysis of the Communal Land Tenure System in Venda*. University of Pretoria.

⑦ Ffancis Daniel Kwame Anim, 1997: *Land Tenure, Access to Credit and On – Farm Investment under Common Property Arrangements*. University of Pritoria.

⑧ Robert Frederick Townsend, 1997: *Policy Distortions Agricultural Performance in the South African Economy*. University of Pretoria.

南非土地问题也引起了中国学者的关注。北京大学亚非研究所的李安山教授专门探讨了布尔人大迁徙的经济因素[①]；夏吉生先生撰文简要探析了南非土地问题的历史；[②] 中国社会科学院西亚非洲研究所的杨立华研究员对南非政府推行的“黑人家园”政策和种族隔离制度有独到的研究[③]；北京大学历史系的郑家馨教授对布尔人土地扩张的原因进行了经济方面的系统的深入研究[④]。还有许多学术界前辈和同仁在论述南非历史和现状的其他许多方面的时候，也都或多或少地谈到南非的土地问题。他们的研究成果都对笔者的进一步研究很有启发。事实上，不理解南非的土地问题，也就无法理解南非的近现代史。

笔者不打算就阿非利卡人和英国人所实行的具体的土地制度或南非黑人农民的地位进行探讨，而要在这里提出一个根本性的问题：南非的土地问题，即只占南非共和国总人口大约13%的欧洲白人主要是荷兰人的后裔实际上占据了南非87%以上的土地，而占人口绝大多数的本地民族，主要是科伊桑人（Khoisan）和班图人（Bantu），却被剥夺了他们世代居住的大部分土地，为什么会出现这样的情况？阿非利卡人为什么要贪得无厌地掠夺南非土著的土地？他们和其他西方殖民者的殖民动因有什么不同？这种非同寻常的土地劫掠方式对南非的政治经济有什么影响？

在分析这个问题时，笔者主要从以下几个方面来探讨：（1）从土地掠夺者的角度来剖析南非土地问题的形成，而不是从被掠夺者的角度，因为后者毕竟是被动的一方。（2）从阿非利卡人的意识形态结构（主要是土地观念）来分析他们在南非大肆抢夺土地的行为。无疑，土地观念的迥异，使他们作为征服民族在心理上占据有利位置。（3）更主要的，是从阿非利卡人的经济和社会阶级结构上来剖析南非的土地问题的发生和发展。经济活动的同构必然导致对土地资源的冲突和竞争；而种族和

① 静水（李安山）：《布尔人大迁徙的经济因素浅析》，《西亚非洲》1988年第1期。

② 北京大学亚非研究所：《南非土地问题》，《亚非研究》第二辑。

③ 杨立华：《南非的“黑人家园”政策》，《西亚非洲》1981年第6期。

④ 郑家馨：（1）《南非开普殖民地的建立和殖民土地扩张》，《世界历史》1981年第6期；（2）《英布战争性质辨析》，《世界历史》1984年第1期；（3）《殖民土地扩张与南非各民族的历史命运》，《世界民族研究论文集》，成都，四川人民出版社，1981年；（4）《论经济因素在阿非利卡人大迁徙中的作用》（即将发表）。另外，在多位中国学者合作撰写的三卷本《非洲通史（近代卷）》（艾周昌、郑家馨主编，上海，华东师范大学出版社，1995年）中也有相应的论述。

阶级的合一、全体阿非利卡人的安居乐业，和白人社会的农牧业、工矿业以及其他行业的欣欣向荣都是以剥夺南非土著民族的土地和其他财富为前提而实现的。

从上述角度出发，笔者认为：(1) 时代所赋予的荷兰后裔的土地观念使土地扩张在他们的心目中更具特殊的地位。除了一般殖民者所固有的“无主土地”的思想观念外，作为荷兰人后裔的阿非利卡人，模糊不清的“上帝选民”的神话在与非洲原住民“黑白分明”的对比中被膨胀成为目空一切的种族主义，这无疑对其土地扩张的过程产生无形的影响。而与大自然作斗争以及与西班牙长期而残酷的宗教和政治斗争的历史和他们的极端“自由”和个人主义理念也不无关系，这使得他们为摆脱英国人统治、争取自由而进行的“大迁徙”同时也成为强占内陆广大黑人土地的殖民征服的历史。(2) 掠夺方式取决于生产方式。[①] 这既包括殖民者的生产方式，也包括被掠夺者的生产方式。这也是他们所处的时代和所处在国家的生产力水平所决定的。作为“自发的殖民者”，或“本土化了的殖民者”，布尔人[②]的经济结构和当地非洲黑人经济结构的相同或相近性使双方的生存处于竞争状态，在心理和精神，特别是在武力方面占优势的布尔人占据上风的结果自然是黑人的大片土地被剥夺。这是阿非利卡人“不得不”不断地夺取非洲人土地的主要动因。(3) 阿非利卡人在“黑色的汪洋大海”中所处的绝对少数地位，迫使他们要极力夺取经济和政治上的优势地位，而保持这种优势地位的最直接手段就是剥夺非洲人的生存来源和生存手段——土地和农牧经济，同时使阿非利卡人作为民族和阶级合而为一，而防止阿非利卡民族阶级分化的代价就是牺牲非洲人的经济和政治利益，就是给本无竞争力的阿非利卡人“穷人”以生存的空间和手段——从越来越多的非洲农牧民那里“拿来”的牲畜和土地。(4) 几乎时刻存在的对土地和劳动力的迫切需求在阿非利卡人那里形成一种恶性循环：虽然有着无畏的探险精神和精湛的骑射技艺却生产方式落后、在农耕和放牧上好逸恶劳的阿非利卡人自殖民的开始便离不开奴隶和依附性劳动力来经营其掠夺来的广袤土地，而要役使同样

① 《马克思恩格斯选集》第2卷，北京，人民出版社，1995年，第16页。

② “布尔人”(Boer) 在荷兰语中为“农夫”之意，本文中除非强调，一般用来代替“阿非利卡人”，通指在南非的荷兰人，或荷兰后裔。

珍视自由的非洲“部落民”，唯一的办法就是剥夺他们的生存手段和生命来源——牲畜和土地。（5）贸易和市场的存在及其所带来的起伏不定的回报也是阿非利卡人掠夺土地和土地上的物产的强大驱动力。17、18世纪荷兰商业民族的后裔不像后来的英国移民那样经历过工业革命的洗礼，生产力水平并不比土著的非洲人高出多少，在当地从事农牧方面的水平甚至比黑人民族还要低，但除了令他们自豪的肤色的强烈差别外，实际上这些“白人部落”唯一比黑人民族高超的地方就是他们并没有完全脱离市场，一直和世界市场保持着联系。作为东印度公司的雇员，他们一开始是通过公司和母国保持着间接的联系，他们创造的价值和得到的回报都是通过市场来实现的。是“海上马车夫”的需求给他们提供了产品市场，是贸易的不断扩大刺激了他们强占更多土地，从而出产更多产品以换取更多财富的野心和贪欲，贸易和土地之间又形成一种循环。随着英国人的到来和开普市场的本地化以及市场的不断东移和北移，再加上本地逐渐形成的非洲人农民和商人阶级的竞争“威胁”，土地本身不断增值，土地投机日盛，对土地的贪求也就更加强烈。最终，黑人居民被驱赶进了特居地和保留地。班图斯坦和“黑人家园”的建立，在巩固白人三百年来既得成果的同时，也剥夺了广大黑人对南非国土所拥有的最后一点权力。

南非的土地问题反映的是人和人的关系——主要是班图人和阿非利卡人的关系。几个世纪以来，阿非利卡人和班图人的斗争主要就是围绕着土地问题展开的。正如马克思所指出的：“资本主义农业的任何进步，都不仅是掠夺劳动者的技巧的进步，而且是掠夺土地的技巧的进步。”①南非土地问题的形成——对当地民族土地的直接侵占和剥夺——主要是南非联邦成立以前的事，到1913年土著土地法颁布时基本定型，其后主要是调整和“改革”，如1936年的土地法，但每次调整和“改革”，土著居民都要付出巨大的经济和政治代价，更重要的是，这一步步“紧箍咒”的措施意味着对有色人和黑人各民族土地的彻底剥夺，最终将他们驱逐进“独立的”班图斯坦（黑人家园），实现白人民族“分别发展”的愿望。南非的土地问题，不仅仅是个财富分配的问题，它和南非历史

① 马克思：《资本论》第一卷，《马克思恩格斯全集》第23卷，北京，人民出版社，1972年，第552页。

和现实中的许多重大问题都密切相关，如前面提到的许多学者论述过的农民问题，也就是南非历史上经济转型期和现代化进程的问题，因而探讨这一问题的终极原因，不仅具有学术方面的价值，对于澄清目前南非一些难题的原由，前瞻和预测南非将来的经济、政治和社会发展趋势，也具有一定的现实意义。

引言：南非土地问题的严重性

南非共和国地处南半球，位于非洲大陆的南端，介于南纬22度至35度和东经17度至33度之间，东西长1 500公里，陆地面积为122.1037万平方公里。从自然地理条件上看，南非领土境内绝大部分地区是海拔600米以上的高原，还有一部分地区沙漠连绵，适合农用的土地面积较小，只有8 600多万公顷，约占全国土地总面积的11.59%，低于世界平均标准，其中80%多为牧场，牧场一般也只适合于粗放经营。可耕地面积仅为1 400万公顷，其中只有大约300万公顷的耕地较为肥沃，具有巨大的农作物生产潜力。[①] 大部分土地比较贫瘠，土质多以黏土、类黏土、风化岩土和沙石土为主，极易受水土流失的侵害，现在大约有2/3的面积已经遭受土壤侵蚀。南非的降雨量也比较少，年均降雨量只有464毫米，大大低于857毫米的世界年平均降雨量，全国大部分地区都严重缺水。虽然自然条件对农业生产的发展并不十分有利，但经过几个世纪的开发，南非的农业生产水平已经跻身世界前列，不仅能够做到粮食及农副产品自给，而且在风调雨顺的好年景里还能有一定数量的粮食及农副产品出口，是当今世界上少数几个粮食和农副产品净出口国家之一，其出口量占本国总产量的1/4，有时甚至达到1/3。[②]

本来122万平方公里的土地，先进的农业，再加上丰富的矿藏，足可以使南非的4 300多万人口丰衣足食。然而绝大多数的人口并未能从中受益，约有一半以上的农村人口仍处于饥饿或半饥饿状态。为什么会出现这样的情形？

南非的问题不在于耕地和牧场太少，而在于土地占有状况极不平衡、极不合理、极不公平。占总人口大约14.1%的白人占据了全国87%左右

① 中国现代国际关系研究所南非问题研究中心编著：《南非经济——贸易与投资指南》，北京，时事出版社，1994年，第6页。

② 同上书，第46页。

的土地；而占总人口74.8%的广大黑人却只占有不到13%的土地。长期以来，在白人种族主义的高压统治下，在种族隔离的经济框架内，与南非其他的经济部门一样，南非的农业中存在着对比鲜明的两个极端。一方面是数目众多、生产技术先进、机械化程度高、管理手段完善和劳动生产率极高的白人商业性大型农场，它们大都集中在土壤肥沃和自然条件比较优越的地区，并且都具有一定的生产规模，拥有较大的生产空间。根据1989~1990年南非官方年鉴提供的数字，南非共有白人农场59 000个，所占土地面积为8 616.7万公顷，即占南非土地总面积的72.23%，其中867.5万公顷被用来种植农作物，115.1万公顷用于林业，7 059.5万公顷用于牧业。此外，还有584.6万公顷被列为其他用途。平均每个农场占地1 462.15公顷，若以平均每户4人计算，白人人均占地365.54公顷。这部分白人商业性农场是南非农业经济中的生产主体，其产量在南非农业总产量中占有绝对的地位，它们是南非城镇人口商品粮和农副产品以及出口农产品的提供者。

另一方面，与此形成鲜明对照，是生产力低下和以满足自身需要为主要生产目的的有色人和广大黑人的小农经济。他们的土地大多分布在自然条件比较恶劣、土质极差的地区，生产手段非常落后，人口拥挤不堪，无法进行科学的耕种，更谈不上大规模的机械化生产，根本无力抵御大的自然灾害，遇到荒年，他们中的许多人仍难以逃脱食不果腹的悲惨命运。近年来虽然有少部分有色人和黑人开始从事商业性农业生产，但无论其农场的数量和经营的规模都非常有限，根本无法和实力雄厚的白人商业性农业竞争，因为他们本来就不是站立在同一个平等的竞争点上。根据官方材料，南非有17 150户有色人从事农业，使用土地共约200万公顷，平均每户占有土地为116.62公顷，不到每户白人平均占有数的8%。没有亚洲人（主要是印度人）占有土地的确切数字，印度人主要在纳塔尔省开有种植园。最悲惨的是前黑人家园的芸芸众生。以1994年前的6个黑人家园为例：1970年南非平均人口密度为每平方公里18人，而黑人家园为47人。[①] 1985年，黑人家园的总人口达到14 017 000人，实际占有土地面积为16 318 000公顷，人均土地面积仅为1.16公顷。进入90年代，尚未宣布独立的6个家园的总人口为701.3万人，人口密度每平方公里高达86人[②]，而土地总面积只有883.8451万公

---

① *Africa: South of the Sahara*, Europa Company, 1992, p.924.

② Robert A. Schrire, 1990: *Critical Choice for South Africa – an Agenda for the 1990s*, Oxford University Press, p.224.

顷，连城镇、道路、河流、荒漠等都算在内也只有每人1.26公顷，只相当于白人人均占有土地面积的0.34%！所谓的黑人家园都是早期白人移民强占后剩下的七零八落的不成型的地块，大部分处在尚未得到开发的边远地区，其中不乏不毛之地。就算黑人家园的土地质量与白人所占的土地质量相等，有限的土地也难以养活庞大的黑人农业人口，因为家园中没有工业，除了农业外几乎没有其他的谋生手段，剩余的人口不得不到家园之外谋求生路。因此，黑人家园实际上成了南非白人取之不尽、用之不竭的廉价劳动力的蓄水池。大量的黑人青壮年劳动力只能早出晚归，到白人地区去干活，而这样的工作只有离白人地区较近的黑人才有可能得到，成为“往返劳工”；更多的黑人则只能一再离开家庭，长期在白人地区的厂矿里充当“流动劳工”。据统计，1986年南非的白人地区有往返劳工55.6万人，流动劳工170.6万人。①根据纳塔尔大学社会发展中心的研究发现，在夸祖鲁农村，农民家庭的总收入中，77%来自“境外”亲人的汇款——做流动劳工挣来的血汗钱，只有8%的收入直接来自农业生产。② 实际上，由于家园的劳动力大都外出，留在家里劳作的只能是妇孺老弱，这使得本已十分凋敝的黑人家园地区农业经济进一步恶化。如果说白人农场的玉米产量每公顷可达到3 000公斤左右的话，在黑人家园中，有时只有360公斤，根本无法养活家园内的人口。有时为了生计，连妇女也不得不外出谋生，家园内的家庭和社会秩序被打乱，暴力和动乱频仍。

马克思指出，土地所有权的垄断是一切剥削方式建立其统治的历史前提和基础。③ 土地即是权力，即是自由。黑人和白人乃至白人和白人之间围绕着土地而进行的长达几个世纪的残酷、血腥的斗争，构成了南非的整个历史。如今，南非3 000多万黑人已经获得了政治上的解放，但经济上的平等，特别是重新分配土地，对于他们来说似乎仍遥遥无期。到目前为止，南非的大部分可耕地仍为大约120 000户农场主所占有，而68%的农村人口，主要是黑人和有色人，依然生活在极端贫困之中④，境况几乎没有丝毫的改善。更为糟糕的是，一方面是出于国际市场农产品的竞争，为了降低成本；另一方面，出于对新政府土地改革的担心，

---

① *Race Relations Survey1989～1990*, p. 627.

② Ibid., p. 626.

③ 马克思：《资本论》第3卷（下），北京，人民出版社，1975年，第696页。原文为：“土地所有权的垄断是资本主义生产方式的历史前提，并且始终是它的基础，正像这种垄断曾是所有以前的、建立在对群众的某种剥削形式上的生产方式的历史前提和基础一样。”

④ *Red & Black Revolution* (A magazine of libertarian communism), No. 3, 1997.

许多白人进一步加强了农业机械化的程度，成千上万的白人农场的雇佣工人、分成制佃农被解聘或驱逐，特别是在夸祖鲁—纳塔尔和北部省。尽管种族歧视已经被宣布为非法，但农场主针对黑人雇农的各种歧视和“惩罚”行为屡禁不止。据报道，在南非的姆普穆兰哈市，一名白人农场主将“非法侵入他的土地”的黑人雇农恩科西衣服脱光，然后在他的身上涂满用来粉刷篱笆的银色油漆，然后逼迫他在太阳底下躺半个小时，直到油漆晒干。① 类似的事件在种族隔离废除后的南非并不鲜见。严重的失业状况对于早已陷于极端贫困状态的农民无异于雪上加霜。根据中央统计服务部门 1998 年发布的数字，在过去的 4 年里（1994 ~ 1998），农业部门失去了 763 000 多个工作岗位，就业人数从 1 400 000 剧减到 637 000。而据夸祖鲁—纳塔尔农业业主联合会主席格拉汉姆（Macintosh Graham）的估计，这种下降的趋势还将继续下去。② 他们中的有些人已经无法遏制长期压抑的不平和愤懑。不少地方，如弗雷黑德（Vryheid）地区的人们，自发地举行了示威活动，抗议土地事务部重新分配土地的进程进展缓慢。③土地事务部长承认，他现在首先要对付的不是分配土地，而是广大黑人群众的耐心。根据保守的报纸《公民报》报道，在 1998 年 3 到 5 月间发生了 114 起农场攻击案件，其中在 5 月份有 6 人在 30 余起攻击中被杀。④另据报道，从 1994 年以来，到 1998 年冬天为止，已有 500 多名白人农场主被黑人枪杀，换句话说，平均每三天就有一位白人农场主被打死、刺杀或枪杀，仅 1998 年一年就有 100 多位白人农场主被杀害。这也可能是一种解决问题的尝试，但可能是一种最坏的尝试。曼德拉政府上台以来，社会治安不断恶化，犯罪活动猖獗，每年发生谋杀案约 25 000 件，而且有蔓延的趋势。如今犯罪不仅在贫穷的农村地区时有发生，在黑人聚居的城镇也频频报警。经济首都约翰内斯堡和夸祖鲁—纳塔尔省会德班已被人们称为“凶杀之都”。与凶杀相伴随的偷盗和抢劫案件也司空见惯，甚至连副总统夫人也成为犯罪的对象。据《星报》报道，歹徒闯入南非副总统夫人（西莎克蕾·祖马）在夸祖鲁—纳塔尔的家内，用枪威逼她拿出钱来，然后暴打她一顿。⑤连总统夫人都无法幸免，白人社区更是如临大敌，有钱人的围墙越修越高，一到晚上，

① 《光明日报》1999 年 7 月 28 日。

② *Land and Freedom: The Struggle for the Land. “Farm Killing”: The Real Criminals.*（“国际无政府主义”网页 http://flag.blackened.net/africa/wsfws/98/land.html）

③ 南非独立报业集团在线新闻（IOL NEWS: South Africa），1999 年 12 月 1 日。

④ *Land and Freedom: The Struggle for the Land. “Farm Killing”: The Real Criminals.*

⑤ 《南非副总统夫人在家遭抢》，转引自《深圳法制报》1999 年 7 月 8 日第三版。

万人空巷。全国民间保安公司已达6 000多家。面对犯罪活动愈演愈烈的现实，1999年接替曼德拉的姆贝基总统不得不派遣8 000名国防军士兵参与镇压行动。这些公开报道的事实只是冰山的一角，并且多是一些保守的数字。对此，白人农场主和右翼集团强烈要求政府对他们采取更多的保护措施；同时声言他们将建立配备有直升机的私人武装和攻击型部队以保卫自己的利益。自由阵线则警告说关于土地的种族战争将要发生。保守党惟恐天下不乱，一如既往地宣称有一种“共产主义的阴谋”①，为白人的恐惧心理推波助澜，火上浇油。有些白人已经开始担心他们可能不得不进行第二次大迁徙，而这次强迫他们迁徙的是黑人政府。事实上已经有一小部分白人农场主举家迁徙到莫桑比克去了。② 根据南非和莫桑比克两国订立的协定，莫桑比克最大同时也是人口最少的省份尼亚萨省将接纳1 000名来自南非的“大迁徙者”。还有一些白人农场主已经移居刚果。另据当地的葡萄牙文报纸报道，安哥拉也将向南非白人农场主提供150 000英亩的土地以供他们开发。③南非国民党领导层中有不少人，包括曾“自愿”交出政权的南非最后一任白人总统德克勒克在内，也对南非的前景感到忧虑。

事实上，南非土地问题的拖延不决，已经严重地影响到了南非的经济前途和政治及社会的稳定。调查报告显示，人口中有一半以上的人没有安全感，83%的人认为，政府几乎控制不了或完全无法控制犯罪行为。④ 尽管国家的权力机构已经牢牢地掌握在黑人手里，但来自底层的仇恨很难在短时间内溶解。犯罪率居高不下的根源在哪里？正如南非国家司法部《预防犯罪战略》所分析的那样：南非长达几个世纪的暴力的历史已经培育出了一种“暴力文化”。⑤对许多人来说，犯罪已成为一种生活方式——唯一的生存方式。问题的实质是，对农场主的攻击是农村贫穷的产物。泛非大领袖正在号召人们向无地、犯罪和政府官员的贪污腐败挑战。而更为激进的无政府主义组织则鼓动广大黑人不要等待政府的举措，自己组织起来，夺回失去的土地。他们提出的口号是：“只有工人才能解放工人。为土地和自由而斗争。”他们责问：当成千上万的黑人

---

① *Land and Freedom*: *The Struggle for the Land.* “*Farm Killing*”: *The Real criminals.*

② 德国《世界报》文章：《南非白人农场主为何逃往莫桑比克》，转引自《参考消息》，1998年12月3日。

③ IOL Archives: Boers Poised for New Trek to Mozambique, in *The Star*, 6 June 1996.

④ Leonard Thompson, 1999: Mbeki's Uphill Challenge, *Foreign Affairs*, November/December, pp. 83 – 94.

⑤ *Business Day Online Archive*(South Africa), 6 June, 1998 .

佃户和工人被赶出他们赖以生存的土地的时候，我们不是在谈论犯罪吗？到底谁是真正的抢劫犯？是用枪武装起来的窃贼，还是用土地武装起来的窃贼？他们要求南非黑人向巴西——也许是唯一的土地不平等程度超过南非的国家（不到3%的人拥有全国几乎2/3的耕地）——的“无地工人运动”（Movement of Landless Workers）学习。值得注意的是，在1985年肇始的革命性运动中，巴西农民和城郊工人通过大规模的群众性“擅自占地”行动，成功地从政府手中获得了部分土地，尽管付出了很大代价。①到目前为止，我们还没有看到这种情况在南非发生，但南非农村无疑正在酝酿着这种形势。2000年4月以来，和南非的情况多少有点类似的邻国津巴布韦的形势急转直下，黑人老兵们率先行动起来，占领白人的农场，与白人和平共处18年的总统穆加贝公开站在占地者一边。据悉穆加贝已要求与英国人进行谈判，因为津巴布韦的白人农场主大都是英国人。在姆贝基的协调下，津巴布韦的问题得到了比较满意的解决。南非的问题远比津巴布韦复杂得多。姆贝基、祖马及其以后的黑人多数政府能否处理好南非自己的土地问题？人们仍在拭目以待。正如美国观察家指出的那样：“相对的极端不平等是南非发出滴答声的定时炸弹。”②南非的土地问题为何迟迟难以解决？它的根源在哪里？换言之，南非的土地问题是如何形成的？它对南非的政治经济到底发生了怎样长久而深远的影响？

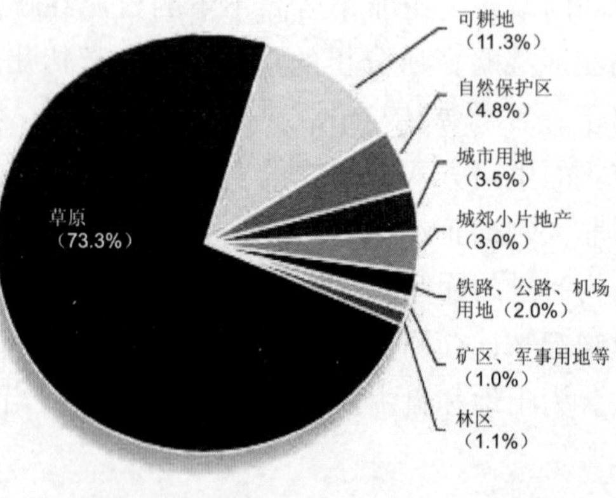

南非土地资源配置

① *Land and Freedom: The Struggle for the Land.* “*Farm Killings*”: *The Real Criminals.*

② Leonard Thompson, 1999: Mbeki 's Uphill Challenge, *Foreign Affairs*, November/December, pp. 83 –94.

第一章　殖民者与原住民土地观念的迥异

一、“无主土地”

在探讨阿非利卡人的经济和社会结构与土地问题的成因之前，有必要探讨一下和阿非利卡人土地观念相关的意识形态及其与南非土地问题的关系。因为“我们称之为思想观念的东西”能“对经济基础发生反作用，并且能在某种限度内改变它”。[①]尽管“政治、法律、哲学、宗教、文学、艺术等的发展是以经济发展为基础的。但是，它们又都互相影响并对经济基础发生影响。并不是只有经济状况才是**原因，才是积极的**，而其余一切都不过是消极的结果。这是在**归根到底**不断为自己开辟道路的经济必然性的基础上的相互作用”。[②]

白人何以要强占南非黑人的土地？在许多具有一般历史常识的人看来，这似乎不是个问题，因为殖民主义者就是要强占其他国家和民族的土地，资本主义的“中心”逼迫“边缘”地带的落后民族割地赔款，这是殖民主义的本质之一，他们为此编造的许多理由无疑都是强盗逻辑，已经被批驳得体无完肤，在当今的现实世界中也已没有市场，只是在霸权主义政治中尚有某些反光。但问题是，在今天看来属于“强盗逻辑”的观念，在殖民主义形成的初期却是在当时最先进的民族国家中普遍存在于广大民众之间甚至深深植根于他们心目之中的一种思想意识。因而，对于抢夺南非黑人土地的行为，阿非利卡人和英裔白人作出了自己的解释，尤其是长期掌握南非政权的阿非利卡人，他们的解释似乎“理直气壮”。而在广大黑人和主持公正的世人眼里，阿非利卡人后来编造的这种

---

① 恩格斯：《致康·施密特》，《马克思恩格斯选集》第4卷，北京，人民出版社，1972年，第484页。

② 恩格斯：《致符·博尔吉乌斯》，《马克思恩格斯选集》第4卷，北京，人民出版社，1972年，第506页。黑体字为原文所强调。

“无主土地”的神话，无论从哪个方面来看，都无疑是强词夺理，是历史的虚构[①]，但在16～20世纪，却是在阿非利卡人和英裔白人尤其是在阿非利卡人当中普遍存在的一种关于土地所有权的法律观念。“存在的即是合理的。”也就是说，阿非利卡人后来展示的那种贪得无厌的掠夺他人土地的行为首先有着深层的社会民众心理基础。

“无主土地”（terra nullius）是西方普通法中的一个基本原则。普通法的历史远溯千载，但主要是在最近几百年中，特别是16～18世纪间不断积累的社会－政治习惯的产物，它反映的是西方社会普通民众中长久积淀下来的一种文化心态，即是一种深层社会现实的表述。在为欧洲人征服非欧洲民族并占领他们的土地的行为进行法律正当化的过程中，在“无主土地”这一法律神话的背后，有着它自己的文化－哲学基础的支持，即欧洲人普遍奉行的自然法哲学和以民族国家利益为轴心的实证主义。自然法哲学倾向于承认欧洲的种族优越与文化中心理念，对殖民者视原住民为“野蛮落后”的民族因而不配成为“国际家庭”中的一员这种观点，给以正当合法的理念基础。这样，落后民族只是国际法的客体而非主体，欧洲人负有将他们基督教化的职责。在欧洲人眼中，原住民几乎没有或根本就没有什么社会与政治建构，遑论法律，特别是缺乏任何足以为欧洲法律人士所确认的确凿的土地所有权形式，故而欧洲人有义务引领他们达到欧洲文明的水准。即便原住民确有自己的一套财产法律制度，殖民者也不得不承认土著法律的存在，但因这些法制乃是非基督教化的，是“异教的”，因而也可以不予以承认。[②] 这样，原住民的领土便经历了一个从“被发现”到作为财产“被占有”、被掠夺的根本转变。[③]“就真正的农业殖民地而言，——不只是由于它拥有尚处于自然状态中的大量肥沃的土地，而是由于这样一种情况：这些土地还没有被人占有，还没有受土地所有权的支配。就土地来说，造成古老国家和殖民地之间巨大区别的，正如威克菲尔德所正确指出的，是土地所有权的法律上或事实上的不存在。”[④] 荷兰人是继葡萄牙人和西班牙人之后在世界进行殖民活动的先驱之一，更需要为他们在世界各地的掠夺和扩张活动

① 郑家馨：《南非“班图斯坦”制度的历史虚构》，载照那斯图、阮西湖、葛公尚、刘兴武等编：《种族问题国际会议文集》，重庆，重庆出版社，1988年。

② 参见P. 马修、R. 杭特、H. 查尔斯沃斯：《法律与历史：黑白之间》（P. Mathew, R. Hunter & H. Charlesworth, *Law and History in Black an White*），中国政法大学：《比较法研究》第十二卷第四期“澳大利亚法律研究专号”，第355页。

③ 许章润：《“无主土地”：一个法律神话》，《读书》1999年第7期。

④ 马克思：《资本论》第3卷（下），北京，人民出版社，1975年，第852～853页。

“正名”。荷兰人和以前所有殖民者的区别是，葡萄牙和西班牙还基本上是封建君主制国家，而荷兰人则进行了近代世界的第一次资产阶级革命，并建立了共和制度，更重要的是，带着鲜明的时代烙印，荷兰人奔走呼号，很快，这个以商业立国的资产阶级国家第一次为掠夺异己民族土地的行为找到了法律依据。1609 年，法学家格劳修斯（Hugo Grotius）充分表达了“公海”的概念。1758 年，在范·里贝克刚刚踏上好望角的土地不久，一本名为《国家间的法律》（*Law of Nations*）的国际法著作在阿姆斯特丹刊行，作者为荷兰商人万忒尔（Vattel，或译瓦特尔），他对“无主土地”的法理观念进行了明确阐释。依据万忒尔的学说，原住民的土地可以分为“已然垦殖的”（cultivated）和“未垦殖的”（uncultivated）两类。① 在这里，“垦殖”与“未垦殖”的另一含义即是“文明开化的”和“未开化的”或“不文明的”。万氏认为，国际法应当确认人类对于所栖身、使用的土地负有开发、垦殖的义务，这样，则居无定所的游牧民族失于开发、垦殖土地的职责本身，即意味着他们从未真正而合法地占有过这些土地。这些土地，自然理应由欧洲人所占有和开拓。依照当时荷兰人的眼光，非我族类的率土之滨，欧洲人可经由三种方式取得：一曰征服，二为“割让”，包括“自愿的”和“强迫的”割让；第三种即为占有“无主土地”。“无主土地”即是所谓的“未垦殖的土地”，或虽然已经垦殖，并且居民已经结成定居社群，但在西方人看来并无成型的社会组织者，则其与土地二者之间不得认作“国际法”上之占有关系，因而其土地乃“无主土地”，根据先发现优先占有原则，它们必须向所有殖民者开放。由此占有的土地即为“定居殖民地”或“移民殖民地”（settled colony）。②这就在根本上否定了当地原住民拥有主权这一神圣的概念。在欧洲人看来原住民族未有昭彰之典章文物，而“人类生活”不是法律真空，则占有者的法律自占有之日起便立即自动移入生效。欧洲人的不动产法制度，遂成为占有者们跑马圈地的一柄宝剑。③由此可见，荷兰人的“无主土地”的理念使他们在侵占南非黑人大片土地的过程中具有极大的心理优势，也就是说，与非洲人的土地观念相比，荷兰人的土地观念本身即具有极大的进攻性。

范·里贝克和第一批布尔人最初登上好望角海岸的时候，“无主土

① 参见阿勒克斯·C. 卡斯妥斯：《帝国的法律》（Alex C. Castles, *The Law Of Empire*），中国政法大学：《比较法研究》第十二卷第四期“澳大利亚法律研究专号”，第 345 页。

② 许章润：《“无主土地”：一个法律神话》。

③ 同上。

地”的观念作为一个正式的法理观念尚未提出，因而我们很难说他们一开始就带着“无主土地”的观念来到南非——况且，除了范·里贝克是个老奸巨猾的殖民官员外，他的大部分属下，包括他的妹妹在内，毕竟只是普普通通甚至是非常朴素的“布尔人”，他们最多具有模模糊糊的西方普通法的意识，“无主土地”观念在他们脑海中的形成，应该说是在他们来到南非后，在掠夺土著人的土地过程中，在一定的思想影响下，逐步地形成的，特别是在他们挣脱东印度公司的统治，成为“阿非利卡人”之后。

荷兰殖民者在南非站稳脚跟后，阿非利卡人史学家和政客们就曾一再试图证明白人和黑人是从相反的方向进入同一处无人居住的广阔空间。换言之，他们进入的就是“无主土地”。而他们侵占当地黑人的土地，也就显得有理有据。因为土著民族是“野蛮人”，不具备文明规制的社会组织，没有明确的土地所有权。的确，在荷兰移民和科伊桑人（Khoisan）及班图各族黑人遭遇之时，后者还处在从原始社会后期向军事民主制国家过渡的不同社会发展阶段①，他们所处的社会经济形态决定了他们的土地观念和土地所有制形式与远道而来的荷兰殖民者迥然相异。荷兰人首先遇到的是科伊桑人，包括科伊人（Khoi，西方史书常称他们为 Hottento，即“霍屯督人”）和桑人（San）。桑人或译萨恩人，即布须曼人（Bushman，即“丛林中人”）。在南非所有土著民族中，桑人的生产力水平最为低下。他们基本上属于采集狩猎民族，居住在大卡鲁（Karoo，意为“无水”之地）南部山区直到奥兰治河北岸高原的广阔地带，在瓦尔河、图盖拉河和凯河的河谷地带也有他们活动的踪迹。卡拉哈里大沙漠和浩瀚的大西洋阻碍了这个处于氏族社会的原始民族通过陆路和海路与其他民族的交往，辽阔单调的南非高原为居民提供的生活资料丰富而雷同，到处都是相似的产品，如羚羊、浆果、野生块根、蜂蜜和鱼类等，这使得他们能够较为容易地生存下来，但“对于一个民族来说，最大的不幸莫过于他们所居住的地方天然就能出产大部分生活资料和食物”②，因为这种状况不利于促进社会分工的形成和发展。正如马克思所

---

① 关于非洲原住民族的经济形态，郑家馨教授对此有专文论述。参见郑家馨：《论十九世纪以前南非的社会经济结构》，载中国非洲史研究会：《非洲史论文集》，北京，生活·读书·新知三联书店，1982 年。另可参见郑家馨：《祖鲁王国的兴起和恩戈尼人、苏陀人的迁徙》，载艾周昌、郑家馨主编《非洲通史（近代卷）》，上海，华东师范大学出版社，1995 年，第十八章。Monica Wilson 教授在《牛津南非史》里也有专门一章论述，参见 Monica Wilson，*The Oxford History of South Africa*，Vol. 1，ch. 3.

② 《马克思恩格斯全集》第 23 卷，北京，人民出版社，1972 年，第 561 页注 4。

指出的："不是土壤的绝对肥力，而是它的差异性和它的自然产品的多样性，形成社会分工的自然基础，并且通过人所处的自然环境的变化，促使他们自己的需要、能力、劳动资料和劳动方式趋于多样化。"[①]过于依赖土地上的自然物产意味着他们基本上没有处置土地的能力，换言之，由于生产力的极端低下和社会组织的十分松散，他们只能维持最简单的人口再生产，每个人都可以占有无限的土地资源。或者说，他们最大的天然财富就是土地。别说私有，就是集体占有的观念在桑人的思维中可能也是不存在的。在阿非利卡人看来，桑人和南非大草原上的动物没有什么区别，都是阿非利卡人猎取的对象。科伊人是最早与荷兰人打交道的南非原住民。与桑人相比，科伊人和前者在体质上没有多大的区别，但他们的生产力水平已经过渡到以自己的生产劳动来增加天然食物的畜牧经济阶段，其社会组织也比桑人大得多，通过人口的增殖和群体公社的扩大、分裂，形成了较大规模的族体，确立了父系酋长制度。除了小部分科伊人生活在靠近开普海岸，大部分科伊人居住在南非西部地区、小卡鲁地带，稀少的雨量和酸性的土壤严重地妨碍了他们进一步把生产力提高到种植经济阶段，而一直维持着单纯的游牧生活，开普山地和卡鲁地带的周期性旱灾甚至迫使他们一度暂时退回到狩猎生活。干旱和土壤贫瘠造成牧场载畜量很低，为了减少损失和维持生存，科伊人往往需要占有十分庞大的牧地面积，每个家庭公社都拥有几个冬季和夏季牧场，轮回放牧，粗放经营。尽管地权不固定，但集团共有几处土地（牧场）的观念已经在他们的心目中确立下来。随着人口的增加和族体的分裂，各个氏族之间为争夺牧场、水源和劫掠畜群及妇女的战争也时有发生，在荷兰移民来到开普之前，科伊人各个族体之间已经出现了土地（牧场）资源紧张的现象。正当科伊人在向部落联盟迈进的时候，荷兰人闯了进来，尽管科伊人对这群不速之客进行了极其顽强的抵抗——1659～1660年和1673～1677年，在部落酋长的领导下，他们以山地游击战的方式同殖民者进行了两次"霍屯督战争"（又称"科伊—荷兰战争"），迫使后者向开普北部地区的殖民扩张推迟了30年[②]，但像美洲殖民者对待印第安人那样，荷兰人几乎剿灭了桑人，以及正向畜牧经济过渡的科伊人，把他们的土地资源据为己有。在荷兰移民的眼里，科伊人和桑人没有什么区别。在还没有建立基地之前，范·里贝克就向东印度公司提交

① 《马克思恩格斯全集》第23卷，北京，人民出版社，1972，第561页。

② Shula Marks, 1972: Khoisan Resistance to the Dutch in the Seventeenth and Eighteenth Centuries, in Journal of *African History*, Vol. 1.

过一份备忘录，其中提到他先前到达开普时所获得的印象，他提醒说，科伊人是危险的野蛮人，“绝不能信任他们，他们是凶残的民族，没有良知”。① 在他那小心翼翼保存的日记中，他诬称他们为“迟钝，愚蠢和腥臭难闻”，是“黑色的令人讨厌的狗”。后来在奴役了科伊人之后，有的白人农场主仍用极其侮辱性的言词称他们为“人形牧羊犬”。②

图 1－1　千年印迹：布须曼人岩画

图 1－2　布须曼人岩画

① C. Louis Leipoldt，，1936：*Jan van Riebeeck*，London，p. 90.

② 郑家馨：《南非史》，北京，北京大学出版社，2010 年，第 13 页。

图 1－3　卡拉哈里沙漠中的布须曼人

图 1－4　布须曼人狩猎图

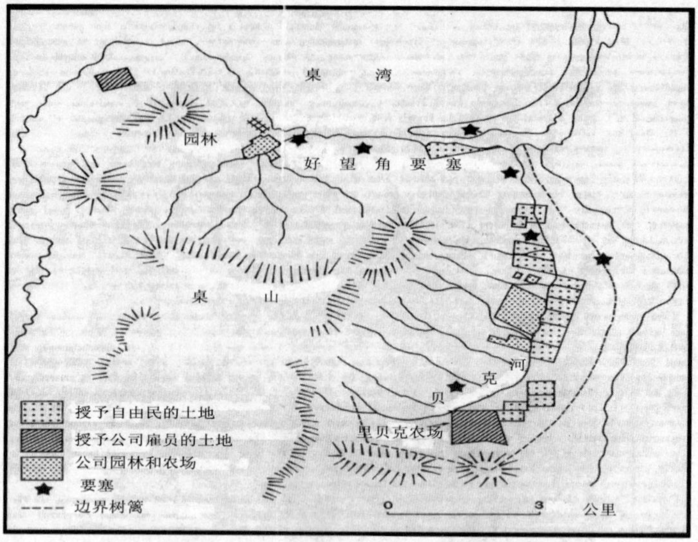

图 1－5　第一批荷兰殖民者立足好望角

资料来源：本图根据 A. J. Christopher 2001：The *Atlas of Changing South Africa*, Routledge, 2nd ed, p. 14. 原图译制。

图中地名中英文对照：桌湾（Table Bay）好望角要塞（Fort Cape Good Hope）桌山（Table Mountain）范·里贝克农场（Van Riebeeck' s farm）里贝克河（Liebeeck River）

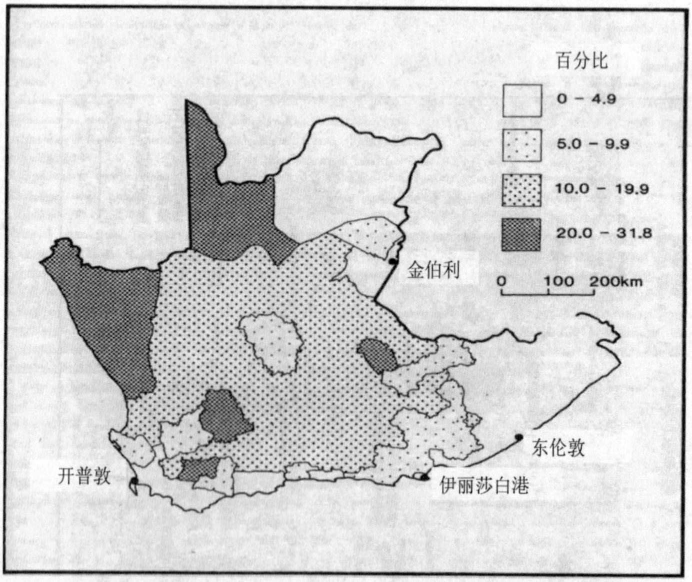

图 1－6　1904 年人口普查的科伊桑人人口分布和数量

资料来源：A. J. Christopher Computed from *Cape of Good Hope：Census of the Colony*，Cape Town：Government Printer，1905. 本图根据 A. J. Christopher 2001，：*The Atlas of Changing South Africa*，Routledge，2nd ed，p. 11. 原图译制。

说明：到20世纪初，科伊桑人数量减至历史最低水平。而据有关统计数据显示，1957年南非全境只剩下20名桑人。（参见郑家馨：《南非史》，北京，北京大学出版社，2010年，第16页。）

图中地名中英文对照：开普敦（Cape Town）东伦敦（East London）金伯利（Kimberley）伊丽莎白港（Port Elizabeth）

如果说桑人和科伊人的社会经济生活停滞不前的话，班图人的制度和文化则要先进得多，他们已经进展到了牧农混合经济阶段。当阿非利卡人正在蚕食桑人和科伊人的土地向东方扩张的时候，来自东非的班图（Bantu）黑人早已在几个世纪前跨过林波波河，正在继续向南方迁徙。在未迁入南非之前，班图人生活在萃萃蝇繁衍的东非地区，无法大量地放牧牲畜，所以他们的经济结构以农业为主，刀耕火种，广种薄收。由于世世代代焚荒开地，植被遭到破坏，引起水土流失，严重影响了生态平衡，造成地力耗尽，无法在同一地方居住很长时间，因而不得不持续地向南方迁移，而在他们身后留下一堆堆废墟。带着他们的铁器文化——锄头和矛，班图人统治了当地的科伊人和桑人，同时学会了放牧牲畜，而后者逐渐被融入黑人社会，除了部分撤进了刚果森林最深处、西南沙漠和非洲最南角的谷地。黑人迁徙较慢，儿子成人，便结婚离家，新建一个自己的家（Kraal），作为氏族的延伸。老一辈死了，他的Kraal就被关闭，子孙不得据为己有。这样就消除了紧张关系，避免了冲突。除了代代迁移外，还有季节性迁徙，各个族体赶着他们的牛羊来往于海岸酸草地和内陆甜草地之间。夏天他们在高地放牧，然后在冬天赶到温暖的酸草地区（Suurveld）（阿非利卡人后来称之为海岸牧场），让甜草地得到恢复。这样，黑人部落以一个缓慢、起伏的节律逶迤南行，没有时间和边界。这是一个容易生活、低度紧张的社会，但它的宁静依赖于有大量的土地和空间来化解竞争。在班图人社会里，对人的控制被认为远比对物的控制更重要。这在一句东非谚语中得到体现：酋长统治人而不是统治土地。原则上所有族体成员都对土地拥有权力，因为土地是这些民族团体最基本的生活因素，拥有土地在他们的法律和社会含义中极其重要。

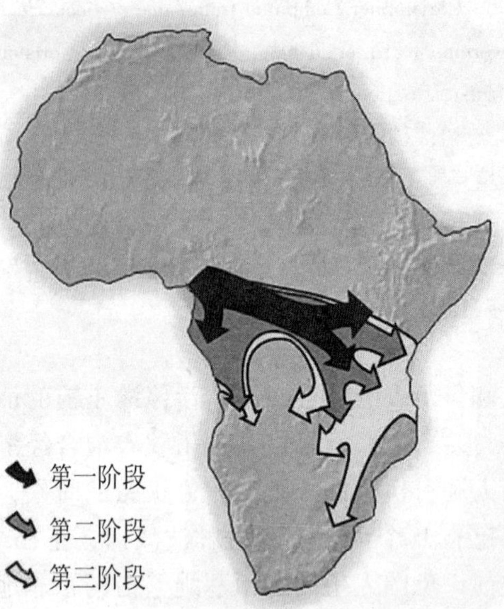

图 1-7　班图人的起源和和阶段性南迁示意图

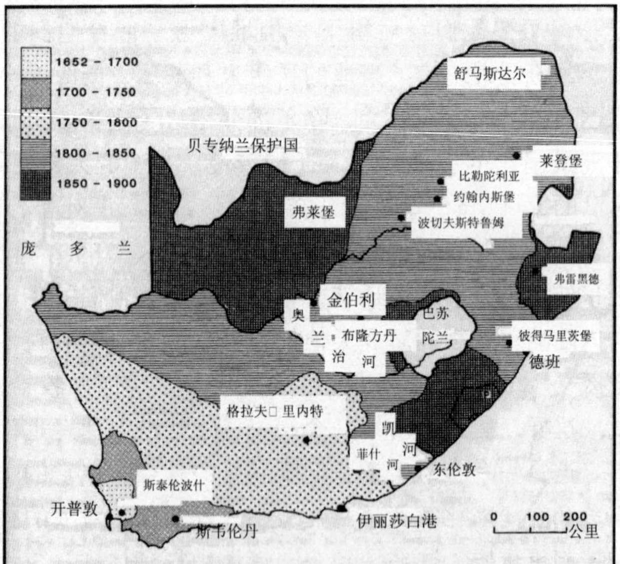

图 1-8　白人侵占南非科伊桑人和黑人土地进程图

资料来源：本图根据 A. J. Christopher 2001：The *Atlas of Changing South Africa*, Routledge, 2nd ed, p. 15 原图译制。

说明：从荷兰人登陆好望角到 17 世纪末，白人拓殖民土地扩张的速度较慢，在一个半世纪的时间内仅从开普敦东进到斯泰伦博希，离中心城堡的直线距离基本上都在50英里之内。到18世纪初，白人殖民者的土地扩张进程骤然加速，已经从开普向东北方向拓展了1 000公里。

图中地名中英文对照：贝专纳兰保护国（Bechuannaland Protectorate）德班（Durban）弗莱堡（Vryburg）舒马斯达尔（Schoemansdal）比勒陀利亚（Pretoria）莱登堡（Lydenburg）约翰内斯堡（Johannesburg）波切夫斯特鲁姆（Potchefstroom）斯威士兰（Swaziland）彼得马里茨堡（Pietermaritzburg）弗雷黑德（Vryheid）伊丽莎白港（Port Elizabeth）金伯利（Kimberley）布隆方丹（Bloemfotein）格拉夫-里内特（Graaff Reinet）东伦敦（East London）菲什河（Fish River）斯泰伦博希（Stellenbosch）瓦尔河（Vaal River）凯河（Kei River）斯韦伦丹（Swellendam）奥兰治河（Orange River）

阿非利卡人一再宣称他们拓殖的土地“实际上未被占据”，他们要么是误解了非洲人的土地关系，要么纯粹是要歪曲和否定非洲人土地所有制的功能特征。他们利用班图各民族土地“公有”和产权不明确的特性，通过贿赂酋长、签定租界条约等方式鸠占鹊巢，蚕食和侵吞土著民族的土地[①]，或者干脆赤裸裸地抢占班图人的领土。他们先是通过两次“卡菲尔战争”（又称“科萨战争”，分别发生于1779～1781年；1789～1793年），一步步地掠夺和强行霸占科萨人（Khosa，或Xhosa）的牧场，然后又在大迁徙的过程中屡屡进犯祖鲁人的家园。1838年12月16日既是阿非利卡人的“神圣契约”日，同时也是祖鲁人的“丁刚节”，这其实也正是两种截然不同的土地观念的尖锐冲突。阿非利卡人认为祖鲁人的土地是神赐给他们的，而他们献给上帝的祭品却是祖鲁人的“血河”。最典型的莫过于布尔人在与英国人争夺斯威士兰时的姿态。德兰士瓦共和国总统克鲁格以不容置疑的口吻向英国人宣称：“从历史上、地理上和行政上说，斯威士兰都是属于我们的。”[②] 为了证明南非的土地占有状况具有“历史的合理性”和“正义性”，南非官方精心炮制的《南非》一书这样写道：“今日黑人的祖先在南迁以前显然经常居住于中非的大湖区域。他们进入今日南非地区的时间大约相同于首批白人到达好望角的时间。”[③] 在另一本由南非国家情报部编写的《南非的多民族发展的现实》一书中，阿非利卡人煞有介事地写道：“18世纪70年代，在离开普敦

① 如1839年10月布尔人欺骗几名苏陀人酋长签名画押作证，取得了对原由姆齐利卡齐统治的土地的所有权。

② 克鲁格1892年对伦敦《泰晤士报》记者弗洛拉·肖的谈话，参见马特塞布拉：《斯威士兰史》，济南，山东人民出版社，1978年，第126页。

③ 1978：*South Africa*, Pretoria, p.82.

1 000公里的地方，阿非利卡人迁徙大军与来自中非大湖区域附近的第二次迁徙运动的前哨人员相遇。看来，在15世纪末这些部落已经迁徙到今日赞比亚、罗得西亚和莫桑比克。大约在17世纪，他们渡河进入今日南非共和国境内，这个时间与阿非利卡人的自由农场主从好望角向内地扩张大致同时。”[①] 南非前外长博塔在1974年10月24日联合国安理会面前发言时竟自欺欺人地把南非的官方谎言公开向全世界发布：“大约在17世纪中叶，南部非洲的白人和黑人相遇于本大陆一个几乎无人居住的地方。”[②] 更有甚者，在1975年6月6日于洛杉矶召开的一次国际会议上，一位南非学者（C. p. Mudler）大放厥词：“班图人不是土著。他们是在荷兰人和英国人之后才到达（南非）的。”[③] 在20世纪80年代之前，南非历史教学大纲和教科书中根本没有关于非洲殖民以前历史的章节。黑人学生被教导说，他们的历史是从1652年范·里贝克在好望角登陆那天开始的。[④] 1974年出版的标准第八册历史教科书中只有这样的语句：“南部非洲不是南班图人的故乡，他们与白人一样是移民……，无法确知他们迁徙运动的前锋是何时到达南非的，但有迹象表明是在15世纪或稍早一点。”[⑤]这些官方教科书一手遮天，无视从林波波河南岸到开普东南部的证明黑人于公元后几个世纪早已到达该地区的考古发掘的实证材料。按照阿非利卡人的逻辑，既然南部非洲不是班图人的故乡，那么迁徙的布尔人进入的自然就是“无主土地”，他们是根据“先占”原则占据了南非87%以上的土地；至于黑人现今占有的大约13%的土地就是历史上他们祖辈居住的土地，“现今除两小块地区外，南非境内所有原属班图人的区域仍为班图人所有”。[⑥] 这种“无主土地”的“天然”理念仍可在至1994为止南非一些阿非利卡人的公开言论中找到回音。

---

① State Department of Information, Multi – National Development in South Africa. *The Reality*, Pretoria, p. 22, 1974. In *Marianne Cornevin*, 1979: *L' apartheid: Pouvoir et Falsification Historique*, Paris, UNESCO, p. 78.

② Marianne Cornevin, 1979: *L' apartheid: Pouvoir et Falsification Historique*, Paris, UNESCO, p. 78.

③ 1977: *Courrier de l'Unesco*, novembre, p. 10.

④ IOL1996年8月21日援引《开普时报》（Cape Time）的报道。

⑤ Marianne Cornevin, 1979: *L' apartheid: Pouvoir et Falsification Historique*, Paris, UNESCO, p. 79.

⑥ 参见〔美〕约翰·根室：《非洲内幕》（下册），伍成译，北京，世界知识出版社，1957年，第561页脚注。

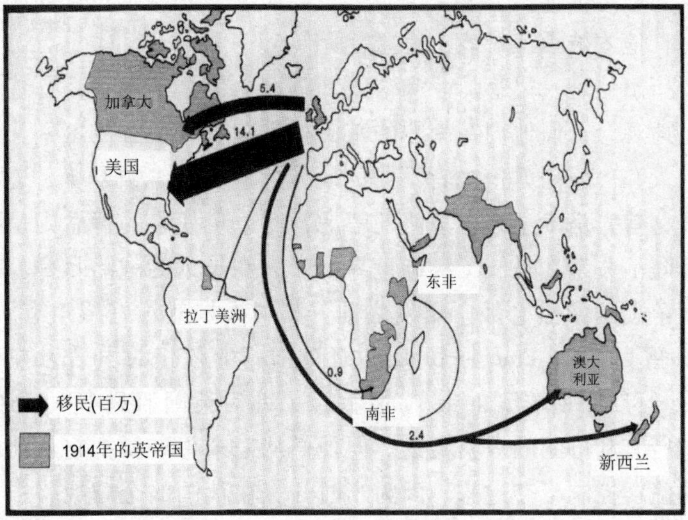

图 1-9　1815-1914 年间英国海外移民流向图

资料来源：From statistics in A. J. Christopher, 1988: *The British Empire at its Zenith*, London: Croom Helm,. 本图根据 A. J. Christopher, 2001: The *Atlas of Changing South Africa*, Routledge, 2nd ed, p. 10. 绘制。

说明：到 19 世纪初（1806 年）英国人接过荷兰人对南非的统治权的时候，南非的欧洲人只有 25 000 人，他们通过粗放的农牧业方式从开普向内地扩张了 1 000 平方公里。1820 年，英国按照"系统殖民"计划，首次向南非大规模移民 5 000 人；1857～1862 年间又向南非的英属卡弗拉里亚地区输送 12 000 名移民。

从 1815 到 1914 年，在一百年的时间内，只有不到 4% 的英国人移民南非。（A. J. Christopher, 2001: *The Atlas of Changing South Africa*, Routledge, 2nd ed, p. 9.）

图中地名中英文对照：加拿大（Canada）美国（United States）东非（East Africa）南非（South Africa）澳大利亚（Australia）新西兰（New Zealand）拉丁美洲（Latin America）

英国人的土地观念与荷兰人有相似之处，即"无主土地"和"皇家土地"的思想和实践。经历过工业革命的英国人甚至不需要制造什么理由，凭借其强大的实力，在 1910 年联邦成立之前，英国人是明白无误地把南非当作殖民地看待的。伦敦的帝国当局总是授予殖民地总督没收所有"未被占据"土地的权力，宣布它们为皇室土地。这种"未被占据"的含义是极其模糊的，可以随殖民者的意来解释。这个词的基本用途就是承认所有未被占据的土地都作为皇室土地，政府有权按照最佳用途的原则来处置它。空地，也就是被一个非洲人腾出的土地，将自动转到皇室的手里。甚至根据“土著习惯法”，只有当一个非洲人有效地占有某块土地时，他才被承认对该土地拥有所有权。

需要指出的是，尽管阿非利卡人和英国人都是殖民者，有着基本上相同的土地观念，但他们在南非的殖民行为却有着很大的区别，这也是阿非利卡人和一般西方殖民者不同的地方：英国人占领开普，进而占领整个南非，首先是出于军事战略的考虑，而军事战略的背后则是欧洲大陆的国际政治关系，是试图称霸世界的宏大和长远的战略目标。在与法兰西帝国争霸的拿破仑战争爆发之前，英国人早就对好望角有所了解，1580 年德雷克（Sir Francis Drake）环球航行时就经过开普，并称它为“我们整个环航中所看到的最美的海角”，此后英国船只多次经过开普，与东方进行有利可图的香料贸易。但他们从来未想到要把它从荷属东印度公司的脆弱控制下夺过来。因为当时开普在英国的全球战略中并没有多大重要性。1795 年的短暂占领和随后的还归荷兰以及 1806 年的重新占领无一不是欧洲国际关系的反映。其后对布尔人的追逐和封堵也和英国人与德国在西南非洲的争夺、修建纵贯非洲的“二 C”（Cairo - Cape）铁路计划密切相关。而建立南非联邦，并将之纳入大英帝国的体系之内，完全是帝国建设的需要。英国在南非扩张的每一行动、每一步骤，都经过深思熟虑、精心准备和全力以赴，在南非采取的一切政治、经济和军事措施都是为建立和壮大总部设在伦敦的殖民帝国服务。一切都以伦敦为中心，南非只是英国社会政治经济文化体系在非洲南端的扩展。南非的英国人依然说着和母国一样的英语，依然崇拜他们的女王。布尔人则不同。到好望角为东印度公司建立一个船队给养补给站，这是一项目标很有限的使命，在荷兰当时的全球霸业中并不占多大份量。除了最初还和母国荷兰有点联系外，后来实际上只和东印度公司发生关系，到 18 世纪后期，在公司破产和英国人到来并对他们施加统治之前，他们事实上已经挣脱东印度公司的束缚。也就是说，在到达南非最多半个世纪之后，他们就失去了祖国，真正成了在南部非洲大地上漂泊的游子。进入内陆的布尔人，如同桃花源中的前世遗民，尽管过的不是仙人般的日子，但他们和外部世界已经相对隔绝，迷失了 18 世纪的大部分时间。他们更多的是和与自己的种族特征迥然相异的非洲黑人打交道。他们是殖民者，但不像英国殖民者那样能够得到帝国中心的支持，他们是自发的殖民者，几乎从第二代起就没有得到荷兰祖国的人力支援，更不用说物力财力支援，即便用于殖民征服的制胜因素之一——枪支弹药，也是用产品与过往船只和英、葡殖民者换取的，而非来自帝国中心的有计划的经常性的军需供应。荷兰和东印度公司正在走下坡路，无暇顾及他们的海外子民。他们是被帝国中心抛弃的、“本土化”了的殖民者，在相当长的时期内还是大英帝国的臣民，但他们更是非洲的一分子，正如他们给自己民族所取的名字 Afrikaner 所明示的那样。在与当地民族交往的长期过程中，他们甚至形成了自己独特的语言，这在世界殖民史上是极为罕见的。

从抢占土地行为的长期影响来说，同样是圈地——阿非利卡人圈地的范围甚至比英国人大得多，但英国人和阿非利卡人的区别在于：英国人的圈地不仅意在剥夺自由耕种者的土地，同时也试图通过消灭传统意义上的农民（peasant）——如同他们在本国国内所做的那样，从而使土地集中在一批现代意义上的农业耕作者（farmer）手里，把绝大部分甚至全部传统意义上的农民变成资本主义制度下的农业工人。而事实上阿非利卡人剥夺了除白人种族（民族）以外生活在南非的其他几个种族（民族）的绝大部分土地，但并没有消灭传统意义上的农民，使他们中的一部分人上升到 farmer 阶层，而是有意识地使他们既成为传统意义上的农民——只是耕地更少，同时又让他们承担起佃户和雇佣工人的角色，这样阿非利卡人就可人人成为地主，使用异己民族数量极为丰富而价格又极其低廉的劳动力，而不需要承担任何义务，最大限度地赚取利润或地租，也就是剩余价值。①

二、“白人至上”

阿非利卡人抢夺黑人土地的行为，除了从体现着经济和法律内容的“无主土地”的观念中可找到其思想根源外，当时正在生根发芽的流行于欧洲新兴民族国家普通民众中的种族主义思想也是不可忽视的另一个深层社会原因。

种族主义是殖民主义思想的最极端表达，是征服者意识形态的最重要特征之一。

认为自己是比有色人优越的民族，这并不是那个时代荷兰人唯一的种族偏见。这种感觉对所有欧洲殖民者和所有从事奴隶贸易的人来说很普遍，包括葡萄牙人。但在信奉天主教和新教的殖民强国之间还是有些微的不同和程度的变化，由此它们给各自接触的殖民地社会留下了永久

① 马克思认为，在奴隶制经济或大地主经济形态下，“地租和利润也是合而为一的，剩余价值的不同形式的分离是不存在的。”“土地所有权本身已经产生地租”。参见马克思：《资本论》第3卷（下），北京，人民出版社，1975年，第906、851页。

的印记。尽管葡萄牙、西班牙奴隶制的历史记录最为严酷，但在拉美它们没有留下多少种族隔离的遗产，也没有美国南部那种壁垒森严的种族主义；在墨西哥或巴西，没有燃烧的三 K 党（Ku Klux Klan）十字架，从非洲到东西印度群岛，英国或荷兰人也不曾考虑要模仿法国和葡萄牙人把受过教育的“同化人”纳入母国文化的殖民政策。在塞内加尔的小学校里，黑人小孩被教导说“我们的祖先是高卢人”，令黑人哲学家气恼不已。而教导黑人小孩认为自己是英国人或荷兰人的想法在任何非洲殖民地都是不可想象的。

有些社会科学家认为是约翰·卡尔文的命定论思想给了信仰新教的北欧人一种主子民族的意识倾向，相信他们自己就是上帝的选民（the Elect of the Lord; or, a chosen people）。德克勒克（W. A. de Klerk）写道，“我们（阿非利卡人）是上帝的工具，”“阿非利卡人的关键就是卡尔文主义。”[①] 还有人认为拉丁人肤色浅黑，与生活在欧洲的摩尔人（Moors）有长期交往的历史，因而他们觉得与黑肤色的民族混合要容易些。不管原因是什么，学者们大都同意这一点：葡萄牙人比起荷兰人或英国人，在种族态度上不那么傲慢顽固。命运和风向最终把非洲最南端完全不同于欧洲的那片地产分配给了后者，即荷兰人和英国人。[②]

16 和 17 世纪是一个神学上剧变的时代，古老的教会的整体性受到挑战，然后被打破，新的关于人与上帝关系的思想及上帝在人间的角色由强有力的牧师们表达出来，并逐渐形成整个社会的思想。而尼德兰在这个剧变的舞台上地位独特，它正处于加尔文主义神学影响力的中心。

为了理解范·里贝克用以建造新社会的荷兰文化砖石，我们还必须再向前看一点。1648 年刚刚结束与西班牙进行的长达将近一个世纪的战争，是唤起荷兰人民族主义精神的史诗，它深刻地影响到荷兰人的种族思想。这是一场异常残酷的战争，哈布斯堡王朝的西班牙居于绝对优势，菲力普二世将宗教裁判所搬到荷兰，滥杀无辜，扬言要么把尼德兰带回罗马，“要么毁灭这片土地，使当地人无法在上面生活”。由于这场战争既是为宗教独立也是为民族独立，当荷兰人最后取得胜利的时候，他们的胜利不仅诞生了一个新国家，还上演了一出新的神话“出埃及记”（Exodus）。西班牙人被看做反基督者，奥兰治亲王威廉领导 150 000 教徒逃脱了南部佛兰德尔（Flanders）和布拉邦（Brabant）省的迫害，同

① W. A. de Klerk, 1975: *The Puritans in Africa*, London, p. Xiii – xiv. Quoted in Marianne Cornevin, *L' apartheid: Pouvoir et Falsification Historique*, p. 49.

② Allister Sparks, 1990: *The Mind of South Africa*, New York, p. 23.

时在海上打败了西班牙舰队，经过这场严峻的考验，最终使民族得以再生。

来自圣经的比喻所以有生命力，还源于另一史实，即在与西班牙进行战争的同时，荷兰人世世代代与大海的斗争也进入一个严峻的阶段，一连串灾难性的洪水淹没了该国的大部分。沙马（Schama）写道："荷兰人认为命运已经由上帝决定，他们是上帝保佑的洪水幸存者。"在他们与西班牙人作战的同时，他们还在热火朝天地进行一场开垦土地的运动。①这又是一场长期的斗争，并且成果卓著。在荷兰人看来，他们不仅政治上取得了胜利，在征服自然方面也取得了胜利。②这变成了双重祝福。

最后，圣经中关于洪水和拯救的象征还从莱登（Leiden）城的解围过程中得到印证。当时威廉掘开了城外的几条河流，使村庄成为一片汪洋，挡住了西班牙军队的前进，而反叛的荷兰人的小船队则几乎可以行驶到城墙头来解救被围困的守城部队。这又是一部民族史诗，此后威廉在荷兰绘画和宣传画册中被描绘成"我们的摩西"（Ons Moyses）。③

多少年来，这种希伯莱式的自我幻想在荷兰艺术、文学、戏剧和大众民谣中被不断雕琢和发扬光大。在阿姆斯特丹皇宫中，就有一幅费迪南·波尔（Ferdinand Bol）创作的油画《带着圣诫的摩西》（*Moses with the tablets of the law*），它不仅受到天主教爱国者的崇拜，也受到加尔文教爱国者的崇拜，成了超越教派的象征。17 世纪荷兰最著名的诗人冯德尔（Joost van den Vondel）也曾对以色列人和荷兰人的获救作过比较。④

与希伯莱人的认同，即看来都受到上帝的保佑，成为荷兰人商业上的好运和能够抵抗强大竞争对手的最佳解释。如加尔文教徒雅各布斯·吕迪厄斯（Jacobus Lydius）在 1688 年荷兰人打败英国人后所写的那样："当人们问道，如此弱小的尼德兰人怎么能在陆上打败强敌，在海上摧毁敌方舰队，并多次从失败的虎口中转危为安时……我们只能说，这只能解释为上帝和其尘世的子孙签定的永久契约。"⑤ 他在诗集中写道："首先我要感谢上帝/ 是他使荷兰变成耶路撒冷。"

17 世纪荷兰爆发的激烈的宗教争端进一步加深了这种印记。这些争

---

① 从公元 1250 年起荷兰人就开始了向沼泽要地的运动，在 1600 ~ 1675 年间达到高峰。参见〔美〕伊曼纽尔·沃勒斯坦：《现代世界体系》第二卷，尤来寅、吕丹等译，北京，高等教育出版社，1998 年，第 47 页。至今荷兰人仍在进行向大海要地的斗争。

② Simon Schama, 1987: *The Embarrassment of the Riches*, New York, p. 35

③ Ibid., pp. 110 - 113.

④ Ibid., p. 113.

⑤ Ibid., p. 45.

论围绕着命定论教义，加尔文教最突出的特征而进行。争论的一方是严格的戈马派（Gomarists），他们曾在反对西班牙天主教会的斗争中站在最前线，另一方是阿米尼乌斯（Jacobus Arminius）的较为自由的追随者，阿米尼乌斯是新建的莱登大学的神学家。结果，戈马派赢得了胜利：当时荷兰的主要政治家奥尔登巴内费尔特（Johan van Oldenbamevelt）由于站在阿米尼派一边被处死，伟大的法理学家格劳修斯（Hugo Grotius）被关进监狱；阿米尼派被宣布为非法。荷兰教会召集其官员、长老、学者和其他重要人物，于1618年在德雷赫特（Dordrecht）举行会议，这次宗教会议给命定论作出了十分保守的解释，并确定为官方教义。它坚持上帝预先决定了有些人是生来高贵的，注定会受到拯救，而有些人只能永远被诅咒。

如同弗洛姆（Erich Fromm）和其他心理学家所指出的，这一教义可能构成了一个“上帝选民”的框架的基础。暗含在其中的原则就是人类基本上是不平等的。这就是说有两种人，有些人，不管他们一生中做了多少好事或坏事，注定会被拯救，而另一些人则被诅咒。上帝亲自将所有人划分为两类，选民和被诅咒者。对命定论的解释越是保守，整个信仰就越带有原教旨主义色彩，信徒们也就越发相信他们是上帝的选民，衰弱无力的个体更需要依赖上帝的惠顾。①

但随从范·里贝克到达开普的那些荷兰人在多大程度上受到当时神学争论的影响，仍有待仔细研究。除了范·里贝克本人是个医生，算得上知识分子（他的祖父是Culembourg市长）外，其他人都是下层社会的乌合之众，如白日劳工、流民和失业者。②除了36年后赶来的200多个法国胡格诺教徒外，这第一批南非白人殖民者在经济和社会上是被抛弃的人，如汤普森（Leonard Thompson）教授所指出的，在17世纪的荷兰社会里无法与人竞争。③许多人是文盲，到开普五年后仍连自己的名字都不会写。他们正是衰弱无力的个体更需要“依赖上帝的惠顾”。这些人多多少少也受到当时神学争论的影响。因为在那虔诚的时代，甚至社会最底层的民众也为自己不死的灵魂担忧，经常去教堂或参加星期日大型露天集会，聆听教士的布道演说。他们也许不明白教派之争的细微差别，但他们对德雷赫特宗教会议确立的国教教义有一个基本的理解，并把这些教条带到南非，当他们发

① Erich Fromm, 1961: The *Fear of Freedom*, London, pp. 72 – 79.

② C. R. Boxer, 1965: The *Dutch Seaborne Empire*, London, p. 61.

③ Leonard M. Thompson, " The South African Dilemma," in Louis M. Hartz, 1964: The *Founding of New Societies*, New York, p. 182.

现自己置身于看来原始的异教徒之中时，从荷兰带来的教条又获得了新的更加原教旨的含义，尽管他们在国内地位很低，但现在他们在心理上却让自己的地位骤升，更加确信自己属于上帝划分的高贵的一半。而当他们在国内时，他们的低下的地位也许使他们极度怀疑自己到底属于上帝创造的哪一半。现在，他们登上桌山，俯瞰山下皮肤黄黑的原始民族，似乎终于找到了圣经中哈姆（Ham）的后裔。1665 年一位荷兰人写道："尽管科伊人也是我们的圣父亚当的子孙，但他们的人性是如此的少，以至于他们其实更像无理性的动物，而不是有理性的人……他们不知道有上帝，也不知道怎样才能得到拯救。可怜的人们，你们的可怜的境况多么令人悲哀！而我们基督徒，是多么的幸运能得到上帝的保佑！"①这些幸运的"上帝的选民"非常惊喜地在《圣经》中发现了对他们极为有利的证据。根据《圣经》中《出埃及记》的故事，他们认为自己也像古代以色列人一样是被上帝指引到了非洲——只不过他们到达的是非洲的另一端。他们援引《圣经》中的片言只语，杜撰黑人是诺亚次子哈姆的后代，注定要给白人充当担水、劈柴的奴仆。② 这些笃信加尔文教的布尔人，把描写一个游牧民族的生活与道路的旧约全书当成他们自己的历史来读。他们把自己看成是一个出类拔萃的民族，是由上帝带进"希望之乡"迦南并受托来消灭异教徒的："你们应该把所有居民统统赶走，摧毁他们的所有支柱，以便你们能占领这块土地并在上面住下来，因为我已经把这块让你们占领的土地赐给了你们。"③ 这些虔诚的加尔文教徒甚至在旧约全书中找到了维护奴隶制的依据："如果你想拥有家奴和婢女，你应该从你们周围的异教徒那里去买。"④

早期的阿非利卡人就是带着这种态度走向内陆和东西海岸。很显然，到 19 世纪早期，一种强烈的对本地居民的种族优越感已经植根于他们的脑海中。1805 年埃滕哈赫（Uitenhage）的一位官员在向巴达维亚当局提交的报告中写道：

> 要让殖民者理解霍屯督人应该和他们一样受到法律的保护，法官可以把他们和霍屯督人平等对待，这是一件很困难而且经

① Richard Elphick, 1985: *Khoikhoi and the Founding of White South Africa*, Johannesburg, p. 195.

② T. Danbar Moodie, 1975: The *Rise of Afrikanerdom: Power, Apartheid, and the Afrikaner Civil Religion*, Berkeley, California University Press, p. 79.

③ 《摩西五经》第四卷第三十三条。

④ 《摩西五经》第三卷第二十五条。

常是不可能的事。按照这儿流行的不幸的概念，异教徒实际上不是人，但同时在动物中又找不到这一类。因此他们是一种世界其他地方还不知道的生物。他们的话绝不能信，只有暴力才能迫使他们弃恶从善。①

上帝选民的概念并不是人们常常挂在嘴边的话题，或是历史记载中认为合适的词汇，人们可能认为这种看法不言而喻，很少有人专门论述它。如同马克斯·韦伯所指出的，重要的是，宗教教义产生的社会效果，它公开表达的方式和它对实际行为的下意识影响并不完全一致。② 所有合乎常理的证据都表明，上帝选民的概念是早期阿非利卡人从荷兰随身带来的，当他们发现自己置身于他们认为具有黑暗、险恶、异教、懒惰和肮脏等所谓高贵的人种所没有的外观特征的人群中时，这很容易唤起他们的种族优越感，并且比在荷兰时还得到加强，后来当有意制造的神话开始产生影响时，这种观念就愈发占据统治地位。在这最初阶段它还不是国家主义的（nationalistic），但当两个世纪后这种观念开花结果时，民族主义便以特别壮观的形式展现出来：这是一种乐园中的上帝的选民的神圣民族主义，充满神圣的使命感，企图用一种乌托邦式的意识形态来重组宗教式的社会。如同种族隔离理论的极端倡导者马兰（Daniel Malan）在1948年上台时所表述的那样：

我们的历史是几个世纪以来最伟大的杰作。我们拥有这个天赋的民族，因为它是宇宙建筑师所给予的。上帝的目标就是在世界民族中形成一个新的民族……过去的几百年已经证实了一个奇迹，这后面必定有神的设计。事实上，阿非利卡人的历史显示的是一种意志和决心，它使人感到阿非利卡人国家不是人的作品而是上帝的创造。③

在阿非利卡人那里，这样的言论比比皆是：

大迁徙的领导者之一比勒陀利乌斯（Dewald Johnnes Pretorius）说："黑人与白人民众不能在同一块土地上和平与安全地生活在一起。"④

---

① T. Danbar Moodie, 1975: The *Rise of Afrikanerdom*: *Power*, *Apartheid*, *and the Afrikaner Civil Religion*, Berkeley, California University Press, pp. 28 – 29.

② Max Weber, 1958: *The Protestant Ethic and the Spirit of Capitalism*, New York, pp. 97 – 98.

③ T. Danbar Moodie, 1975: *The Rise of Afrikanerdom*: *Power*, *Apartheid*, *and the Afrikaner Civil Religion*, Berkeley, California University Press, p. 1.

④ Leonard Thompson, 1985: *The Political Mythology of Apartheid*, Vail – Ballou Press, Binghamton, New York, p. 83.

德雷耶（T. F. Dreyer）神父说："上帝创造了肤色界限。……如果我们抹掉了上帝的分界线，我们就毁掉了他一手创造的作品。如果我们与印度人、有色人和土著混居，我们的后代就成了骡子，没有办法藏起他们的长耳朵，……上帝许诺我们必须是一个分离的、独特的民族。"①

白人蔑视南非黑人民族，如同南北美的印第安人和澳大利亚的本地民族一样。在伦敦的自然历史博物馆，仍收藏着 6 颗布须曼人的头颅，那是英国人在南非猎获的"战利品"，如今成了"生物标本"；一位霍屯督人妇女曾在 1880 年代早期被作为马戏团里的怪物供人们观看，在她死后，她的一部分肢体又在巴黎的人类博物馆里被展出了 150 多年。②"霍屯督"在今天的德语口语中已经成了一个侮辱人的字眼，这绝不是偶然的，因为德国人是当年联合东印度公司外籍雇员的主要来源。在"三十年战争"（1618～1648）中，同属条顿民族的德国年轻人逃离毁于战火的家园奔向荷兰，投奔"公司"。他们中的大部分人是半文盲，虽说他们在东印度公司的船上只充当牛马，但在霍屯督人面前他们却竟以高贵的主子自居。

"外迁的布尔人"除了读圣经外，别的什么也不读。只有少数人识字，会写的更少。他们不知道，也不想知道外部世界的变化。他们断绝了自己的旧关系。与世隔绝使他们的语言也发生了变异。极具讽刺意味的是，当时好望角还在流行的纯荷兰语，在与当地霍屯督人的交往中演变成了一种适应"野蛮地带"简单沟通思想需要的原始方言。后来，这种方言发展成了"南非荷兰语"，即今天布尔人的书面语言和长时期内南非的第一官方语言。

正是这种态度，使得南非的种族问题比非洲和世界上任何其他地方多种族社会的种族问题都更加难以解决。这不仅仅是一个须由启蒙、信赖和发现自身的经济利益等因素来克服的种族偏见问题。因为偏见已经存在和渗透了南非社会三个半世纪。其实到 20 世纪下半期，阿非利卡人也意识到他们的神话终将破灭，但从 17 世纪起他们就已经沉醉其中，不到万不得已，他们不会作出根本性的变革。

总之，要亲手抹去祖先遗留下来的意识形态印记确实不易。17 世纪中期的荷兰在欧洲是一个新兴的民族国家，但同时也是一个种族主义思想最为严重的国家。刚刚在腥风血雨的斗争中挣脱西班牙残酷的殖民统

---

① Leonard Thompson, 1985: *The Political Mythology of Apartheid*, Vail - Ballou Press, Binghamton, New York, pp. 185 - 186.

② Andor Skotnes, 1995: *People's History and the South African Struggle*, in Newsletter 73, November.

治的荷兰民族把枷锁又套到了别的民族的脖子上。先入为主的观念已经使他们扮演了“上帝选民”的角色，而在来到和自己的祖国迥然相异的黑色国度之后，阿非利卡人的种族主义思想发展到了登峰造极的地步。尽管最初到达南非的大部分荷兰人在故国并非富商巨贾，甚至处于社会的底层，没有什么经济实力和政治地位，但正是这种低下的社会地位使他们在异国他乡找到了自己的种族优越感。正如纳米比亚学者凯·姆布恩德所言：“种族主义的发展是以种族之间的相互打交道为前提的。……因为，各民族之间的交往，不一定会自动导致民族冲突和种族主义。族性只有在某种社会、经济和政治条件下才会演变为种族主义。”[①] 的确如此，布尔人移民正是在否定、排斥他们征服和剥削的那些人的过程中发现并确立了自己的身份。[②] 牙买加学者斯·霍尔也指出：“种族主义远非仅仅给自己赤裸裸的自身披上外衣，并追求经济利益。相反，它忠实地为奴隶主阶级提供自我描述体系，通过这种自我描述凭借想象使他们对生活现实心安理得。”[③]智利学者沃·阿克尔曼甚至认为：“一般种族主义的论述是容不得相反例证的。实际上它压根儿就不是想作为一种论点提出来。它援引并断定听众是赞同的，所以说它把所有的听众或读者都当成与它意见一致的证人。所以，这种记述不仅有使歧视合法化的作用，而且也唆使别人采取歧视行为。”[④]

种族主义与资本主义的结合并不鲜见，特别是在 18 和 19 世纪殖民主义肆虐的时代。如果说源自欧洲的资本主义最初并没有种族主义介入的话，那么在海外，资本主义生产方式移植到殖民地往往同时伴随着宗主国种族主义思潮的泛滥。即使如此，在南非这片特殊的地域，种族主义压倒一切甚至一度压倒资本主义的现象在世界历史上应该说是特别罕见的，实际上也是绝无仅有的。如果说美国南方的奴隶制是嫁接在资本主义的机体之上，已经树立了极端的反面典型，那么在南非，阿非利卡人的种族隔离制度则到了无以复加的地步。老牌殖民主义大国英国曾试图将母国的资本主义生产方式搬到南非的大草原上——他们甚至有一套成熟的理论，即马克思在《资本论》中曾重点评述过的威克菲尔德先生

---

① 照那斯图、阮西湖、葛公尚、刘兴武合编：《种族问题国际会议文集》，重庆，重庆出版社，1988 年，第 92 页。

② Bernard Makhosezwe Magubane, 1979: *The Political Economy of Race and Class in South Africa*. Monthly Review Press, New York, p. 32.

③ 照那斯图、阮西湖、葛公尚、刘兴武合编：《种族问题国际会议文集》，重庆，重庆出版社，1988 年，第 54 页。

④ 同上书，第 35 页。

的“系统殖民”理论，但在南非，他们失败了，这一方面是南非的自然地理状况决定的，但更重要的是，阿非利卡人“白人至上”的种族主义行径一度将英国人倡导的纯粹资本主义的“自由平等”的雇佣关系也拒之门外。英国人也并不拒绝剥夺原住民的土地，因为正如马克思所言，本来“剥夺人民群众的土地是资本主义生产方式的基础”①，英国人甚至一度帮助布尔人打败班图黑人，劫掠他们的土地，但这一切都是有限度的，是要为资本主义生产方式的顺利运行创造条件。如果没有种族主义从中干扰，“系统殖民”或许能够正常进行，南非也许将会是另一个北美或澳大利亚，资本主义土地所有制在南非殖民地的形成和发展将会是一种自然的、合乎规律的过程。但在布尔共和国，殖民者从被剥夺了土地的黑人身上榨取无报酬或极少报酬的剩余劳动的特殊经济形式，决定了白人和黑人之间严酷的“主仆”关系，这种关系没有体现出母国荷兰所具有的“温文尔雅”的商业模式，更不具有资本主义雇佣关系的某种平等性，而更多带有某种中世纪的封建性，其特点就是压迫的全面性和彻底性。在布尔人共和国，压迫当地黑人的种族主义措施深深地楔入了土地所有制的法权范畴，“种族特权被神圣化”②，造成阿非利卡人对南非土地所有权的垄断不仅表现为一般的“阶级特权”，更表现为一种“种族特权”。布尔人出于“白人至上”的种族主义目的，把欧洲人对土地的垄断权推到了极致，在殖民南非的过程中胃口越来越大，贪得无厌地把南非 122 万平方公里土地的大约 90% 都据为己有，而把广大黑人压缩在 10% 左右的狭小空间内。这种非理性的做法尽管一度使种族主义者的利益最大化，使其权力和物欲都达到登峰造极的地步，但非理性的极权的膨胀和对受剥削者生产和生活空间的极度压缩都必将产生爆炸性的后果，尽管由于种族隔离措施的不断强化使这种后果被一再延迟，直到 20 世纪 90 年代，南非发生了真正的“颠倒黑白”——种族隔离制度最终崩溃，黑人真正成为自己的主人。

三、“极端个人主义”

阿非利卡人抢夺南非黑人土地的第三个深层原因是：极端个人主义的思想和实践。

---

① 马克思：《资本论》第 1 卷，见《马克思恩格斯全集》第 23 卷，北京，人民出版社，1972 年，第 839 页。

② 《马克思恩格斯全集》第 20 卷，北京，人民出版社，1971 年，第 116 页。

来到南非的荷兰后裔尽管社会地位和文化层次不像英国殖民者那样高，但他们的家乡毕竟是欧洲第一次资产阶级革命的发生地，与西班牙人进行的长期斗争不仅带有鲜明的宗教色彩，体现着“联合省”的民族感情，同时还具有反对封建强权专制的个人主义精神。专制的压迫越是残酷，对自由的向往就越是强烈。自从人类进入阶级社会以来，极端的自由从来都是在极端的斗争中孕育的。古今中外历次革命——无论是民族起义还是农民暴动——证明，除非革命后迅速建立起强有力的法律秩序，事情往往会从一个极端走向另外一个极端。尼德兰革命后好长一段时间内并没能够建立起权威的中央民族政府，而是结成了松散的诸省“联盟”，反映荷兰商业资产阶级自由意志的个人主义思想大行其道，再加上联盟内部卡尔文教派之间你死我活的斗争的结果，将个人的权利提高到无以复加的地步。尽管到荷兰移民定居南非之时荷兰已经基本上结束了内部纷争，确立起了拿骚王族政权，但荷兰国民多多少少受到资产阶级自由主义思想的熏陶，极端个人主义的思想基因已经深深植根于来到南非的荷兰后裔的身心之中，并在南非的特殊历史地理环境中得到发扬光大。

是东印度公司严厉的、自私的统治首先激活了刚刚踏上开普海岸不久的荷兰移民的极端个人主义思想细胞。最初的定居生活是准军事性的。好望角城堡的拓殖民并没有多大的行动自由，他们的首长被称为司令官，直到 1687 年才改称总督。拓殖民是隶属公司的雇员，不仅要做“布尔人”（农夫），同时还要服兵役。他们必须按照公司规定的价格向公司出售他们的产品，不得私自与当地的科伊桑人进行交易。当 1657 年他们中的一部分人被赐予“自由民”的权利后，这些“自由民”的自由便失去了限制。他们不断地用侵犯科伊桑人自由的方式来换取自己的自由。出于垄断贸易和施加政治统治的考虑，公司一度对“自由民”贪得无厌的土地扩张和过分侵犯土著民族利益的行为进行了一定的约束，结果引起“自由民”的极度不满和反抗，和公司之间的冲突不断发生。就在公司雇员成为“自由民”的第二年年底，他们就联名向公司提交了一份“备忘录”，要求公司根据他们的意愿制定出新的小麦价格。仅仅过了半个世纪，到 18 世纪初叶，这些殖民者已经称自己为“阿非利卡人”，以示区别于那些在开普敦夸夸其谈的荷兰官员。他们几乎是听从一种原始的无政府主义要求的驱使，唾弃一切，唾弃公司的专制统治，唾弃法律的桎梏，甚至一度唾弃货币经济的压力。他们不愿顺从任何权力。管得了他们的只有上帝。1706 年，在新建立的移民区斯泰伦博希，终于爆发了第一次反对公司的暴动。随着公司不断走向衰落，开普殖民地的统治者也渐渐感到力不从心，对深入内地的布尔人鞭长莫及，已经无法进行有效的控制。到18世纪末，美国革命和法国革命的消息也隐隐约约地传到了好望角。布尔人对美国革命是这样理解的，认为北半球和大西洋彼岸的白人移民与他们的祖国断绝了关系，而将命运操在自己的手里了。于是，居住在边境的布尔人揭竿而起，反对公司的统治。法兰西的共和之风吹来，1795年，他们赶走了给予卡弗尔人（Kaffir，或译“卡菲尔”，原意为“异教徒”，此处意指南非原住民）权利的麦尼尔州长，在新建的边境城镇赫拉夫里内特选举了自己的代表，成立了赫拉夫里内特共和国。与开普相距200公里的斯韦伦丹的市民也闻风而动，发动骚乱，并成立了斯韦伦丹共和国。

建立一个独立的布尔人共和国的第一步完成了。但这一步是在极其不利的时刻完成的，因为恰恰在1795年6月的日子里，一支英国舰队开进了开普敦背后的福尔斯湾。不是布尔人，而是英国人结束了公司的统治。但“共和”从此便同极端个人主义的布尔人结下了不解之缘。

英国人结束了东印度公司的专制，同时也给布尔人带来了工业资本主义时期的法制。这本是新时代进步的象征，但对在南非广漠的空间过惯了无法无天的生活的布尔人来说却如同给他们戴上了脚镣手铐。英国人的到来结束了他们那种悠闲自得的生活。他们刚刚建立的赫拉夫里内特和斯韦伦丹共和国被取消了，卡尔文教不再具有国教的地位，1799年英国传教会到达南非，宗教自由的思想被传授给黑人群众。这一切对布尔人的思想观念不啻是个沉重的精神打击，他们要恢复被英国人限制的自由，恢复自己的共和国。于是他们躲开了英国人给他们带来的工业时代的文明，去追寻梦中的属于阿非利卡人的乐园。他们离开了一个旧世界，但并没有建立起一个新世界，而是陷入极端的孤立之中。阿非利卡民族已经失去了18世纪欧洲的重要发展阶段，即理性主义时代，自由和民主正是在这一时期产生，以法国资产阶级大革命为标志达到高潮。而阿非利卡人却在深深的孤独中度过这段时光，又回到了17世纪他们的欧洲祖先所抛下的生活状况，他们变成了现代西方文明中最简单和最落后的一块碎片。整个18世纪，他们除了在反对专制和洗劫南非土著民族的紧急时刻结成“民团”（Commando）等形式的组织外，在和平时期，他们的行为几乎纯属个人行为，漫无目标地在大草原上游荡、迁徙，一望见邻居的炊烟就感到局促不安，稍有意见不和便闹独立，甚至几个人也可以成立“共和国”。但他们这些“共和国”的臣民们很少建立村庄，如果他们能看见邻居的炊烟，就会感到生活得很狭促。他们几乎没有公共机构，甚至连村庄也很少建立。每个人都是自己事务的绝对主人，独来独往，不受任何妨碍，绝对自由。这和黑人的集体互助（ubuntu）和公社生活方式截然相反，在非洲人看来，“人之与人才成为人”（“People are people through other people.”），班图（Bantu）之义也。阿非利卡人是极其孤独的人，他们不需要考虑任何人。只是在面临危险的时候，他们才会短暂地聚集在一起，除此之外，他们便各人自扫门前雪，不管他人瓦上霜。结果他们变得内向，只关心自己和直系家庭，不习惯与他人建立联系或考虑旁人的观点和感情。这使得他孤傲和自以为是，但同时也使得他顽固不化和毫不宽容。结果阿非利卡人变成了一个好争辩的、好分裂的民族，集团不断分裂，一感到受到干涉便走得远远的，寻求更大的自治。甚至在他们经历过艰苦的大迁徙终于成立了统一的“南非共和国”后，也很难把个人和小集团笼络到一起，统一仍然停留在纸面上，中央议会极少开会，出席者也寥寥无几，政府权力形同虚设。由于缺乏凝聚力，他们一度在对共和国周边同样拥有火器的非洲民族的战争中并不占据多大优势，对英国人咄咄逼人的姿态，他们更是无力反击。1852年，在与英国人进行的关于布尔人独立问题的桑德河谈判中，布尔人竟然派不出一个统一的代表团赴会。这种个人主义和分裂主义趋向在阿非利卡民族主义的中期阶段已经受到压制，纪律、一致性受到强调，公开的不同意被看成是对民族的不忠诚，是一种危险。但个人主义和分裂主义的趋势依然是民族特征的一部分，是内在紧张的一个不断源泉，当种族隔离制度因为不切实际而陷于危机，当宗教作为一种束缚力量作用衰弱时，内部紧张就再次公开爆发出来。但自我中心主义却凭借斗争、磨难的历史和受到迫害的感觉不断强化，直到发展成一种民族的“narcissism”（顾影自怜，自恋症），阿非利卡人只顾自己的集团利益，一味苛求民族认同感、民族自决和生存，却明显成为别人痛苦的源泉，看不见自己残酷的一面，缺乏同情心，根本不考虑自己造成的周围的敌意和憎恨。正如基韦特所指出的，正是18世纪的长期孤立才形成了布尔人民族。这种隔绝使他们在时间上冻结或凝固下来，使他们的想象进入休耕状态，使他们的智力变得愚钝。孤独孕育出“一种对目标追求的坚忍不拔，一种默默忍受的能力和敏感的自尊”[①]，最重要的，它培养出一种强烈的个人主义。早期的阿非利卡人以自己的方式发展出了一种也许是最不受限制的个人主义。这种最不受限制的个人主义对阿非利卡人经济行为的影响，人们应予以充分的估计。

---

① C. W. de Kiewiet, 1941: *A History of South Africa: Social and Economic*, London, p. 17.

第二章　阿非利卡人与科伊桑人和黑人民族经济结构的趋同

阿非利卡人与南非黑人各民族的冲突，从经济结构上来说，不是由于他们的不同，而是由于他们的相同或相似。

一、自然地理条件

在阿非利卡人到来之前，南非的科伊桑人或黑人民族过着优哉游哉的生活，他们随着季节的变换作着小范围的迁移，同时随着代际的更替作着长距离的迁徙，几乎没有时间和空间的概念。由于有着丰富的土地资源，各个民族基本上不存在内部关系的紧张。只是在班图人南下的过程中，在和科伊人相遇时，发生过一些碰撞，但这种碰撞也是温和的，并没有导致大规模的种族冲突，而是一些科伊人融入了班图社会，而班图人则从科伊人那里学到了更多的畜牧知识。

荷兰人涌入南非，在度过了相对短暂的和平相处时期之后，随着白人的东扩或北进，南非出现了土地资源——牧场——的紧张，白人与科伊桑人和各黑人民族，以及各黑人民族之间为争夺稀缺的土地资源开始相互厮杀。因为阿非利卡人作为一个种族群体并没有带来先进的生产方式，而是以同样低下的生产力水平在同一经济结构的框架内以不公平的方式参与了竞争。在这样的前提条件下，在其他各种因素的综合作用下——如前面一章提到的阿非利卡人的土地观念，以及后面要提到的市场和贸易的刺激，还有其独特的社会阶级结构，受其粗放的生产方式的制约，阿非利卡人“不得不”进行土地扩张战争。

阿非利卡人的经济结构，在范·里贝克及其随从在开普登陆后25年中就形成了。也就是说，一种放牧和狩猎的边疆已经存在了。他们越来越和非洲本地民族一样，主要过着逐水草而生的牧农经济生活。来自北欧低地国家、善于耕作的条顿农民，为什么会“沦落”到与他们瞧不起的黑色人种过着同样“放荡不羁”的生活的地步?

这一方面是后来要提到的阿非利卡人的土地继承制度问题，另一方面是南非的自然地理条件和阿非利卡人的经济结构所决定的。南非既有广阔丰饶的土地可供“随意”占据；同时，与班图人和其他原住居民一样，布尔人也受制于南非的自然地理条件：南非丰饶的广阔的土壤绝大部分只适合于牧业，在生产力水平不高的情况下，只能进行粗放经营，游牧仍是获取财富的最经济、最简捷的手段。多少个世纪以来，散布在南非高原的黑人各部落就一直经受着大自然的慷慨恩赐和无情的考验。尽管种族或民族群体有所不同，但整个南部非洲有许多共同特征，受制于同样的气候和环境。南非是一个严酷的次大陆，没有欧洲那样柔和的温度。南非更不像荷兰那样一年四季分布比较均匀——冬季平均气温为1.7度，夏季为18度，年平均降雨量为760毫米。在南非次大陆，即使是水源较为充足的东部三分之一地区及其草原地带也受到飘忽不定的雨量和惩罚性干旱的影响。[1] 南非的土壤，除了极少部分地区例外，如开普半岛和玄武岩（basalt）高地，大都是沙地，缺乏有机成分，结构非常松散，地力极易耗尽，也很容易被风吹雨打所侵蚀。白天阳光刺眼，夜晚漆黑一片。长时期的干旱烤裂了地面，而突然的暴风雨又常常夹带着泥土形成滚滚黄流。在这样的自然条件下，人们应该不难理解为什么原本以农业为主的班图各族越往南迁越在自己的经济生活中增加了游牧的成分。这一方面是在征服和融合科伊桑人的过程中学习到了对方的畜牧经验，另一方面也是自然气候和地理条件限制所致。事实上，班图人一开始时并未放弃农业，但可以想见，无论原来的经验多么丰富，非洲人的维生农业在这样一种环境里充满了不确定性。时饱时饥，有时是严重的饥荒。为了对付这种反复无常的命运变化，非洲人社会内部形成了一种互助体系。劳动分工按照性别进行，妇女从事农作，而男子负责放牧，因为牧业在经济和社会生活中的地位非同寻常。由家庭、亲族、年龄以及其他联系交织而成的关系网络，延伸到更广阔的区域，包括许多村庄，甚至回溯到久远的祖先，共同的祖先为他们提供了超自然的神圣的联系纽带。这样就形成了一种社会安全体系，个人、群众之间相互支持和保护，既是责任也是义务。由于生产力水平较低，南非各民族的生产方式主要体现为一种社会财富（土地和牲畜）的再分配方式，莱加西克（Le-

① N. Pollock and S. Agnew, *A Historical Geography of South Africa*, London, 1963, p. 16.

gassick）认为，殖民时期以前南非经济的特征就是“再分配的生产方式”。[①] 一夫多妻制既加强了个人的经济地位，也扩大了家庭的社会联系。不像阿非利卡人，极端个人主义极度膨胀。

维生经济造成的一个结果就是一种强烈的、终生的对土地的热情。因为土地就意味着安全，不仅已耕地和牧场，就是周围的灌木丛也有重要意义，当最坏的时刻到来，如庄稼歉收、牲畜死光的时候，灌木丛还可提供可吃的树叶和根茎，由此还可以维持群体的生存。土地和村社密不可分，聚合在由家族向外扩大的社会模式中。人们举行敬奉土地的仪式，因为土地埋葬着他们祖先的身体，它是本民族自身的体现，土地给予族体以生命、生存能力和安全感及认同感。个人不可能拥有土地，它属于民族集体所有，祖先把它授予酋长，由他分配给个人使用，但无所有权。

图 2-1　祖鲁人在耕作

范·里贝克和他的自由民开始时并不想过上与他们眼中的土著相似甚至是相同的生活。他们本是来自欧洲的农民，他们的故乡傍依着莱茵河和马恩河，气候十分温和，四季降雨量均匀适中，地势相当平坦，最高点也不过 320 米，沿海地区几乎全在海平面以下。在这个欧洲人口密度最大的小国里[②]，土地对于每个人来说都是最珍贵的财产，可谓寸土寸金，为了让脚下的土地延伸一分一厘，他们世世代代同沼泽和大海进行了不屈不挠的斗争，通过排干沼泽和围海造田来拓展自己的生存空间，

① M. Legassick，“South Africa：Capital Accumulation and Violence”，*Economy and Society*，3 (August 1974)，p. 288.

② 荷兰东西宽仅 200 公里，南北长为 370 公里，尽管不是人口增长较快的国家，但自近代以来却是欧洲人口密度最大的国家，现今平均每平方公里大约 400 人。

也许只有在梦境里他们才会见到南非那样一望无垠的高草原。在北欧那片只有37 291平方公里的狭窄国度里，他们精耕细作，农业水平堪称欧洲的楷模。来到陌生的阿非利加洲，他们给自己取名为“布尔人”(Boers)。正如这个名字所提示的那样，他们是令人尊敬的农夫。他们在开普周围种植了烟草和蔬菜，供给他们所隶属的东印度公司的过往船只。在17世纪的最后20年和18世纪初，也就是在总督西蒙·范德斯泰尔(Simon van der Stel，1679～1699）和威廉·亚德里安（Willem Adriaan）父子统治时期，他们极大地扩展了农作物种植的种类，西蒙种下了燕麦和小麦，他的儿子引进了欧洲式的葡萄园，生产的酒比此前船长们不大情愿购买的大不相同，深受欢迎。东印度公司的统治者也乐于看到这样的景象，他们的理想的统治模式是：集约型的农业经营和密切的邻里关系，这样在行政上便于来自城堡的监控，在经济上则可以保证公司的绝对垄断。

但这样的光景没有维持多久。因为适于农耕的气候和土壤只存在于开普周围和海岸地带。进入内地后，再没有地中海式温和的气候或类似故国的那种适宜农作的有利条件。他们尝试过向北方扩展他们的菜园和麦田，但正如班图人一度试图向南方延伸他们的非洲作物一样，他们都失败了。毫无疑问，在殖民早期，南非的经济生活是由地形和气候决定的。南非的面积虽然广阔，但具备充足和可靠的降雨的地方十分有限。如同几乎位于同一纬度的澳大利亚一样，南非的降雨量在东海岸比较丰富，在内陆逐渐减少，直到西部则成为半沙漠和沙漠。即便在开普地区，至少一半的地方年降雨量只有254毫米或以下，并且这些地方的降雨几乎全集中在夏季，在非洲灼热的阳光下，蒸发率很高，只有开普敦周围狭窄的地带冬季才会有降雨，而在降雨的时候夹杂着冰雹的事例也并不罕见。① 在这样的地区，农耕是不可能的。甚至是驯养动物，在这样干旱的地区，也仅仅能够维持生存而已。在气候反复无常的那些年头，布尔人的生活可以用穷困潦倒来形容。而他们的生活窘境本可以通过与内地的黑人和过往船只的双向贸易来改善。然而东印度公司的行政控制和经济垄断严重地限制了他们的发展。

---

① 如在1860年代，据官方文件记载，南非一些地方在经历了长期的干旱以及随之而来的蝗虫等灾害后，又遭受严重的暴雨和霜冻及冰雹的袭击，对农作物和牲畜造成重大损失。参见W. W. Collins, 1965: *Free Statia*, reprinted Cape Town, p. 179; *Report of the Civil Commissioner for Bedford*, Cape of Good Hope Blue Book 1864, Appendix, p. JJ. 25. Quoted in *Source Material on the South African Economy: 1860－1970*, *Vol.* 1, *p.* 28, *p.* 29.

二、大牧场经济结构

为了挣脱公司的专制统治和获得久违了的自由，为了生存和发财致富，布尔人离开海岸，来到内地。如果说当初他们在开普周围的活动真的是在“无主”的条件下进行农业生产的话，那么自1690年代起，他们就不再是在“无主”的空旷土地上进行放牧牲畜了。一批又一批的布尔人离开开普殖民地进入内陆，在没有征得科伊桑人许可的情况下，擅自占据（squatting）了他们的土地，同时掠走了他们的牛羊。[①] 从这个意义上说，这才是南非历史上第一批真正的“擅自占地者”（squatters）。从此以后，布尔人的经济生活发生了本质性的变化。他们抛却了自己擅长的小农集约耕作，转而经营自己并不熟悉的大牧场——因为从事放牧的主要是雇佣来的科伊桑人。他们这样做并非说明他们农艺的退步，而是因为经过种种经验教训，他们知道在南非内陆高原的气候和土壤条件下，从事集约农耕的边际效益很差。基韦特指出，布尔人的经济生活的变迁是一个成功的故事，从农业到牧业的转变是顺应了南非的自然条件，是顺应了此条件下的经济生活的自然法则。[②] 因为资本和劳动力缺乏，而土地则便宜和充裕。集约农业要想达到预期的收益，需要相当的资本开支和劳力付出，而这两方面都无法充分满足，特别是后者。在这样的情况下，粗放使用土地反倒体现了真正的效率或效益。世界银行和美国威斯康星大学土地中心通过对非洲农地制度与农业绩效的研究，证明在土地资源仍然比较富余的情况下，开垦新的土地比对原有土地进行投资更划算一些。[③] 于是耕种少而猎获的多，购买的少而交易的多，布尔人——开普边疆牧民的经济生活标准很快降到不断渴求土地的水平。根据

---

① *The Black Scholar*, *Summer* 1994, Volume 24, No. 3, p. 40.

② C. W. de Kiewiet, A *History of South Africa*: *Social and Economic*, p. 13.

③ 参见 Carter, M., K. Wiebe, and B. Blarel, 1991: “Tenure Security for Whom? Differential Impacts of Land Policy in Kenya.” *Land Tenure Center Research Paper*, No. 106. Land Tenure Center, University of Wisconsin – Madison; Migot – Adholla, S. Hazell, and F. Place, 1991: “Rural Land Tenure, Credit Markets and Agricultural Investment in Sub – Saharan Africa.” *Agriculture and Rural Development Department*, World Bank; Roth, M., J. Cochrane and W. Kisamba – Mugerwa, 1992: “Tenure Security, Credit Use and Farm Investment in the Rujumbura Pilot Land Registration Scheme, Rukungiri District, Uganda.” *Land Tenure Center Staff Paper*, University of Wisconsin – Madison, August; Roth M., F. Place, and p. Hazell, “Land Tenure Security and Agricultural Performance in Africa: Overview of Research Methodology.” In John Bruce and Shem Migot – Adholla, ed. 1994: *Searching for Land Tenure Security in Africa*. Iowa: Kendall/ Hunt Publishing Company。

传统的经济史观点，人类逐步从狩猎过渡到放牧，最后是定居的农业生活。但在南非的阿非利卡人那里，这个过程颠倒过来了：从节俭和集约农耕，东印度公司的雇员们逐步变成了牧民和猎人。实际上，除了肤色和与外部市场的联系，以及胯下的马匹和手中的枪支，在其他一些方面，阿非利卡人变得越来越像当地非洲人。来到东部边疆，随着越来越远离最初的商业基地，日渐适应有利于牧业而不利于农业的条件，阿非利卡人变成了从事半游牧、维生经济的牧民，与他们正在侵入的土地上的非洲黑人民族没有多大区别。他们随意而居，生活在大篷车或简陋的土坯草房里，和黑人大同小异。他们靠肉类和牛奶生活，用泥土盖起简陋的茅舍，用象牙和鸵鸟的羽毛换取武器、火药和枪弹。在荷兰人正式将开普敦移交给英国人之前，阿姆斯特丹派往南非的全权代表雅各布·德密斯特在视察了殖民地后写道："那些偏僻的殖民区与开普敦相距遥远，坐牛车有时要走150~200小时，与文明人没有什么社会联系。耕作促进文明，而那里单调的畜牧生活却妨碍文明的发展。"南非古代史学者齐治·退尔也这样描述德兰士瓦布尔人的生活："他们居住在巨大的农场上，更确切地说是牲口圈。除了小茅舍外，他们没有更好的房屋，每一座茅舍只有两间、至多三间房间，粘土铺地，茅草盖顶，没有玻璃窗户，室内陈设简陋。这里没有街道，整个邦（德兰士瓦）没有一座桥梁。除了南非的牛车外，没有别的车辆为他们运货。这里只有少量货币流通，商业活动几乎完全是以物易物。兽皮是这里的人同伊丽莎白港或德班港来的商人进行贸易的主要支付手段。"①一位英国官员这样评价说：布尔人是一些懒惰和没有受过教育的人，在他们的房子里你几乎找不到任何书籍。②

---

① 〔西德〕亨·耶内克:《白人老爷》,赵振权、董光祖译,北京,世界知识出版社,1981年,第76~77页。

② Report of the Civil Commissioner for Beaufort, Cape of Good Hope Blue Book 1867, Appendix, p. JJ 8. Quoted in D. Hobart Houghton and Jenfer Dagut, 1972: *Source Material on the South African Economy: 1860 ~ 1970*, Vol. 1, Cape Town, p. 49.

图2－2 布尔人农场主的家庭生活

图2－3 大迁徙中的布尔人家庭

事实上，阿非利卡人已经变成了非洲的一个“白人部落”，适应了周围的环境，而且如同黑人民族一样，认同周围环境而不是试图驯服和利用环境。但他们继续拒绝认同黑人社会，尽管他们在技艺和教育方面并不比黑人高多少。在英国人到来之前的一个半世纪内，阿非利卡人的时间似乎凝滞了。150 年没有使他们的生活方式有质的飞跃，而只有量的扩张。作为一个“白人部落”，他们所能做的就是与当地的黑人争夺维生的资源——土地和牲畜。武装他们的是牛车、枪支和宗教信仰——这使他们拥有实际和想象的优势地位，圣经给予他们权利，枪支给予他们权力，牛车则给予他们虽然简陋却非常实用的交通手段，使他们得以摆脱东印度公司的控制，与欧洲和世界市场保持藕断丝连的联系。这种联系非常重要，使他们虽然在生产力水平上不比“野蛮人”或“卡弗尔”人高出多少，却能依靠外在的力量在最后的竞争中胜过后者。

对财富的饥渴促使布尔人向内地的扩张像陷入泥潭一般不能自拔，威胁牧草生长和牲畜安全的干旱的燥热在布尔人那里很快转变成战争的狂热。由于可以使用暴力肆意夺取非洲农牧民的大片土地，土地成为最丰富、最廉价的生产要素；同时通过掠夺土著居民的土地资源而使他们的社会和家庭解体，很容易获得因为生活饥寒交迫而不得不驯服的劳动力，于是布尔人便把有限的资本以粗放的方式投在更大的土地面积上来谋取厚利。和农业相比，畜牧业需要更多的土地，但在劳动力上面的开支则较前者少得多。一般种植业农场主的资本需要 12 000 里克斯元（Rix Dollar，布尔人使用的货币单位）以上，而牧业农场主只需要 800 里克斯元（Rix Dollar）便可起家。布尔人通常只需要有两辆牛车，再有一支步枪、一把斧子和锤子、一杆长矛、一台搅乳器、一口锅就可以装备一个牧场①，然后再从别的农场主那里借贷几头种畜，命令科伊牧农照管，不久就可以成为像模像样的农场主了。正因为任何布尔人不必劳动就都可以轻而易举地成为农场主，开普殖民地自然增殖的白人后代和陆续从欧洲迁来的移民们，在很长时间内没有形成雇佣劳动队伍，只是不断地壮大了占有大片黑人土地的地主阶级的队伍。

阿非利卡人的这种嫁接在奴隶或牧农制基础上的极其粗放的经济形态和资本主义的经济原则似乎极不和谐。但正如美国南方奴隶制度的存在有其“合理性”一样，“资本主义社会最有效地剥削经济资源的办法常常是保留附属国古老的、有的是前资本主义的生产方式，使其对占支配地位的资本主义方式起辅佐作用”。② 不过这样做的后果却必定造成资本主义生产方式内部资源配置的冲突：在美国，解决问题的方式最终是惨烈的南北战争，并以代表先进资本主义制度的北方打败南方种植园奴隶主经济而告结束。在南非，问题的解决方式以更为曲折的方式表达出来——先是造成布尔人的所谓“英雄史诗”般的大迁徙，然后是被列宁称为第一次“帝国主义战争”的、和美国南北战争一样惨烈的英布战争，并以布尔人落后的大农场经济制度的失败而告终。

这种结果并不是我们要讨论的主题，我们要探究的是造成这种结果的原因。布尔人一方面力图向开普市场出售更多的牲畜，另一方面，奴

---

① Neumark，1957：*Economic Influences on the South Africa Frontier 1652 ~ 1836*，California，p. 38.

② 斯·霍尔：《支配情势以及原奴隶社会对文化的应用》，载照那斯图等编：《种族问题国际会议文集》，重庆，重庆出版社，1988 年。

隶制式的生产关系对劳动效率的制约和粗放式的经营方式，迫使他们的商品生产只能以最为落后的方式周而复始，没有质的提高，只有量的扩大。当开普市场的牲畜供不应求、价格猛涨刺激农场主们去扩大生产规模时，他们却无法依靠奴隶或牧农来提高牧场的单位面积产量，或是培育出产量较高的牲畜品种，而只有通过扩大牧场面积来满足市场的要求。而南非内地土质瘠薄，载畜量本来就很低，为了增加产量，农场主往往在同一块牧场上过分放牧，导致牧草被啃吃过度，许多牧场报废，载畜量进一步下降，到后来平均一英亩只能养一头羊，5 到 12 英亩才能养一头牛。[①] 农场主要增加牲畜头数，只有不断更新牧场，扩大放牧的土地面积。此外，农场主越是深入内地，离开普和其他沿海市场的距离愈远，将牲畜运送到贸易中心的费用也就越高，要弥补“损失”，他们唯一的做法就是尽量多地圈占新的牧场，饲养更多的牲畜。这几个因素加起来，结果便形成一种恶性循环：越是深入内地，饲养的牲畜越多，农场主占有土地面积也越来越大，以至于不知道边界究竟在何方。这样，一波又一波、持续不断的土地扩张就成为布尔人极其落后的大牧场经济结构不断地复制和延续自身的一个必要和根本条件。

三、财产继承制度

布尔人持续的土地扩张，还和他们的财产继承制度有关。尽管他们的土地继承制度和土著民族的表面上看起来一样，产生的结果也有相似之处，都造成向外的土地延伸，但实际上两者有很大的不同。在布尔人的产权观念里，占有比使用重要得多；而在班图人那里，使用远比占有重要得多。非洲人的边界概念是开放的、模糊的、不精确的。两种由于土地继承制度造成的迁徙都不主要是人口增长的结果。班图人社会由于生产力水平的限制，人口不可能大幅度的增长；阿非利卡人由于没有后续移民纷至沓来，人口增殖的速度也极其缓慢。在阿非利卡人那里，由财产继承制度造成的土地扩张一方面是由于经济结构的原因，另一方面更带有人为的性质。

白人和黑人同样珍视土地，但总的来看，由于南非的科伊桑人和班图各族的社会组织还大都处在从原始民主到氏族或个人私有的过渡阶段，低下的生产力水平更需要集体的互助和合作，私有制的概念还很模糊甚

① W. de Kiewiet, 1950: *A History of South Africa: Social and Economic*, Oxford, p. 41.

至没有产生，他们世世代代生活在一望无垠的大草原上，“天苍苍，野茫茫，风吹草低见牛羊”，长期以来并没有外在的压力和内在的紧张，天地人合而为一，他们对土地的态度不是一种占有的感觉，而是自己就是土地的一部分，正如自己就是集体的一部分一样。这种对土地的珍视是宽泛的，在他们的心目中只有大致的活动范围，而没有寸土寸金的迫切感，当一个地方的牧草将被用尽时，他们就赶着畜群迁往另一个地方。只有当他们停留在一个地方一段时间时，或在几个牧场之间来回时，他们才会感到脚下的土地具有排他性。布尔人并不是一开始就生活在南非草原这样的环境中，他们的土地观念来自欧洲的低地平原，更何况他们的祖国荷兰的土地是从沼泽和大海的拍岸惊涛中一寸一寸地夺取的。著名的社会学家马克斯·韦伯指出：“在欧洲，由于土地相对有限，人们对于土地拥有权就形成了一种特殊的重视，并且总倾向于通过家庭继承方式来保留土地。”① 这特别适合于来到南非大草原的布尔人。下面我们简要而具体地考察一下非洲人和阿非利卡人的财产继承制度及其和土地的关系。

在南非的科伊桑人和班图人社会中，普遍盛行的继承制度是长子继承制（primogeniture）。②有权继承一个家庭土地的只能是“正室”所生的长子，这种规则，如一则案例［Sonti V. Sonti，1929 N. A. C.（C. & O.）23 at 24］指出的：“一个土著死后，他的财产传给他的长子或长子的最年长的男性子孙。如果长子死后无子嗣，下一个最年长的子嗣有继承权，余下依此类推。”③ 在某些主要的班图民族里，为了避免在继承权问题上的争执，习俗甚至将出生不久的双胞胎杀死。④ 纳塔尔法典第114款提到：“万一无男性继承人，任何财产……必须根据土著法，转交给高级酋长（Supreme Chief），村落或家庭中的女性置于高级酋长或他可以指定的一位土著人物的监护之下。”⑤

继承人接替死者位置的重要后果之一就是他变成了死者所有财产的所有者，包括动产和不动产。同时，在土著共同法里，一个男子死后，他的继承人“接替他的位置成为家长或族长”，他变成了家庭中妇女和其他孩

① 〔德〕马克斯·韦伯：《资本主义与农业社会》，见《民族国家与经济政策》（韦伯文集第一卷），甘阳等译，北京，生活·读书·新知三联书店，1997年，第113页。

② 参见 Alastair James Kerr，1961：*The Native Law of Succession in South Africa*，London，Butterworths，p. 13.

③ *Report s of the Decisions of the Native Appeal Courts*，1929，Ibid.

④ Alastair James Kerr，*The Native Law of Succession in South Africa*，p. 9.

⑤ Ibid.，p. 13.

子的监护人，必须维持他们的生活。[①]如果继承人年龄较小，下一个有继承权的年长男性负责对他和家庭中其他成员的监护。一个寡妇及其孩子将置于其长子的监护之下。长子有责任提供必需的衣食，必须保证他们的地位、耕地，借给他们耕牛。继承了父亲财产的继承人也有义务为其姐妹提供合理的生活安排，因为他将来会接受男方送给她们的嫁妆。

由于实行一夫多妻制度，母亲的财产由没有分到父亲任何财产的小儿子继承……万一小儿子死了，母亲的财产则由长子继承。一个妻子带来的任何东西自她踏进夫家大集体那一刻起便成为她的家庭资产[②]，同样，她所挣得的任何收入也是她的一房财产。一个妻子（在其婆婆的帮助下）在分给她的那一房的土地上种植玉米（谷物），用玉米交换山羊，再用山羊交换母牛，这头母牛生了 8 个小牛，最终这头母牛及其增殖被认为是她的家庭财产。土地上生产的成果是一个妻子的家庭财产，尽管她无权处置土地本身，但在土著共同法（公法）里，这块土地，如同分给每一房用来居住和耕种的一样，似乎也是该房资产。

根据以上土著继承法的内容，我们可以看出这种继承体制的特点是强调长子和氏族长老的权威，具有广泛的凝聚力，继承人的权利和义务相互结合。土地使用权的长子继承实际上并没有促使家庭的其他成员远离家庭和村落，一切都在有序的安排之下，处于互助互爱的氛围之中。所以，村社居民的大范围的迁徙或土地扩张一般只发生在代际之间；平时的迁徙只是在长子或族长的安排下，发生在轮换的夏季和冬季牧场之间；更小范围的土地分配只是重新分配家庭成员的份地和安排村落的公用牧地，或在家庭增加新的成员时候开垦邻近的荆草荒地以增加份地的配额。还有一个重要特点是，由于土地所有权的模糊性，或者说没有欧洲人所说的那种明确的所有权，科伊桑人和班图各民族土地的公用性很大，在姆法肯战争和恰卡出现之前，尽管已有土地关系紧张的迹象，但并没有为争夺土地而出现激烈的战争，更不可能有欧洲殖民者进行的那种殖民远征。

马克思指出："在历史进程中，掠夺者都认为需要他们自己硬性规定

---

① Report and Proceedings, with Appendices, of the Government Commission on Native Laws and Customs, Cape, 1883, p.360. In Alastair James Kerr, *The Native Law of Succession in South Africa*, p.36.

② Report and Proceedings, with Appendices, of the Government Commission on Native Laws and Customs, Cape, 1883, p.404; Natal Code, Section 107. In Alastair James Kerr, *The Native Law of Succession in South Africa*, p.36.

的法律，来赋予他们凭暴力得到的原始权利以某种社会稳定性。”①法律是经济基础决定的，“法律可以使一种生产资料，例如土地，永远属于一定家庭”。②阿非利卡人的土地继承制度沿袭了欧洲的罗马－荷兰法（或称荷兰－罗马法）。1782 年东印度公司在开普殖民地设立了高级法院，实行的法律即以荷兰－罗马法为蓝本。③这种继承法在开普殖民地一直实行到 1874 年，在纳塔尔实行到 1863 年，在奥兰治自由邦实行到 1901 年，在德兰士瓦实行到 1902 年。甚至在该法废除后，它仍然受到许多农村白人的尊重。④ 本来，罗马－荷兰继承法在原则上与南非各黑人民族的继承法没有多大区别，它的特点也是长子继承制。但在南非的实际运用过程中，罗马－荷兰法在土地继承方面却又兼具诸子均分的特征，即在所有男性继承人之间均分父辈的财产⑤，包括地产，特别是到后期可供征服的土地资源越来越少的时候，法律强迫家庭财产的均分。一方面，正如古代的罗马共和国那样，布尔人共和国“是一个武装农民的国家，或更确切地说，一个由自耕市民组成的征战国家。每次战争都意味着吞并更多的土地以供拓殖”，因为“这些非长子们没有继承权，只有靠从军征战去为自己赢得土地”⑥；另一方面，由于每一个布尔人男子生来便有 6 000 英亩土地的权利，这种长子继承权又不是非长子布尔人唯一的征战理由，因为只要可以或能够用武力从非洲人那里夺得土地，他们不必等待均分父辈的财产，每个人都变成了“长子”，人人都有天然继承 6 000 英亩土地的权利。事实上，长子继承权只是到后来阿非利卡人的“次子们”土地扩张的道路被英国人堵住以后，没有更多的土地可供征服，才具有实际意义。只是到这时，一位阿非利卡农场主死后，他占有的农场或牧场才会在他的儿子们之间平均分配，不管他的农场或牧场有多大。土地面积越分越小，直至不可再分，而分了家的家庭成员之间又由于长期养成的极端个人主义和自由主义习惯，无法按照企业精神进行商业性

① 马克思：《论土地国有化》，见《马克思恩格斯选集》第二卷，北京，人民出版社，1972 年，第 451 页。

② 马克思：《政治经济学批判导言》，见《马克思恩格斯选集》第二卷，北京，人民出版社，1972 年，第 101 页。

③ 〔法〕路易·约斯：《南非史》，史陵山译，北京，商务印书馆，1973 年，第 62 页。又见艾周昌、郑家馨主编：《非洲通史》（近代卷），上海，华东师范大学出版社，1995 年，第 72～73 页。

④ *The Turret Source Workbook* 6, *South African Political and Economic History*, Johannesburg, 1984, p. 114－115; De Kiewiet, A *History of South Africa*, p. 191.

⑤ De Kiewiet, A *History of South Africa*, p. 191.

⑥ 〔德〕马克斯·韦伯：《古典西方文明衰落的社会原因》，见《民族国家与经济政策》，甘阳等译，北京，生活·读书·新知三联书店，1997 年，第 11 页。

的经营合作，也无法产生类似非洲人中间的那种家长责任制，最后的结果就是真正的经济学上“取长补短”的“木桶效应”，使子孙变得越来越穷。黑人劳动力的存在使贫穷白人难以成为雇佣劳动力阶级，而贫穷白人也不屑于与黑人劳动力竞争。

无论阿非利卡人的财产传承方式是否严格意义上的长子继承制，它的实际意义一如古罗马共和国展示的那样——永不间断地向“边疆”扩张对于保持自由民内部的秩序和稳定至关重要。自从范·里贝克给予部分东印度公司雇员“自由”后，越来越多的布尔人在内地建立了大大小小的牧场，一般的规模是大约3 000摩尔根（Morgen），或6 000英亩。[①]这意味着每一个阿非利卡人男子自他诞生的那天起就自动获得了拥有6 000英亩土地的天然权利，每一个阿非利卡人男子天生就是一个大农场主。这样大的农牧场从哪里来呢？只有通过武力强行向非洲原住民索取。也就是说，非洲人的土地成了阿非利卡人与生俱来的财富，一个阿非利卡人男子纯粹通过种的繁衍就可拥有无限规模的土地，他的子孙不需要通过艰苦的劳动就唾手可得3 000摩尔根的“私人领地”。实际上，一般阿非利卡人占有的农牧场面积大大超过3 000摩尔根，许多布尔人家庭的私人领地四倍或五倍于这个数字[②]，达两、三万英亩之多。例如总督范德斯坦尔及其四五名随员占有的土地就有24 000英亩。[③] 1714年（或说1717年）东印度公司实行“租地农场制度”以后，布尔人有了公司颁发给他们的“合法”执照，在象征性地交纳了少量的费用（1732年大约为5英镑）后[④]，他们便可堂而皇之地随意占有土地了，这使得他们向内地的扩张愈加深入，公司实际上已经无法控制他们的行动，也搞不清自己的臣民究竟占有了多少非洲人的土地，公司官员所能做的只能是不断地跟在布尔人的后面向前移动疆界。布尔人圈占土地的实际做法是选定一个有泉水的地方为中心点，然后从此出发，骑马向四方各走半个小时，这样圈占下来的土地便成为他的私产。通常这样圈占下来的土地至少在6 000英亩以上，但布尔人仍然抱怨这样的面积还不够用，尽可能地多圈占“无主土地”。实际上，他们圈占的所谓“无主土地”大多是

---

① J. Noble, 1875: *Descriptive Handbook of the Cape Colony*, Cape Town and London, p. 258. Quoted in D. Hobart Houghton and Jenfer Dagut, 1972: *Source Material on the South African Economy: 1860～1970*, Cape Town, Vol. 1, p. 49.

② Ibid.

③ E. A. Walker, ed., The *Cambridge History of the British Empire*, *Vol. VIII*, p. 138－139.

④ 甚至只是登记一下而拖欠不交费用也可获得占地的权利。有不少农场主拖欠的时间长达六、七十年之久。

土著居民轮牧用的草地；当他们正在圈占的草地正被非洲居民使用时，他们便毫不留情地驱赶或剿灭他们，或者把原来牧场的主人变为自己的奴仆或牧农。基于罗马－荷兰法的那种阿非利卡人土地继承制度得以实施的条件是南非有客观存在的大片“无主土地”，另一方面是在开始的一段时间内阿非利卡人人数较少，土地足够“分配”之用。但南非的土地再多也是有疆界的，当阿非利卡人在科萨人和祖鲁人的堵截和英国人的追赶之下“走投无路”，终于到了无地可占而父母又无地可分的地步时，便出现了“贫穷白人”问题。所以这是一种人为造成的土地短缺。

由上面的分析我们可以看出，阿非利卡人的土地扩张是思想观念导致的主观行为和社会经济结构（关系）的客观作用的结果。一方面是刻意而为之，另一方面是不得不而为之。要发财致富，有时甚至是为了维持生存，也“不得不”如此。

第三章　阿非利卡人的社会阶级结构与土地问题

英国学者约·雷克斯指出："对于任何一个主要对南非进行政治和社会学研究的人来说，北美和欧洲占统治地位的社会学范例，即功能主义，可以说是特别无足轻重的。很明显，我们并不是在谈论人们所共有的规范化的社会秩序，或者一个由在功能上相互关联的制度所构成的体系。我们的着眼点必须是处于相互冲突地位中的集团。"①在南非，族性为阶级纽带提供的基础几乎比世界上其他任何地方都坚实。

当开普殖民地第一批荷兰殖民者给他们的牛套上犁的时候，南非本来存在着两种可能的发展前途：白人移民区有可能发展成为第二个北美，也有可能发展成为第二个南美（以巴西为典型）。南非的不幸就在于它没有发展成其中的任何一种模式。首先，它在走向白人移民区的发展道路上中途却步了；后来，它又拒绝成为一个多种族的民族——在300年的时间内，白人与黑人之间实行严格的种族隔离，相互通婚是绝对不允许的，尽管阿非利卡人和科伊桑女人之间的露水的两性关系的结果留下了一个为数不多的有色人种，在南非黑白分明的种族风景图画上添加了一点黄褐色花边。这个殖民地一建立，就走上了一条和其他殖民地不同的道路。在北美，"资产阶级生产关系同它的承担者一起输入进来，并且在这块由于土质肥沃而补救了历史传统贫乏的土地迅速生长起来"②，但在南非，资产阶级生产关系既没有随着荷兰移民的到来而自然输入这块位于南半球的牧草茂盛的殖民地，更谈不上迅速生长起来，而它土质的贫瘠也无法补救其"历史传统的贫乏"。开普殖民地虽然从其建立伊始就是作为两洋航线上的"补给站"而为世界市场存在的，但它的生产机

---

① 照那斯图、阮西湖、葛公尚、刘兴武合编：《种族问题国际会议文集》，重庆，重庆出版社，1988年，第74～75页。

② 《马克思恩格斯全集》第13卷，北京，人民出版社，1962，第45页。

制却是从一开始就是建立在奴隶劳动的基础上的。接种在资本主义经济体系上的奴隶制的生产方式尽管从总体上无法否定整个资本主义制度性质本身，但它为资本主义经济体系服务的方式却是排除资本主义形式的自由雇佣劳动。

一、从人口经济学到人种经济学的转变

从比较中我们可以看出，在近代世界几个欧洲移民殖民地中，南非具有独特的历史命运。移居南非的欧洲人与移居其他一些殖民地的白人移民的境况迥然不同。在北美、澳大利亚和新西兰，欧洲人的殖民征服和随之而来的大批移民所造成的结果是，原住居民几乎被灭绝，欧洲移民基本上取而代之，成为当地的主体民族。在南非，欧洲移民的特点一是进展缓慢，二是人数虽然逐渐增多，但却从未能取代土著居民的主体民族地位。以荷兰人和英国人为主的欧洲移民及其后裔虽然几乎将桑人（又译作萨恩人，或称布须曼人）屠戮殆尽，并完全改造了科伊人（霍屯督人）族体，使他们成为不黑不白的混血民族——有色人，但无法将班图人斩尽杀绝，自始至终无法在数量上与班图民族的科萨人和祖鲁人等相匹敌，并且在经济上严重依赖于后者提供的劳动力。先是身陷黑人的汪洋大海中，后来又处于英国人的压迫之下，阿非利卡人的土地扩张既有政治斗争的动因，又有民族（种族）斗争的动因。白人殖民者要保持自己的压倒性政治地位，就要实行种族经济学，剥夺广大黑人的土地，使后者沦为依附自己的劳动力，虽然事实证明这种依附在经济层面上是相互的。在加拿大和北美十三州殖民地，移民们完全不需要印第安人的劳动力，因为他们的经济结构从一开始便与落后的原始民族经济格格不入。印第安人只是白人资本主义生产方式前进道路上的障碍。就是封建性较强的或资本主义发展程度较落后的西班牙和葡萄牙殖民者在地广人稀的南美也不必依赖当地的民族，因为虽然存在于同一空间却代表着不同时代的生产方式无法把他们整合或融合在一起。同为南非的白色人种，对阿非利卡人来说，他们与英国人又有很大的不同。英国人有雄厚的经济实力，有母国——大英帝国——作为强大的政治和军事后盾，有割不断的文化纽带，他们不怕被所在地的异族所同化，他们与祖国的联系从来没有中断过，他们殖民的目的就是为了加强殖民地与宗主国的联系，不断拓展财富的海外来源。而阿非利卡人人数很少，实际上失去了同祖

国的联系，只是间接地仍与欧洲和世界市场保持着联系。他们没有英国人的先进的工业文明，仍停留在商业文明阶段，在非洲与本地黑人民族相比，在生产力水平上并不占什么优势，非洲人对他们来说是土地和其他生存资源的强有力的竞争者，是潜在的商业上的对手。1856 年德兰士瓦共和国议会通过的《勒斯腾堡宪法》规定："无论在教会或在国家中都不允许有色人种同白人居民之间存在任何平等权利。"[①]

在考虑阿非利卡人种族隔离制度形成的原因时，南非学者认为："在所有因素中，数字关系也许是最重要的因素。"[②]阿非利卡民族的人数较少，这在南非土地问题形成的诸因素中虽不是最重要的因素，但却是个不容忽视的因素之一。这也是阿非利卡人独具特色的种族隔离制度产生的重要原因之一。几乎从一开始，奴隶的数量就超过了殖民者，殖民者生活在奇异、黑色的大陆上，时时有一种不安全的感觉，这种不安全感一直渗透到他们的思想深处，并成为他们生存哲学的反映。他们宽待自己人，仇恨所有外族人，包括英国人，用鞭子和子弹对付"卡弗尔人"。南非最后一位白人总统德克勒克承认，对黑人压倒性数量的担心是他们政策的主要驱动力。[③]

阿非利卡民族所以人数较少，追根溯源，这和东印度公司的运营体制是不可分的。东印度公司作为一个商业帝国的特性使它在开普"补给站"的人员安排上尽可能地奉行精兵简政的原则[④]，后来只是由于荷兰参加了反对路易十四的欧洲战争，担心法国人进攻好望角，因此，需要通过增加白人移民（花在他们身上的经费不像花在士兵身上那么多）来加强这块殖民地。结果东印度公司在范·里贝克调走之后一度修改了政策，打开了有限移民的大门。统治好望角达 21 年（1678 ~ 1699）之久的要塞司令西蒙·范·斯特尔招募了数以百计的荷兰人和德国人，大力推进了这块殖民地武力扩张领土的进程。他在范·里贝克用于隔离科伊人的苦杏树林的对面建立了第一个移民区并命名为斯泰伦博希。此外，150 名逃到荷兰避难的法

---

① A. Du Toit and H. Giliomee, 1983: *Afrikaner Political Thought, Analysis and Documents*, California University Press, p. 88.

② Summary of the Report of the Commission for the Socio – Economic Development of the Bantu Areas within the Union of South Africa, U. G. 61/1955, The Government Printer, Pretoria. p. 9.

③ 参见 F. W. de Klerk, 1999: The *Last Trek – a New Beginning*: *The Autobiography*, St. Martin's Press, Inc., May. In Barnes & Noble (bn. com) Book Reviews。

④ Extracts of a Despatch from the Chamber XVII, to Commander Van Riebeeck, in Donald Moodie, 1960: *The Record*; *or*, *A Series of Official Papers Relative to the Condition and Treatment of the Native Tribes of South Africa.* Amsterdam, p. 91; p. 97.

国新教徒也是这一时期在公司的安排下来到好望角的。

但在发生了1658年底14名自由民为反对公司的价格垄断而举行抗议的事件之后，阿姆斯特丹的董事们认为：白人自由民除了带来麻烦，没有别的。从此，一度打开的移民大门重又关上。17位董事写信指示好望角的司令官：您必须放弃移民的想法。您要同现有的部下和自由民搞好关系，不能进一步增加编制。一个很大的殖民地需要海外的支持，而印度更需要人手。把人员保持在最小的规模上，这将是最令我们满意的事情。①

东印度公司的老爷们既讨厌腐败的官吏，也讨厌那些造反的殖民者，因而不再向开普移民。这个决定造成了开普殖民地停滞不前。直到19世纪初，南非仍然不对白人移民开放，从而切断了通往“美国式”发展前途的道路。从1652年荷兰人登陆开普海岸起，在100年的时间里，到1752年为止，白人移民总人数才增加至5419人。② 1800年，美国人口增长到了500万，而开普殖民地（几乎与北美殖民地同时建立）则仅仅有两万余人——几乎都是第一批移民的后裔。

人口比例的绝对劣势决定了阿非利卡人的种族主义与其他欧美国家的种族主义有所不同，一般欧美国家的种族主义都表现为强者对弱者、多数人对少数人的傲慢和侮辱，如美国人对国内的亚裔和拉美人及最大的少数民族黑人的态度；而阿非利卡人的种族主义及其用法律确立下来的种族隔离制度与其说是狂妄自大不如说是一种怯弱和恐惧的反映。首批到达南非的荷兰后裔移民不像许多到达弗吉尼亚的英国殖民者一样，在本国有好的地位，并且与本国有许多种联系，也不像新英格兰殖民地的英国移民那样有好的教育和严肃的脾性，以自己的方式寻求崇敬上帝的自由。荷裔人来自下层阶级，部分因为他们很少有家庭联系，部分因为到荷兰的旅途太长，联系很困难，他们与母国很少联系，不久就失去了祖国情感。胡格诺教徒移民更有教养，社会地位优于构成荷裔大多数的粗鲁的冒险家，但他们也失去了母国，法国已经把他们逐了出来。③人数上的绝对劣势和绝大部分白人为“乡愚”的现实具有多方面的含

---

① Donald Moodie, *The Record; or, A Series of Official Papers Relative to the Condition and Treatment of the Native Tribes of South Africa*. Amsterdam, p. 240.

② Bernard Makhosezwe Magubane, 1979: *The Political Economy of Race and Class in South Africa*. Monthly Review Press, New York, p. 31.

③ Bernard Makhosezwe Magubane, 1979: *The Political Economy of Race and Class in South Africa*. Monthly Review Press, New York, pp. 31 – 32.

义：一方面使阿非利卡人时刻处于被黑人“包围”的危险境地之中。在黑色的汪洋大海中，阿非利卡人一方面有一种民族自豪感，对数量上远远超过自己的黑人极端蔑视，另一方面又有一种极其强烈的不安全感，时时感受到黑人数量上的威胁，因而要注意保持民族的同一，防止因阶级分化而减低战斗力，使他们凭借火枪、马匹和牛车的优势成为“天然”的统治者。例如，在兰德金矿发现之前，1854 年德兰士瓦的“南非共和国”只有 15 000 名白人，1865 年增加到 25 000 人，到 1873 年也仅有 30 000 人。不足三万人的布尔人统治着二十多万平方公里内的近百万非洲居民，平均每一个布尔人，不论他是所谓的政府官员还是平民百姓，下辖的非洲民众达三十余人。压迫民族和被压迫民族如此悬殊的人口对比，使绝大多数布尔人“自然”升华到了剥削者和统治者阶层。阿非利卡人的种族（民族）主义主要表现在与广大黑人民众的斗争中，太不成比例的人数使他们在与黑人民族打交道的过程中有一种双重的感觉。面对后来的凌驾于自己之上的英国人，阿非利卡人又有一种强烈的民族自卑感和被压迫感。阿非利卡人的经济行为因而也受到人数较少及其政治和民族斗争需要的影响。要保持在经济上压倒数量上远远超过自己的黑人民族，最有效的手段就是保持自己一方的团结一致，剥夺黑人的土地，使其沦为自己的经济上的附庸和政治上的奴仆；要应对和逃避人数比自己少的英国人的压迫，在矿业领域无法同经历过工业革命的英国人竞争，军事上和政治上又无法与英国人相抗衡，唯一的途径是集体遁入农村，另建自己的独立王国，另外开辟贸易路线和出海口。国家需要领土，而土地可以从班图人那里获得。大迁徙就是这样开始的。实际上，在所谓的大迁徙开始之前，出于调节家庭内部关系和社会关系，阿非利卡人一直处于小规模的迁徙过程中，迁徙已经成了他们必不可少的生产和生活方式。促成或连结极端个人主义的阿非利卡人的民族团结的纽带不是传统形式上的聚居一起，而是南非大草原上的遥远的空间距离。

在两矿发现之前，阿非利卡人之间可以说是没有阶级划分的，民族与阶级合而为一，这是阿非利卡人社会所特有的现象。如上所述，没有出现明显的阶级分化的主要原因是阿非利卡民族人数太少和政治及民族斗争的需要。阿非利卡人上层有意识地，甚至是下意识地注意保持内部的稳定。在二百多年的时间里，阿非利卡人依靠无情地掠夺非洲人的土地和牲畜资源，把集团内的贫富分化控制在同族人不受严重剥削的限度内。每当集团内部因为人口的自然增殖、家庭土地的过度析分而出现分化的可能时，他们便鼓励部分社会成员外迁，越过殖民地边界，夺取非洲人处于轮牧或正在使用的牧场，另立家业。因而每次土地扩张都及时地缓解了布尔集团内部阶级分化趋势的发展，避免了因为析分土地而过早产生“贫穷白人”问题。这样，不断的土地扩张构成阿非利卡地主集团延迟阶级分化和保持集体稳定的重要条件。在两矿发现和大规模开采之前，德兰士瓦的布尔人几乎全部是地主，只不过地产有大有小而已，彼此之间并不存在大的经济地位、政治身份和社会关系的鸿沟，形成一个“超稳定集团”，种族、民族和阶级三位一体。

德兰士瓦共和国的疆界毕竟有限，根本无法满足阿非利卡人的欲求。19 世纪下半叶德兰士瓦共和国四处出击，发动了新一轮对“边界”外非洲人的大规模进攻。这一时期阿非利卡人土地扩张过程的急剧加速，还和布尔人乡村大地主和官僚大地主阶层的形成密不可分。

两矿的发现和开采对南非经济的结构性调整虽然没有立刻改变布尔人的经济形态，但随之而来的商品经济的大潮还是冲垮了布尔人在内地的相对封闭状态。1850 年代后，美利奴羊（merino）被引进德兰士瓦，羊毛业迅速发展，产品供不应求，部分农场主的收入增加了一倍以上，土地价格在毛纺和采矿业的刺激下扶摇直上，出现了活跃的土地市场，一摩尔根土地的售价从 8 先令上涨到 32 先令。靠近贝萨尼（Bethany）传教站的一个面积只有 2 000 摩尔根的农场，1848 年 3 月价值 63 英镑 5 先令，1851 年 11 月涨到 157 英镑 10 先令，1856 年 7 月攀升到 1 350 英镑，一年多后达到 2 000 英镑。1857 年，位于布隆方丹附近的一个面积 8 300摩尔根的农场售价 300 英镑，到 1861 年 3 月，在没有任何设施改进的情况下，价格翻了十倍以上，高达 3 500 英镑。另一个条件较差、位置也稍远一点的农场 1857 年售价 1 100 英镑，1861 年原来的卖主又以 4 650的高价将它买回，以期进一步增值。[①] 在兰德矿区附近，土地价格更是日新月异，原先仅值 350—750 英镑的一个农场，很快涨到了 70 000 英镑。[②] 不少农场主靠出售土地或进行土地投机而发了大财。一些政府官员因为掌握土地信息和熟悉土地市场的行情而转手倒卖土地，并因此大发其财，成为典型的官僚地主阶层。例如共和国总统克鲁格就曾利用职务之便在 1855—1866 年买进了 14 个农场，一举成为家财万贯的大地

① W. W. Collins, 1965: *Free Statia*, reprinted Cape Town, pp. 182 – 183. Quoted in D. Hobart Houghton and Jenifer Dagut, *Source Material on the South African Economy*: *1860 ~ 1970*, p. 43.

② Fisher, 1900: *Transvaal and Boer*, London, p. 261.

主。土地买卖的日益盛行使公私土地开始集中到少数人的手中，铁板一块的阿非利卡人社会集团由于贫富界限渐渐扩大而失去了其“超级稳定性”，一直受到抑制的社会和家庭内部分化趋势重新抬头。

在 19 世纪下半期造成布尔人社会地产集中的因素除了商品经济的冲击外，还有一些新的因素：（1）由于财政和税收制度的不完善，1858 年德兰士瓦政府接收了全境所有未分配的土地，此后国家便以土地来充饷或用来抵消各项行政开支，包括公务人员的工资。这样一来，如果不扩大疆界，一般布尔人在和平时期获得土地的最方便来源便被堵塞，同时土地资源却通过支付薪金和行政开支的渠道源源流入政府官员的手中。德兰士瓦共和国的高级官员大多是大迁徙时期的各路领军人物，一般都是比较富裕的大农场主，共和国民团的指挥官大多由他们担当，拥有大部分地方权力的当选地方官员几乎无一例外地是从当地显贵家庭中选出的。大地产多集中在这些人的手里。如从 1883 年起连任四届共和国总统的克鲁格在任职期间通过公私关系获得了大片的地产。1886 年他先是与其女婿弗里基·艾洛夫合伙，以 700 英镑的价格买下了一个面积达 4 000 摩尔根的农场，1891 年他又以 4 000 英镑的价格买下了艾洛夫的股份，最后以 107 000 英镑的高价出售给斯普林斯（Springs）房地产公司，净赚纯利 103 350 英镑。① 共和国总司令朱伯特在担任地方民团司令期间获赠 12 个农场作为酬金。（2）由于政府滥发的货币、支票（mandaaten）和各种私人票据很快失去了信用，以至于在大部分商业交易中，共和国的货币竟然不被民众接受，甚至有时政府部门也拒绝接受据认为是合法发行的货币。② 为了恢复信誉，从 1865 年起，政府发行的纸币以国家土地为基金，各种贷款也以土地为抵押。这样，银行及其股东们成了地产的最大赢家，土地纷纷落入私人手中。1867 年政府为了筹措资金动用了 300 个国家农场，次年又动用了 1 000 个国家农场，约合 300 万摩尔根的土地。（3）随着矿业的发展，兰德周围有可能蕴藏黄金的土地和附近有商品开发价值的土地价格飞涨，土地投机盛行，大大小小的土地公司纷纷成立，它们大批收购有利可图的地产待价而沽。同样，路易·博塔与

---

① Shula Marks and Anthony Atmore ed. ,1980:*Economy and Society in Pre - industrial South Africa*, Longman Group Ltd. , p. 375.

② Stanley Trapido, 1980:“Reflections on Land, Office and Wealth in the South African Republic, *1850 ~ 1900*”, in Shula Marks and Anthony Atmore, ed. , *Economy and Society in Pre - industrial South Africa*, Longman Group Ltd. , p. 361.

他人合伙经营了一个“土地辛迪加”，到19世纪末已经增值数千英镑。在德兰士瓦境内的土地公司已经拥有17 000个农场，而那些因为淘金而大发横财的“外地人”则至少购买了3 036个农场。①

兰德金矿位于德兰士瓦共和国境内，尽管金矿的税收和对金矿业服务的垄断给德兰士瓦政府带来了巨大的收益，但在英布战争和联邦政府成立之前，丰厚的收益并没有促使阿非利卡人的经济转型，极端保守的阿非利卡人很少把几乎是不劳而获的利润投资到矿业和其他工业，政府把大量的金钱用来补贴布尔人农场主，德兰士瓦境内的富人几乎清一色都是大地主。特别是那些飞黄腾达的布尔官僚阶层，利用职权贪污受贿，动用巨资购买土地，导致地产集中达到前所未有的规模。例如前面提到的朱伯特将军，在这一时期拥有的农场数达29个，占有土地面积80 000英亩。1871年，适应地主阶级的要求，德兰士瓦政府给农场主正式颁发了土地证，从而完成了承认土地私有权的最后法律手续。德兰士瓦共和国不给所谓的“外地人”公民权，一方面是不愿把自己“争来的”自由让与外人（异族人）分享，以致将来威胁到自己的独立性；另一方面，隐藏在“国籍”问题及其政治权利背后的，则是担心外地人分享自己的经济权利——土地资源。这才是“外地人”公民权问题的实质。

二、“拜旺纳”问题的出现及其解决方式

矿业的兴起是南非经济史上的一次重大革命，但由于牧农业已成为阿非利卡人的生活方式，在很短时间内很难改变他们的生产习性，因而从总体上看，布尔人依然留恋于农村社会的平和与安宁。但实际上过去那种安逸的生活已经不可能再继续下去了。“在纳塔尔、奥兰治自由邦和德兰士瓦，大迁徙者创立了一些新的团体，但他们的经济依然延续着原来的路线。”②在14年的时间里，一小撮大迁徙的荷兰移民跨越了内地最令人神往的地区，没有留下任何空地。③ 随着地产的愈益集中和布尔人

---

① 伦纳德主编:《1885～1895年南非政治形势文件》,伦敦,1903年,第112页。转引自郑家馨:《英布战争性质辨析》,《世界历史》1984年第1期。

② Introduction. In D. Hobart Houghton and Jenifer Dagut, *Source Material on the South African Economy*: *1860～1970*, p. 10.

③ De Kiewiet, *A History of South Africa*, p. 56.

人口增长的加速（德兰士瓦的布尔人口在25年内增加了3倍，由1873年的3万人增加到19世纪末的12至13万人），大迁徙后一度缓和的阶级分化终于不可避免。在总的土地面积不变的情况下，地产的极度集中就意味着一部分人可能家有万顷良田，而另一部分人可能家无立锥之地。在土地兼并浪潮中被淘汰下来的“拜旺纳”（阿非利卡语为 bijwanner，“定居者”或“寄居者”之意，英文为 bywoner）就属于后一类。拜旺纳的产生充分地反映了这一时期布尔人经济状况的变化。拜旺纳的形成不外乎下面几种情况：（1）随着布尔人家庭人口的自然增殖，在德兰士瓦共和国立国的初期，土地的总数相对固定，农场主的家庭农场一再析分，面积越来越小，几代人下来，有的农场竟被分割为40份，产生100个贫穷白人。经过几次分割的小农场仍然采用农奴制和粗放的经营方式，粮食和牲畜产量很难养家糊口。由于“国家土地”渐渐被官僚地主们霸占，小农场主如果不去“开拓”新的土地资源，即占领非洲人的牧场，便只能去租佃大地主的土地，或者弃农经商，搞牛车运输补贴家用。（2）有些布尔人在大迁徙结束后才来到德兰士瓦，这时共和国的土地已经分配殆尽，他们没有着落，只好寄生于大地主家庭，成为所谓的“垦户”，靠富裕同胞的施舍度日。（3）有些官僚地主开始时允许跟随自己大迁徙的扈从使用自己多余的土地，但随着矿业开发对农产品需求的增加和商品经济的迅猛发展，越来越多的大地主开始自主经营商品性农业，不愿容纳拜旺纳留在自己的土地上，想方设法驱赶他们。

游离出土地的拜旺纳日益增多，在黄金之都约翰内斯堡市郊，从不愿望见邻居炊烟的贫穷布尔人不得不聚居在一起，人数达6205人之多，其中一些人以牛车运输为生。1890年代以后，铁路网的建设挤垮了他们的生计，而他们又由于肤色的“高贵”不愿低就，遂成为无业游民。贫穷白人现象的加重，引起了布尔人统治集团的严重忧虑。因为无地的拜旺纳不但无力承担兵役，而且瓦解士气，影响到布尔人的主要军队——民团——的战斗力，进而使阿非利卡社会内部的稳定发生动摇。当时德兰士瓦共和国和英国人的关系虽然有一纸协议，但由于金矿的利益和“外地人”的公民权问题，双方的关系一直比较紧张，布尔人共和国的安全并没有绝对的保证，英国人一直在虎视眈眈，图谋再次控制这个桀骜的民族。

为了满足大地主集团对土地的贪求和缓和布尔人中再度出现的阶级分化，解决日渐增多的拜旺纳问题，德兰士瓦当局变本加厉地推行土地扩张政策，在边境内外加紧掠夺非洲居民的土地。在边境之内，布尔人抢夺非洲人土地的行为是明火执仗地进行的。1898 年，就在英布战争的前一年，民团总司令朱伯特率领 4 000 名布尔人攻打共和国疆界内的最后一个非洲人堡垒——文达王国。此时的布尔人早已抛弃了传统的牛车阵，因为他们在对境内非洲人的军事行动中完全占据了优势。民团的大炮轰垮了文达人的村寨，文达国王被迫逃到林波波河以北，大部分文达人被驱赶到土壤贫瘠的荒地上，数以千计的文达儿童被布尔人掳走作“学徒”。在布尔人共和国的疆界之外，在许多情况下，布尔人对非洲土地的侵占和与英国人的争夺瓜分是同时进行的。

林波波河以北地区是布尔人北上的传统线路，在大迁徙的过程中就曾有一小部分布尔人牧民跨过林波波河，那儿不仅有良好的牧场，还有传闻中的另一个“新兰德”——马绍纳兰。1887 年德兰士瓦政府派遣两名官员同马塔贝莱国王洛本古拉签定领事条约。布尔农场主们积极筹组“迁徙队伍”，随时作好入侵准备。但马绍纳兰正处在英国人“开罗－开普”计划的战略路线上，金融大王罗得斯绝不会允许这个非洲王国落入德兰士瓦共和国的手中。1888 年 2 月，在英国人的强大压力下，洛本古拉废除了与布尔人的前约，与罗得斯的使臣签定了保护条约。两年后，英国殖民军先遣队开进马绍纳兰，挡住了布尔人继续北上的道路。

东北地区是德兰士瓦共和国向外扩张的重点。这里有大片的沃土，更重要的是，如果能占领这个地区，就打通了大迁徙的领袖们梦寐以求的海上交通线。1886 年以后南非海岸未被英国人吞并的唯一地区就是濒临科西湾的汤加兰，布尔人渴望能够拿下该地，以期进一步向东、向北发展，早日拥有可以和其他欧洲国家直接交往的自己的港口。但在德兰士瓦和汤加兰之间隔着另一个非洲人的小王国——斯威士兰，于是斯威士兰就成为阿非利卡人力图兼并的首要目标。1884 年，德兰士瓦当局通过单方面的划界行动，吞并了斯威士兰西北部的大片领土。随后，以民团总司令朱伯特为首的大批布尔人农场主如潮水般涌入斯威士兰，在那里强占地产，瓜分冬季牧场。如同在马绍纳兰一样，布尔人遭到了英国人的阻挠。但由于英国人在这一地区的力量比较薄弱，最终罗得斯作出了重大让步。1894 年双方达成协议：德兰士瓦共和国拥有保护、治理和管辖斯威士兰的一切权力。这样，斯威士兰终于沦为布尔人的保护国。1895 年 2 月，100 名阿非利卡人骑警进入斯威士兰首府，接踵而至的布尔移民占据了斯威士兰73%的国土，总面积达17 000平方公里，斯威士兰人则被挤压到34块保留地上。

在西部地区，阿非利卡人扩张的目标是茨瓦纳部落。1866年在茨瓦纳人居住的塔提区发现了黄金矿脉，引起了英国人的极大兴趣。布尔人抢先下手，吞并了塔提区，并在贝专纳兰南部所谓的“大北道路”地带拼凑了斯泰拉兰和戈申两个“共和国”，以作为后续行动的理由。英国人在被动情况下不断和布尔人展开谈判，1884年双方签定了伦敦协定，在布尔人让出“大北道路”的前提下，允许德兰士瓦共和国将西南边界伸入茨瓦纳领土。随后，布尔人继续侵占了马弗京附近的茨瓦纳人土地，并如法炮制地插上“共和国”的旗帜。英国人急忙派遣5 000人大军，把布尔人赶出了贝专纳兰的大部分地区，但布尔人仍占据了贝专纳兰75 000平方英里的土地。①

在东南地区，阿非利卡人趁1879年祖鲁王国被英国人瓦解之机，企图从已经失去抵抗的祖鲁人的领土上打开通往印度洋的门户。在迈耶将军的率领下，由300多名农场主组成的布尔人民团突入祖鲁兰，窥伺图盖拉河以北和圣卢西亚湾地区。1884年5月布尔人占领祖鲁西北地带，在那里建立了“新共和国”，眼看着圣卢西亚湾指日可待。但异常警觉的英国人先下手为强，于当年年底强占了海湾，建立前哨阵地，为防不测，1886年英国人占领了祖鲁兰的其余部分。布尔人无计可施，只好将“新共和国”并入德兰士瓦。在这块新近夺取的祖鲁人土地上，数百名布尔人建立了大牧场。

在西南地区，1870～1871年间，布尔人曾想把手伸向“钻石宝地”金伯利及其周围地区。德兰士瓦政府宣布把瓦尔河以北和哈茨河以西历来属于茨瓦纳部落的土地据为己有，并擅自把开采该地区金刚石矿的权利授予一家公司。英国人对此提出异议，经过精心安排的“仲裁”，西格里夸兰的金刚石产地被判给英国人所扶持的瓦特布尔酋长，1871年英国人进一步把西格里夸兰宣布为皇家殖民地，布尔人没能在这一地区讨到便宜。

在布尔人与英国人争相抢夺南非班图人已经所剩无几的土地的紧张时刻，1896年，德兰士瓦政权提出了“建立从林波波河到开普敦”的

---

① 史蒂文斯：《莱索托、博茨瓦纳和斯威士兰》，伦敦，1967年，第114页。转引自郑家馨：《英布战争性质辨析》，《世界历史》1984年第1期。

“布尔非洲”计划，企图排挤英国势力，确立自己对南非所有本地民族的统治。到英布战争爆发前一年，德兰士瓦共和国经过30年的征服战争，虽然没有实现“布尔非洲”的目标，但它兼并了非洲人30万平方公里的土地，奴役了大约100万非洲居民。①这30万平方公里的土地暂时缓解了部分布尔人的贫困问题；另一方面，它也刺激了布尔人地主集团更大的贪欲，由于大地主和土地公司的支配作用，受到赞助的布尔人必须将新抢来的土地的一半交给他们，因此每一次兼并行动中占领的所有拥有潜在或现实的开发价值的土地都落入了土地公司和富裕白人的手中。通过强取豪夺非洲人的土地并不能从根本上解决拜旺纳问题，但毫无疑问，阿非利卡人阶级分化的过程还是被大大地延迟了。

三、“贫穷白人”问题及其解决途径

当土地扩张的路被堵住或走到尽头时，便产生了贫穷白人。阿非利卡人阶级分化的加速是在英布战争结束之后。1877－1881年走投无路的阿非利卡人一度屈辱地把自己的命运交付给一直对他们进行围追堵截的英国人，但他们很快恢复了自信和独立。战前不可调和的矛盾终于导致了双方的兵戎相见。战争中布尔人财产被毁，妻离子散，战后虽然英国人慷慨地重新给予了他们想要的自由，甚至拱手将政权交托给他们，但失去了土地、无家可归的贫穷布尔人比比皆是。再加上连续的旱灾，从1880年代末到第一次世界大战前后，“贫穷白人”成了南非当局面临的头等问题。当时在开普市郊政府出资新建的兰加（Langa）特居地，尽管有种族歧视的阻碍，但有色人、黑人和低等白人不加区别地混居在一起。② 1932年，由美国卡内基基金会资助的一项调查报告认为，几乎20%的阿非利卡人可以归为“贫穷白人”之列。③ 布尔人上层虽然掌握了统一的南非的政权，但要巩固政权，离不开拥有选举权的全体阿非利卡人尤其是占白人多数的布尔下层民众的支持。正是在这样的背景下，在联邦政府成立三年之后，《土著土地法》应时而生。关于这部土地法，

---

① J. S. Maraise, 1961: *The Fall of Kruger's Republic*, Oxford, p. 318.

② F. B. Bridgman, 1926: "Social Conditions in Johnnesburg". International Review of Mission, July, p. 578. Quoted in R. L. Buell, 1928: *The Native Problem in Africa*, Vol. 1, The Mcmillan Company, p. 52.

③ *The Turret Source Workbook* 6, *South African Political and Economic History*, Johannesburg, 1984, p. 114.

我们将在后文进行分析。在这里概言之，该法巩固了布尔人几个世纪以来抢夺非洲人土地的成果，并为以后进一步掠夺非洲人的土地和劳动力奠定了法律基础。在一定程度上，正是由于有了《土著土地法》的保障，使阿非利卡人的社会阶级分化减缓到了最小的程度。战后阿非利卡人借助自己直接掌握的国家政权的力量，逐渐实现了经济转型，布尔人一步步从乡村走向城市。尽管还有为数不少的贫穷白人，但他们的政治地位都受到了很好的保护。尽管乡村布尔人的生活水平十分低劣，贫穷白人大多仍然坚信他们比非欧洲人拥有种族优越性。正是这一点使他们不愿与土著融合。即便是在以非洲黑人为主的环境中生活，他们也很少去干“卡弗尔人的工作”。①

尽管贫富分化的现象在继续加剧，但阿非利卡民族继续在总体上保持着种族利益与阶级利益的一致，除了有不断右倾的执政党作为代言人，在早期南非共产党的言行中，我们也可以明白无误地看到这一点。共产党一般是左派和激进力量的代表，但在南非却完全是另外一种样子。1922 年的兰德大罢工就是即便在共产党那里也是阿非利卡人种族利益高于一切的一个典型事例。作为工人阶级的“先进代表”，排除了黑人参加的白人共产党率领着浩浩荡荡的游行队伍与政府军发生了激烈的冲突，但他们高举的标语旗号竟是：“全世界工人阶级联合起来，为一个白人南非而斗争！”当时 75% 的白人工人是荷兰后裔。在兰德罢工的高潮时刻，随时可听见男人、女人和孩子们高呼这样的口号：“为白人南非而罢工！”②兰德暴动的直接起因之一，就是白种工人对惟利是图的矿主关于打破种族界限、向黑人劳工部分开放技术性职业的决定感到愤怒，才走向直接对抗的。兰德罢工被镇压后，代表白人工人阶级利益的工党公然支持代表阿非利卡人右派利益的赫尔佐格上台组阁，反映了他们的阶级利益与种族利益密不可分的关系。

1848 年在总结了欧洲无产阶级团结斗争的经验之后，马克思曾推想：“民族内部的阶级对立一消失，民族之间的敌对关系就会随之消失。”③ 但在南非的特殊情况下，在很长一段时间内，尽管阿非利卡人之

① The Poor White Problem in South Africa: Report of the Carnegie Commission, Stellenbosch, 1932, Vol. 2, pp. Xvii – Xix. Quoted in *The Turret Source Workbook 6*, *South African Political and Economic History*, Johannesburg, 1984, p. 118.

② Report of the Martial Law Inquiry Judicial Commission, U. G. 35, 1922, paras. 96 – 97. Quoted in Druker J., *Twentieth Century South Africa*. W. V. P., p. 41.

③ 马克思、恩格斯：《共产党宣言》，北京，人民出版社，1992 年，第 45 页。

间阶级对立被大大缓解了，但他们与南非各黑人民族的对立关系不仅没有削弱，反而由于内部阶级对立的缓和而加剧了民族之间的敌对情势。

智利学者沃·阿克尔曼认为：种族歧视的思想在某些国家占优势，“虽然这种现象可以历史地理解为资本主义殖民扩张的结果，但不能把它的继续存在归咎于目前资本主义发展的需要。现代化的工业进程既没有‘自然地’导致同化，也没有‘自然地’产生种族隔离。种族隔离应被看做是资本主义利益的一个极为特殊的、极端的政治体现。”[①] 法国学者塔·安斯巴赫指出：“种族主义所以能维持至今，就是因为它可以被用作剥削和压迫的工具。”[②]

---

① 照那斯图、阮西湖、葛公尚、刘兴武合编：《种族问题国际会议文集》，重庆，重庆出版社，1988年，第37页。

② 同上书，第39页。

第四章 贸易、土地与劳动力之间的互动循环

在探讨导致阿非利卡人土地扩张的诸因素时，我们已经分析了阿非利卡人的思想观念和独特的社会阶级结构，并通过与本地民族经济结构的对比，指出经济结构的趋同促使阿非利卡人一步步从海岸平原迈向内地。本章我们要探讨的是贸易、土地与劳动力之间的互动循环关系。

和农业经济结构相比，本来传统的牧业经济结构不需要那么多的劳动力，在一定时间内，如果人口没有太多的增长，也不需要急速扩展土地，如同非洲大部分地区的牧民那样；但当这种牧业经济的经营者是受过资本主义思想熏陶的殖民者，他们的经营活动一开始就通过开普港和外部资本主义世界市场相连，并且随着时间的推移这种关联日益扩大和紧密时，对土地和劳动力的需求便似乎永无止境。在这种牧业经济结构内形成一种特殊的互动循环——在非洲人的牧业经济结构里，一般只存在着一种生态意义上的简单的牲畜——人口——土地之间的循环，这实际上是一种缓慢的微循环；阿非利卡人的牧业经济结构及其经济行为不仅大大加快了这种微循环的速度，而且由于外在因素的介入使循环发生变异，成为几乎失去控制的土地扩张运动：市场和贸易的需求刺激着殖民者尽可能多地抢夺或饲养牲畜，随着面积相对固定的牧场载畜量的增加，牧草再生能力削弱，土壤侵蚀越发严重，最终导致牧场废弃，不得不寻求新的牧场；随着载畜量的增加和土地的扩张，对劳动力的需求也不断增加，特别是羊毛业兴起以后；而要满足劳动力需求，又必须进一步剥夺他们的土地。这是一种螺旋上升式的互动循环。

为了便于表述，我们将这种贸易——土地——劳动力的循环关系分别进行两两之间的探讨。

一、贸易与土地扩张之间的互动关系

先来看看贸易与土地扩张之间的互动关系。前面已经提到，布尔人在来到南非半个世纪之后便中断了与祖国的联系，但他们从来没有中断与外部的联系，有一根线把他们与欧洲和世界联系在一起，这便是贸易。而他们贸易的过程又和他们在南非的土地扩张活动紧密地联系在一起。

自从1497年葡萄牙人达·伽马的船队绕过好望角，开辟了通往东方的新航线之后，在一个半世纪之内，他们并没有占领好望角附近的桌湾作为深入南非内地的根据地，曾有些历史学家认为这是他们的一个很大的疏忽。[①]其实精明的葡萄牙商人并不这么认为，因为在他们实际控制这条航线的一百多年中，绕行好望角的船舶平均每年只有10艘次左右，航线利用率极低，根本没有在这里建立殖民地的必要。后来英国人的舰队也曾经过这里，著名的德雷克船长赞叹好望角是他航程中所见到过的最美丽的海角，但也仅此而已，原因和葡萄牙人一样。那么，当南欧和西欧视财如命的殖民主义老手们每每与好望角擦肩而过之后，为什么北欧小国的荷兰人却要在南非当时这块既不盛产黄金、又不能作为奴隶供应地，而且内地广大地区也不适合于经营农业的地方开拓殖民地？南非的欧洲移民人数甚少，但从18世纪起在南非内地却掀起了大规模的、持续的殖民土地扩张的狂潮，它的动力是什么？

应该说，荷兰人在开普落脚并进一步向内地开拓的最直接动因就是17世纪以后世界贸易的扩大。开普殖民地的建立本身就是大洋贸易的产物，是市场经济这只“看不见的手”把荷兰人领到了非洲的最南端。贸易本身就是一种扩张性的人类经济活动，尤其对于近代史上已经经历过资产阶级革命、以贸易立国和被誉为“海上马车夫”的荷兰人来说。至17世纪中叶，荷兰已经建立了一支庞大的商船队，拥有大小商船16 000多艘，船舶总吨数达90多万吨，占了欧洲总吨数的3/4，为英国、法国、西班牙和葡萄牙四个殖民帝国商船吨数之总和。在当时的“经济世界”，“阿姆斯特丹独坐江山，它是从拉美的安地列斯群岛，从日本沿岸，总之，从全世界都可以看到的明亮的灯塔”。[②]当时荷兰资本主义发展的特

① Fitzegerald, 1957 : *Africa, a Social Economic and Political Geography of its Major Regions*, London, p. 81.

② 〔法〕布罗代尔：《资本主义的动力》，杨起译，北京，生活·读书·新知三联书店，1997年，第64页。“经济世界”（économie－monde）是布罗代尔经常使用的术语。

点是：商业超过工业，对外贸易超过对内贸易。正是在荷兰达到商业繁荣顶峰的年代，他们在葡萄牙人和英国人摈弃的桌湾扎下了根。[①]

在1652年春范·里贝克准备动身前往开普建立食品供应站的时候，阿姆斯特丹是世界上最大的商业中心[②]和VOC（Vereenigde Oostindische Compagnie）——联合东印度公司（the United East India Company）的总部所在地——范·里贝克供职的这家公司，是世界上最大的商业企业。在某种意义上，东印度公司实际上拥有政府一般的权力，它垄断着从好望角到麦哲伦海峡之间广阔海域的贸易特权，还可以招募军队，任命官吏，发行货币，甚至缔结条约。1650年底，东印度公司的股东们所获红利高达500%！从某种程度上说，在两百年的时间里，荷兰殖民帝国就是依赖东印度公司在大西洋和印度洋之间的穿梭来往而存在的，而好望角则成了两大洋之间的中继站。自1602年公司成立以来，至17世纪上半叶，平均每年都要有两到三只船队经过好望角驶往东方。[③] 由于从阿姆斯特丹到当时荷属印度尼西亚首府巴达维亚（今雅加达）的航行需要六个月之久，而为了节约时间船长们都尽量减少中途停泊，船上的二、三百名船员和旅客经常不得不一连几个星期拥挤在狭窄的船舱里，整天吃一些单调乏味、缺少维生素的菜豆和腌肉食品，结果坏血症、痢疾、高烧不断，没有一艘船不在中途往海里扔尸体，船上人员往往有半数葬身鱼腹。

带着建立永久性补给站的使命，荷兰海员在范·里贝克的率领下踏上了南非海岸，但仅此而已，他们并没有立即越过桌山，开始深入内地的殖民活动。因为对以商贸起家的荷兰人来说，当时谁也不对南非发生兴趣。这是全航程中最荒凉的海岸，一个内陆险峻不可及的地方——海滩的背后耸立着陡峭的荒山。而据当时人们所知，群山背后不像印度，那里没有黄金，没有香料，也没有其他珍宝，总之，没有任何能够吸引人们挺进腹地的东西。事实上，东印度公司经过半个世纪的风风雨雨，已经不像最初那样热衷于鼓励殖民了，他们最关心的主要是如何牢牢掌

① 关于荷兰在世界经济体系中的商业霸权地位，参见〔美〕伊曼纽尔·沃勒斯坦：《现代世界体系》第二卷第二章，尤来寅、吕丹等译，北京，高等教育出版社，1998年。对荷兰在17世纪世界经济中所占优势的顺序，有不同的看法，沃勒斯坦认为依次应为生产、流通、金融。参见该书第61页。

② 布罗代尔说："在1650年左右，世界的中心是小小的荷兰，或更准确地说，是阿姆斯特丹。"参见〔法〕布罗代尔：《资本主义的动力》，杨起译，北京，生活·读书·新知三联书店，1997年，第61页。

③ Neil Parsons, 1983: *A New History of Southern Africa*, New York, p. 79.

握贸易上的垄断权。以往的经验教训表明，分布在各地的移民们带给公司的麻烦远胜于好处，有不少人甚至发展移民的个人贸易经济，向公司的垄断权发起挑战。而移民们引起的与当地居民的冲突，却要公司给以解决。所以东印度公司给范·里贝克的任务就是以下几点：（1）抵达目的地后，先建立一个设防要塞；（2）为过往船只提供淡水、蔬菜、肉类和其他必需品；（3）肉类取之于土著居民，蔬菜则由自己种植；（4）供应站所需劳动力，一概由公司提供。

范·里贝克及其部下总共不到100人，其中包括90名水手、士兵和工匠，范·里贝克本人还带来了妻子和两个侄女。带着赎罪立功的心情，范·里贝克忠实地执行了上司的命令。但事情并非他原来想象的那么容易，公司的规定也有许多不符合南非本地的实际。尽管这里的土地很肥沃，1647年在此搁浅的“哈雷姆”号的船员们曾在这里成功地开辟出了一片菜园，种植了南瓜、卷心菜、蔓菁、葱头、大蒜等，在孤立无援的情况下坚守了一年，但他们是被迫的，并且只是匆匆过客。而范·里贝克带来的这批人却是作为公司的雇员，肩负着在公司鞭长莫及的南非海角上建立供应站的重任。他们单身来到陌生的土地上，劳动艰巨，报酬低廉，根本没有劳动积极性可言。最初别说供应过往船只，就是养活他们自己也成了问题。事实上，在桌湾度过的第一年他们不得不靠随船带来的难以下咽的食品苦苦支撑。饥饿和疾病使士气低落，发生了逃跑事件，甚至几乎酿成哗变。可以说，是与生活在海角的科伊桑人的贸易帮了他们的大忙。

范·里贝克上岸伊始，就明令他的部下与当地人进行贸易以获得新鲜肉类，但不得与“野人”发生其他关系。尽管他把土著居民视为“臭黑狗”，但他明白，他的使命的成败全在于能否与科伊人搞好关系。因而范·里贝克还未正式到任，便发布了第一道命令：严禁向土著居民挑衅或虐待他们，违者“不论理由是否正当，一律当着受害者的面鞭笞五十下”[①]，意在赢得土著居民的信任。范·里贝克认识到，如果过早地同当地人发生冲突，他们绝对不是人数众多的非洲人的对手，而要公司增派驻军，也是公司所无力负担的。葡萄牙海军上将佛兰西斯科·德·阿尔梅达船长及其150名部属在这里惹事被杀的事仍在提醒他们要慎重行事。刚开始时与科伊桑人的贸易是小心翼翼地进行的，贸易额度也非常小，

① Donald Moodie, 1960: *The Record; or, A Series of Official Papers Relative to the Condition and Treatment of the Native Tribes of South Africa*. Amsterdam, p. 11.

因为开普地区的居民对白人的入侵疑虑极深，只是偶尔用一只羊换一段铜丝。眼看着为数不多的科伊桑人驱赶着成百上千的牛羊来到殖民者的要塞前悠闲自得地吃草，范·里贝克好不容易才压抑住了全力将它们抢夺过来据为己有的冲动[①]，渐渐取得了霍屯督人的好感。定期举行的牲畜集市逐渐发展起来，事实证明范·里贝克的暂时忍耐得到了丰厚的回报，因为与霍屯督人的贸易是一本万利的生意，他们用铜丝、废铁、小刀、烟草和玻璃珠等饰物就可从霍屯督人那里换取所需的牲畜：用1/8磅烟草外加半磅铜丝可换取一只羊，用1/4磅铜可换取一只牛犊，而一头奶牛的价格也不过3磅多一点的铜而已。[②] 何况，土著居民的态度极其友好，曾促使东印度公司做出建立补给站决定的沉船遇救队员对此深有体会："土人每天都和我们友好地做交易，自愿地为我们提供牛羊。"[③]由于和科伊桑人的贸易进展顺利，开普补给站实现了自己的目标，1654年10月，当一艘护航舰载着几百名患有坏血病和濒临死亡的荷兰船员，在经过5个半月没有靠过岸的连续海上航行最终驶进海湾时，范·里贝克和他的部下救活了其中许多人的性命。

但好景不长，与科伊桑人的贸易很快趋于饱和。一来是因为海角的科伊桑人虽然占有开普地区有利的气候条件和牧草丰盛的土地，拥有令范·里贝克们垂涎的牲畜数量，但正如非洲许多草原民族一样，在科伊桑人眼里，牲畜是他们衡量财富的重要标志，与脚下的草地一样，同是他们的生活源泉，除了在重要的仪式上，他们一般不宰杀牲畜（主要吃乳制品），也不愿更多地出售牲畜。他们只是用一部分剩余的牲畜来同荷兰人交换在他们看来是"奢侈"的铜丝、珠子等装饰品，而这种装饰品和生活用品不同，需求很快便达到极限。而东印度公司的过往船只却在与年俱增。

为了得到更多的牲畜，荷兰人一方面自己也搞起了畜牧业，同时，他们开始不择手段，用烈酒诱骗科伊桑人上瘾，使烟酒成为草原牧民们大宗消耗的"日常用品"，然后再通过交换，从科伊桑人那里攫取他们不愿过多出售的牲畜。凭借这种手段，有时荷兰人一次就从科伊桑人那里拉走上千头羊。[④]殖民者原来压抑的冲动也爆发了，有些人干脆闯到科

---

① Donald Moodie, 1960: *The Record; or, A Series of Official Papers Relative to the Condition and Treatment of the Native Tribes of South Africa*. Amsterdam, p. 25.

② Ibid., p. 11.

③ Ibid., p. 3.

④ M. Wilson & L. Thompson, The *Oxford History of South Africa*, Vol. 1, p. 65.

伊桑人的村落中，明目张胆地进行抢劫。无论从哪种意义上看，这两个方面都有着质的转变：补给站里的白人不再仅仅是收购商人，而是走出城堡，对脚下的土地发生了兴趣！如果不能满足日益高涨的需求和欲望，他们就要进行征服、亲自动手开拓了。

东印度公司内部的贸易关系的改变也直接把贸易与土地问题挂上了钩。对牲畜的需求暂时可以从科伊桑人那里得到满足，但对蔬菜、粮食的需要则主要还须依靠自己解决，因为西葫芦、西瓜、胡萝卜、莴苣、水果等荷兰人爱吃的东西科伊桑人并不生产。公司总督在给范·里贝克的指示中说："首先要重视农业，因为我们在没有成为能干的农民以前是不可能成为贵族的。"① 公司上层从来都是从商业的角度来看问题的，他们不仅要从好望角得到供应，而且还要在同自己下属的贸易中有利可图。垄断历来是他们的最高原则。当然，公司雇员们也不是只盯着他们的菜园，他们来南非是为了冒险和发财，而不是老老实实地做农民。当公司不能实现他们的期望时，他们也绝不会任劳任怨。到1657年，范·里贝克的部属只有133人②，其中包括一些雇员家属和流放的囚犯。像英国人移民北美和澳大利亚大规模开发的事情从来没有发生过。开办种植农场的实验很快以失败而告终。指望从母国大批移民来种田放牧也不现实，唯一的方法就是要充分调动他们的积极性。1657年2月21日，经过报请公司批准，范·里贝克经过仔细挑选，将9名"最能干、最有希望的"公司雇员从工资单上摒除，让他们成为"自由民"。③条件是苛刻的，公司向他们提供口粮和劳动工具，但他们的产品必须由公司定价收购，不得种植公司垄断的烟草；在与土著居民做牲畜交易时候，给价不得高于公司规定的上限。他们还要给公司提供人力和畜力服徭役，同时还有义务服兵役。上述约定为期20年。"一旦查出生活腐化，以致工作懈怠，农田荒废，就将失去土地，并须以劳务偿还所欠公司债务。"尽管从内容上看，这几乎是个单方面的约定，"但许多人认为，不管怎样，即使只有

① Donald Moodie, *The Record*; or, *A Series of Official Papers Relative to the Condition and Treatment of the Native Tribes of South Africa*. Amsterdam, p.97, footnote (2).

② Richard Elphic, Kraal and Castle, 1977; *Khoikhoi and the Founding of White South Africa*, New Haven, p.90.

③ Richard Elphick & Hermann Giliomee, ed., 1979; *The Shaping of South African Society, 1652 ~1820*, London, p.189; Donald Moodie, *The Record*; or, *A Series of Official Papers Relative to the Condition and Treatment of the Native Tribes of South Africa*. Amsterdam, p.97.

1/4 的自由，也比在南非补给站的土地上过完全农奴式的生活强”。① 作为回报，范·里贝克将开普半岛里斯贝克河畔最好的土地分配给了这第一批移民，每块土地面积大约 45 公顷（约合 28 英亩）。

分给私人土地后，在开普半岛就出现了两类白人：东印度公司的雇员和布尔人（Boer）。于是，一个当事人不易察觉而对南非历史进程有着重大影响的变化正在悄然发生：范·里贝克把东印度公司舰队的基地变成了一块小小的殖民地。更重要的是，这块小小殖民地自身的利益将会很快占据上风，并产生令人难以置信的能量。从此南非历史发展的动力就不再纯粹由外力决定。开普渐渐成了风暴的核心。9 位自由民建立起了农场，生产谷物和蔬菜，种植葡萄，酿造酒浆。随着自由民队伍的扩大，越来越多的人加入了农业垦殖的行列。据统计，在 18 世纪以前，从事农业的自由民占移民总数的 57%。他们种植的农作物不仅可以基本上维持开普殖民地移民们的生活，还能够满足日益增加的过往船只的需要。因此，开普农场发展较快，1684 年出口了第一批谷物，到 1707 年开普殖民地已开始定期向东印度公司的海外总部巴达维亚输送小麦。②到 1770 - 1780 年代，整个开普殖民地已经实现了谷物的自给自足。

农业种植虽然也是有利可图的事情，但并不占据主要地位，因为谷物和酒类商品一般可在价格最低廉的口岸采购，而水果和蔬菜在热带海洋上航行的船舱中极易腐烂，不能大量装载。只有鲜肉和活羊非在开普港大量补充不可，实际上过往海船需要在开普港补充最多的食物就是鲜肉和活羊而不是农产品。由于农产品只能卖给公司，而公司的收购价格又太低，自由民往往偷偷把产品直接卖给过往船只。饲养牲畜固然利润较大，但由于这一时期公司垄断着过往海船需要量最大的牲畜交易，自由民饲养牲畜的积极性并不高，并且由于饲养牲畜需要更多的土地，而他们目前占有的土地还不够多，他们更愿想方设法与土著居民私下里进行牲畜交易，捞点外快。不经过公司的走私贸易实际上一直在进行着。自由民猎获的犀牛角能够辗转贩到非洲的东海岸，再通过横越印度洋的季风贸易，销往印度和中国。为了抗议公司的盘剥和压榨，1658 年 12 月 23 日，当时的全体 14 位自由民联名向公司提交了一份备忘录（vry-

---

① 〔西德〕亨·耶内克：《白人老爷》，赵振权、董光祖译，北京，世界知识出版社 1981 年，第 17 页。

② Monica Wilson & Leonard Thompson ed., *The Oxford History of South Africa*, Oxford, Vol. 1, p. 197.

brief)，明确表示要自由地与科伊桑人做牛的生意，为自己种植的小麦制订合理的价格，如果达不到他们的要求，“我们将不在我们的地里干活，因为我们不是公司的奴隶”，“如果我们还要继续留在土地上，我们将不接受任何人的强制，不管他是哪一个”，否则“我们将交还我们的牛、奴隶和其他一切，因为我们不愿这样下去了。因为我们没有得到帮助，相反，我们受到压迫”。[①]

这无异于一份“自由宣言”。尽管范·里贝克巧妙地平息了自由民的怒气，但他和公司实际上再也无法约束自由民的行动了。几个月后，自由民就发生了与霍屯督人的第一次战争。其实冲突早就开始了。当公司决定给予自由民土地时，它给予他们的实际上是开垦科伊桑人土地的自由。当殖民者的铁犁划破了科伊桑人的牧地时，就注定了犁头的方向只能指向北方和东方。1662 年 4 月，正好是开普殖民地的开拓者范·里贝克来到好望角十周年，在功成名就重返荷属印度之前，他谆谆告诫其继任者扎哈里亚斯·瓦格纳尔（Z. Wagenaar）：“我们必须始终不渝地致力于与土人和睦相处，进行贸易，同时也要继续向腹地推进。”[②]这实际上是个悖论：一方面要与土著居民和睦相处，另一方面又要夺取他们的土地。

结果可想而知。随着殖民者们的不断向前推进，他们与科伊桑人在土地问题上的矛盾已经不可调和，最终的解决办法只有诉诸武力。科伊桑人的抵抗始终是消极和被动的，当初他们最有效的方法就是偷偷地牵走殖民者的耕牛。范·里贝克的对策是想办法把自由民和霍屯督人隔离开来。他曾试图在桌湾和法尔斯湾之间挖一道壕沟，但由于人手不够而作罢，改为用苦杏树筑起一道 12 公里长的篱笆。这是南非的第一个种族隔离措施。在篱笆内圈起了 6 000 英亩的土地[③]，这成了后来单个布尔人占据土地的标准。但首先冲破篱笆的不是土著居民，而是布尔人他们自己。科伊桑人的有限抵抗并不能阻止殖民者的步步紧逼，相反却激起自由民们更大规模和更为强烈的报复。只有标枪的科伊桑人节节败退，他

---

① Extracts from the Journal of Commander Van Riebeeck, in Donald Moodie, *The Record*; *or*, *A Series of Official Papers Relative to the Condition and Treatment of the Native Tribes of South Africa*. Amsterdam, p. 151, footnote (1).

② Donald Moodie, 1960, *The Record*; *or*, *A Series of Official Papers Relative to the Condition and Treatment of the Native Tribes of South Africa*, Amsterdam, p. 251.

③ Monica Wilson and Leonard Thompson, 1980: *A History of South Africa to 1870*, Cape Town, p. 190.

们有组织的抵抗到1677年就基本结束了。在谈判桌上，科伊桑人曾质问对方为什么要侵占自古以来就属于他们的土地，.假如他们到了荷兰，能不能同样这么做?[①] 自由民对他们的回答很简单："这里的牧场对他们和我们都不够"，"他们因战争的结果而失去了土地，他们除了顺应这一事实外，没有其他办法"。[②]贩卖牲畜的利润诱惑已经使自由民们无法止住自己的脚步，他们榨干了一个村落的牲畜，又转向另一个村落，科伊桑人不仅保护不了自己的家园，而且他们赖以生存的土地和牲畜一起丧失殆尽。据殖民当局的官方文件统计，仅在1652~1669年这段时间内，科伊桑人就被抢走了15 999头牛，366 636只羊。[③] 在第二次殖民者与科伊桑人的战争中，仅科夸肖一个部落就损失了1 600头牛和4 900只羊。[④]经过近半个世纪的劫掠，失去牲畜的科伊桑人只能沦为自由民们的农奴。到18世纪末，物换星移，科伊桑人再也不是自己的主人了。英国传教士约翰·菲力普写道："一个半世纪中，霍屯督人从他们自己的土地上被赶走了，他们的畜群被抢劫，除少数人外，都被剥夺了人身自由，成了比奴隶更悲惨更可怜的人。"[⑤]

在冲破南非高原上的第一道防线——霍屯督人的抵抗后，布尔人呈习惯性地向前推进，很快与桑人（San，另一译为萨恩人，或称布须曼人）遭遇。桑人生活在大卡鲁南部山区直到奥兰治河北岸高原的广阔地带，在瓦尔河、图盖拉河以及凯河的河谷地带也有他们的踪迹。桑人是单纯的狩猎民族，其经济和社会组织能力比起与他们基本上属于同一种族的霍屯督人还要低下。为了抢夺桑人的牲畜，霸占他们的土地，布尔人民团从1770年代中期起对这支真正手无寸铁的原始民族进行了残酷的征剿。仅在1792年9月27日至10月24日不到一个月的时间内，布尔人的一支民团就打死了178名桑人，俘虏了51人，抢走了大批牛羊。到19世纪初，除了一小部分桑人退到卡拉哈里沙漠残存下来外，作为一个种族桑人几乎在南非土地上被斩尽杀绝。

---

① Donald Moodie, 1980: *The Record, or a Series of Official Papers Relative to the Condition and Treatment of the Native Tribes of South Africa*, Amsterdam, p. 205.

② Ibid., p. 205.

③ Richard Elphick & Hermann Giliomee eds., 1979: *The Shaping of South African Society, 1652 ~ 1820*, London, p. 20.

④ Richard Elphic, Kraal and Castle, 1977: *Khoikhoi and the Founding of White South Africa*, New Haven, p. 171.

⑤ Heinrich Jaenecke, 1976: *Die Weiben Herren* 300 *Jahre Krieg und Gewalt in Suidafrica*, Hamburg, p. 33.

从1652年白人移民踏上南非的土地，到18世纪初，经营谷物和葡萄种植的布尔农场主们（主要是荷兰人，还有法国、德国、意大利移民）主要是在开普地区活动，在大约50年的时间内仅仅从开普海岸扩展到斯泰伦博希，与开普中心城堡的直线距离不超过50英里。但从18世纪初开始，布尔人骤然加快了土地扩张的步伐。他们沿着布里厄河谷地向北、向东扩张，1730年到达象河，1740年抵达斯韦伦丹，1770年代又扩展到伯赞尔斯河，同时占据了加姆图斯河至大鱼河之间的广大地区，建立了楚尔惠尔德和赫拉夫里内特边区。在半个多世纪的时间内，布尔人深入北方400公里，向东扩张了近800公里，侵占了非洲人十几万平方公里的土地。[①]当时开普殖民地的布尔人数量并不多，在18世纪初只有1 000余人，到18世纪中期也不过5 000多人[②]，新来移民和自然增殖的人口并不多，是什么力量驱使他们离开气候温和、适宜农耕的开普海岸地带，长驱直入内地高原?

从经济学家纽马克在《1652～1836年间南非边区所受的经济影响》一书中系统整理的18世纪停泊在开普港口的船舶数目统计资料，结合布尔人在这一时期土地扩张的情况，我们可以看到一种值得注意的规律性现象：每当停泊在开普港口的两洋航线的船只增多，布尔人在南非内地扩张的规模和速度就明显加大和加快。这就是说经过开普殖民地的船舶越多，对畜产品的需求量也越大，从而进一步促使布尔人深入内地搜购和抢劫牲畜，更多地占地养殖牛羊。因此，探讨18世纪南非殖民土地扩张的原因，首先必须考察当时的国际经济政治关系以及开普港在东西方航线中的特殊地位。在18世纪以前，每年停泊在开普港口的主要是荷兰人自己即东印度公司的船只，平均每年约33艘[③]，其中1602～1605年间，平均每年10艘，1626～1670年间平均每年22艘。18世纪以后，随着人类历史进一步真正成为“世界历史”，国际关系也在重新进行整合。1713年荷兰结束了在西班牙王位继承战争中同法国的长期作战状态，重新加强了东方的殖民商务，此后一年间东印度公司驶往东方的船只增加了50%，停泊在开普的船只从每年平均48艘增加到72艘[④]，开普市场对肉用牲畜的需求量也显著增加。1740年代又爆发了奥地利王位继承战

① Graham Parker & Patrick Pofukani, 1975: *History of Southern Africa*, London, p.42.

② Marais, 1957: *The Cape Coloured People*, Johannesburg, p.2.

③ Wilson & Thompson, *op. cit.*, p.192.

④ Neumark, 1957: *Economic Influences on the South African Frontier, 1652～1836*, California, p.51.

争，这是18世纪进行的第二次大规模商业战争，英法在印度的战争延续4年，英国舰队频繁进出开普港口。有统计数据显示，整个18世纪上半叶，平均每年在开普港口停泊的商船为77艘，仅活羊一项每年需求量就达到8600多只。这还不包括战舰对新鲜肉类的需求。此外，数量日渐扩大的港口居民和公司职员，以及上岸休养的旅客，也要消耗大量的牛羊肉类。1756～1763年，又爆发了"七年战争"，英国和法国再次在东方展开拉锯战，英国军舰云集开普港，牛羊价格暴涨4倍，牲畜贸易成了最赚钱的生意。战争结束后，大洋贸易比战前更加繁荣，在开普停泊的外国商船每年平均168艘，超过了荷兰本国的商船数量，每年需要消费20 000头羊。北美独立战争期间，法国舰队曾在开普长期驻扎，也消耗了大量的畜产品。不论谁输谁赢，过往船只的陡然增多造成开普市场牲畜供不应求，肉价猛涨，布尔人农场主的生意一片欣欣向荣的景象。既然饲养牲畜比种植谷物和水果的利润大得多，而牲畜市场又比谷物市场稳定可靠，于是许多农场主纷纷改变经济结构，迁入内地弃农从牧，圈地养羊。由于科伊桑人的牲畜资源已经被竭泽而渔的布尔人在40年的时间内榨干，西部斯韦伦丹地区的大部分农场主大多离开住地，往东迁居到卡鲁地带建立牧场。不久，深入大鱼河谷地的荷兰商人带回了激动人心的消息：在加姆图斯河以东地区发现了南非水草最丰盛的牧场。顿时，布尔人农场主如同潮水般地涌向加姆图斯河以东地区，掠夺新的土地。于是在1770～1795年间掀起了布尔人土地扩张的第二次狂潮：每年经过开普殖民政府批准到"新区"建立农场的数目都在100户以上。仅在1768～1778年，内地就增加了1 385个农场，按照每个农场平均占地6 000英亩的标准，十年间共新占非洲人土地831万英亩。[①]其中很多是未经政府批准而私自建立的农场。1778年，约阿希姆·范·普勒腾堡（Governor Van Plettenberg）亲自视察大鱼河，并下令在沿岸树立界桩。他一再对布尔人和科萨人说，政府既不允许这一方，也不允许另一方越过界河。他的意图是加强东印度公司对急躁冒进的边民的控制。但边民的压力使他不得不跟上他们的步伐。为了将从开普到印度洋西岸的班图人土地全部据为己有，殖民政府频繁地通过延伸和"改划边界"等手段，不断扩大开普殖民地的范围。在从1770～1786年的16年时间内，竟五易"边界"，把界桩从位于东经22度的大布拉克河移到位于东经27度的塔卡河。斯泰伦博希州长1780年3月13日写信给范·普勒腾堡总

① Donald Moodie, *op. cit.*, p. 73.

督，提醒他说，移动边界与其说是为了替白人居民扩大地盘，不如说是为了阻止他们同卡弗尔人的非法贸易。正如经验所证明，这种非法贸易酿成白人居民对卡弗尔人的粗暴行为①，这种粗暴行为的结果自然就是夺取“卡弗尔人”的土地。

1700～1799 年间到达开普港口的舰船平均数量

（单位：艘）

时期	荷兰	外国	总数
1700～1704	48	22	70
1705～1709	44	22	66
1710～1714	48	21	69
1715～1719	61	22	83
1720～1724	72	23	95
1725～1729	72	10	82
1730～1734	65	12	77
1735～1739	70	11	81
1740～1744	52	18	70
1745～1749	53	21	74
1750～1754	55	18	73
1755～1759	52	12	64
1760～1764	50	19	69
1765～1769	51	22	73
1770～1774	53	53	106
1775～1779	52	65	117
1780～1784	31	98	129
1785～1789	68	100	168
1790～1793	58	97	155
1794	37	49	86
1796～1799	—	185	185

资料来源：S. Daniel Neumark：1957，*Economic Influences on the South African Frontier*，*1852—1836*，Stanford University Press，p. 51. Data for 1700－1793，compiled from

① Extracts Letter from the Landdrost of Stellenbosch to Governor Van Plettenberg and Council，in Donald Moodie，p. 93.

Coenraad Beyers, Die Kaapse Patriotte, 1779—1791 (Capetown, 1929), Appendix G, pp. 237—239; 1794 and 1796—99 from G. M. Theal, *History of South Africa Before 1795*, 3 vols. (3rd ed.; London, 1922), III, p. 298, and *History of South Africa Since 1795*, 5 vols. (5th ed., London, 1927), I, p. 41.

说明：在这些船只中，73 艘不属于英国。

就这样，大西洋和印度洋贸易的航线把南非内地布尔人的活动越来越紧密地联系在一起。当然，班图人不会知道，他们用作“洛博拉”(Lobola，彩礼）的一头头肥牛正在不知不觉之中变为在开普半岛上和好望角港湾中停泊的舰船上水手和旅客们的美味佳肴。他们自己也在不知不觉之中被卷进了世界市场。用武力夺取通过贸易得不到的足够的牲畜，仅仅是荷兰殖民者“温和的商业”的另一种形式。

1795 年英国人占领了开普，1806 年荷兰政府正式把开普殖民地移交给英国。殖民地的易手并没有改变开普港在大洋贸易中的地位，相反，它大大地加强了开普港口同南非内地和世界市场的联系，至少在苏伊士运河开通之前，从欧洲到南亚和东南亚的海上贸易道路都要经过南非的好望角。东印度公司的衰亡标志着一个旧时代的结束，英国人的到来标志着一个新时代的开始。这么说并不仅指政治意义上的政权交接，更重要的是经济意义上的制度更新。当然，这种更新有一个过程，在英国人统治开普殖民地的前 20 年时间内，由于布尔人的压力，他们基本上沿袭了布尔人的规章制度，只是代表着 19 世纪的英国人的经济活动给南非注入了新的活力。

从总体上看，1795 年以后英国人的统治和 1820 年代及其以后英国移民的到来，除了在政治上使布尔人“臣属”外，在经济上不仅没有削弱阿非利卡人的地位，反而使开普殖民地与欧洲建立了更直接的联系，扩大了荷兰后裔一个多世纪以来半中断了的与欧洲大陆的联系，使布尔人几乎“与世隔绝”的在南非的桃花源进一步洞开了通向外部资本主义世界的大门，孤立已经不可能了。是英国人的殖民官员和殖民军队的存在和成批“工业性文明”移民的到来为开普市场注入了活力，而不再像只有船队经过时候市场才活跃那样受到局限。市场兴旺本身即等于为阿非利卡人带来了财富。市场的扩大即意味着需求的扩大——牲畜、谷物，特别是牲畜，不像谷物的作用那么单一，因为它除了提供肉、奶食品和制成品外，它的毛皮、油脂等还是工业品的重要原料，尤其为外部市场所需要。当欧洲大陆的纺织业革命方兴未艾之时，可谓绝对的卖方市场，原料供不应求。

在苏伊士运河通航前，英国在开普驻扎着重兵和舰队，拱卫这条通往东方航线的两翼。随后英国移民一批接一批地源源而来，把开普变成了一个前所未有的大市场。英国人“系统移民”垦殖农业的失败对南非经济并不是件坏事，他们成了阿非利卡人农产品和牲畜的最大消费者，同时他们也不自觉地充当了深入内地的阿非利卡人和世界贸易之间的掮客。英国正将她的新殖民地拖入自由贸易的湍急河流中。消费品的涌入，创造了对外交换的需求，英国人唯一成功的农村经济活动——美利奴羊的引进不仅没有削弱布尔人的牧农经济结构，反而加大了其中的畜牧成分，促使布尔人进一步向东、向北向科萨人、苏陀人和祖鲁人地区扩张。“年复一年地，养羊的农场主为了寻求财富，已经深入到越来越遥远的地区。”[①]在这扩张的过程中，随着他们离开普市场越来越远，一个个新的港城逐渐形成，伊丽莎白、格雷厄姆斯敦、东伦敦……从一个个居民点发展成为贸易中心——地方市场的形成，使布尔人可以不再仅仅依赖开普港与世界市场相连接，而能够使相对于开普的位置而言，向东的扩展和向北方内地的扩展呈平行移动的状态，直到最后他们在英国人的逼迫和班图人的阻挡下进行大迁徙，深入奥兰治和德兰士瓦为止。

开普殖民地羊毛出口量

（单位：1 000 磅。1 磅 =0.4536 公斤）

年代	1833	1836	1839	1842	1845	1851
数量	113	373	586	1429	3195	54

资料来源：Robert Ross，1993：*Beyond the Pale*：*Essays on the History of Colonial South* Africa，Wesleyan University Press p. 107.

随着本地市场的形成，贸易和土地成了互为因果的过程。贸易和土地互相提出要求，互相刺激对方作出数量上的反应。土地和贸易的不平衡刺激着阿非利卡人去夺取更多的土地以满足贸易，也就是满足自己的财富要求，但平衡不断被打破，于是这一过程便周而复始地进行下去，直到没有新的土地可征服为止。

在最初的破坏性使命结束后，马克思所论述的殖民主义“双重使命”的另一面开始显露端倪。最终贸易既给阿非利卡人带来财富，也给

① Speech of His Excellency the Governor at the Opening of the Fourth Session of the Third Parliament，13th April 1867，*Cape of Good Hope Votes and Proceedings Annexures*，A. 1 - 67，p. 4. Quoted in D. Hobart Houghton and Jenifer Dagut，*Source Material on the South African Economy 1860 ~ 1970*，Vol. 1，p. 23.

他们带来危险，甚至是致命的危险——在市场经济的冲击下，渐渐地，班图黑人后来也学会了贸易，通过贸易富裕起来的部分班图黑人开始购买土地，形成许多“黑点”，对白人构成竞争和“威胁”，这才有了联邦政府成立才三年即颁布的《土著土地法》。

二、土地扩张和劳动力供求之间的循环

前面我们已经讨论过，不断的土地扩张是布尔人的经济结构和社会结构所使然，也已阐述了布尔人的土地扩张和市场之间的循环，下面我们要简要探讨一下布尔人的土地扩张和劳动力之间的互动关系。

恩格斯指出：“农奴制和依附关系并不是某种特有的中世纪封建形式，在征服者迫使当地居民为其耕种土地的地方，我们到处，或者说几乎到处都可以看得到。”①

开普劳动力成份是由公司董事会和在开普现场的范·里贝克决定的，而他们决策的原则主要是根据商业经营和利润的原则。在某种意义上，东印度公司代表的是荷兰各地暴发户阶层为了牟取更多财富而建立起来的一个同业总同盟，它所从事的海上事业的唯一宗旨和行动准则是利润，是商业资本家的那种精打细算。

随着给养补给站不断充实巩固，新的问题也出现了：人员不足。这些从各地招募来的散漫成性的士兵和水手，不能胜任日益发展的农业。因此，建站三年后，范·里贝克建议公司从荷兰移民到好望角来。他认为，桌湾可以容纳一千户人家，这里的条件足以使迁来的荷兰人渐渐忘却荷兰，最后将不再想回家乡，而把这个海角看成他们自己的家园。但他企望中的祖国移民没有在桌湾落脚，他不得不另做打算。范·里贝克来到好望角两年之后在站务日志中写下了他的叹息：“如果能用奴隶代替公司雇员去种地、捕海豹和从事其他劳役，每餐只给够吃的一份大米饭、鱼或海豹肉和企鹅肉，不付工钱，这一定要便宜得多了。奴隶和大米都可以廉价地从马达加斯加运来。如果这么办，荷兰只须负责防务就行了。”②

以后几年里，范·里贝克从过往船舶买进十几名奴隶，满足他自己的需要，公司始终不批准他的正式贩运奴隶的请求。于是他就不经请示，想要什么就弄到什么。1658 年 3 月 28 日，荷兰帆船“阿美斯福特”

① 《马克思恩格斯全集》第 35 卷，北京，人民出版社，1971，第 131 页。

② Extracts from the Journal of Commander Van Riebeeck, in Donald Moodie, pp. 46 – 47.

（Amersfort）号驶进桌湾。它从几内亚海岸截获了一艘葡萄牙奴隶船，掳掠了半船黑奴。许多黑奴在中途死亡，但还有一百七十多人活着，被送上岸，大多数是年轻小伙子和姑娘。[①]后来，这一百多名幸存者中又死了许多人。但是，在开普殖民地推行奴隶制的第一步毕竟迈开了。范·里贝克不仅为公司蓄奴，而且还允许农民也使用奴隶。自由民和其他人买了一些安哥拉奴隶来从事种地、锯木、捕鱼等劳动，每个奴隶按年龄和身高的不同，付价50盾、62盾和75盾不等。1658年5月，又有一艘贩奴船“哈塞尔特”（Hasselt）号从几内亚运来271名奴隶，其中228名活着登上了南非海岸，被殖民者用赊购办法买去，每名付价荷币100盾。[②]范·里贝克甚至不止一次想到要输入勤劳和善于农耕及熟谙其他技艺的中国劳工到开普来为殖民者的开发效力。[③]

尽管不断发生奴隶逃跑的事件，但由于使用奴隶的制度深受自由民的欢迎，范·里贝克亲自派两艘三桅帆船到西非的奴隶海岸去取得奴隶补给。这两艘船运回280名奴隶。范·里贝克将其中的150名续运到“印度”去献给总督。但从巴达维亚传来的是对他的斥责，按照东印度公司的意见，开普殖民地只能靠欧洲人而不是靠黑人存在下去，因为白人民族如果使用奴隶就会变懒惰，就不愿意动手干活了，这将使勤劳的荷兰民族的天性扭曲。东印度公司的董事们认为，且不谈道义上的考虑，采用奴隶制对开普殖民地来说，实际上是一种不合算的蠢事。如果说在单一作物经营的热带地方蓄奴很合适，那么，在具有欧洲温带气候条件的南非，欧洲人是能够跟贩运来的赤道非洲人一样干活或比他们干得更好的。可是进口黑奴这一后果严重的步骤再也无法挽回了。在荷兰殖民统治的150年中，奴隶制已经成了白人社会制度的基础。

由于财政原因，东印度公司从来没有认真执行过任何大规模的移民计划。如前所述，自从1658年14名公司雇员举行了反对公司垄断农产品价格的抗议行动之后，阿姆斯特丹的董事们就商定再也不向开普移民了。这一方面是出于政治控制的考虑，另一方面则是为了经济上的节俭的原因。

1716年，为了使殖民地摆脱赤字——自从殖民地建立以来，决算表明，整个事业都是一桩赔钱的买卖，而且是一个无底洞，公司董事会给开普殖民地新总督德夏方内斯（De Chavonnes，1714～1724）发出一封长

---

① Donald Moodie, *op. cit.*, pp. 122－123.

② Ibid., p. 125.

③ Ibid., p. 3; p. 11.

信，询问殖民地在当时只有 2 000 名人手的情况下能否扩大农业生产，是白人移民还是黑人奴隶比较适合于达到这个目的？已经初步尝到奴隶制甜头的殖民地的回答是：不是白人移民，而是黑人奴隶。他们列举了精确的数字向公司说明，养活一个奴隶一年充其量只须花费 60 荷兰盾，而付给一个白人雇员的薪水至少是这个数目的 3 倍。此外，白人好吃懒做又酗酒。这是向锱铢必较的公司董事们作出的一个暗示，尽管这些经济上的理由几乎掩盖不住殖民地官员们的真正忧虑：大量移入白人意味着他们的统治地位的完结。

阿姆斯特丹的董事们采纳了开普殖民地官员的意见：限制白人移民，继续实行奴隶制。于是南非的道路就这样决定了。在 17 世纪，涌向北美的欧洲移民和难民多达 25 万①，而 18 世纪初来到开普殖民地的白人包括东印度公司的雇员在内仅有 2 000 人左右。② 整整一个世纪，好望角没有接纳新移民和输入新思想。当欧洲和美洲发生革命性的变革时，南非的布尔人移民区还陷在奴隶社会的经济、社会和思想泥潭中。

阿非利卡人的社会制度建立在两个“天经地义”的不容置疑的设想之上：白人是黑人的主人，白人喜欢占有多少土地就可以占有多少土地。奴隶来自荷属海外帝国的其他部分和非洲的其他地区，来自印尼、印度支那、马来亚、锡兰、印度、马达加斯加和莫桑比克。1771 年开普殖民地的布尔人为 1 756 人，拥有奴隶 1 781 人；1778 年布尔人拥有奴隶 11 107人。在到 1834 年为止的 182 年时间里，可以说南非是个奴隶制国家——到 18 世纪末奴隶人数已达 25 000 人以上，超过了白人殖民者的人数。③ 使用奴隶的经历或经验确立了南非的劳动关系模式，废奴的方式种下了痛苦的不满的种子，并随着时间的推移而生根发芽，形成阿非利卡民族主义的决定命运的现象。从定居伊始，奴隶制的存在就令边疆居民认为艰苦的体力劳动是黑人的任务。奴隶为黑人或有色人，也就是本地人。如上所述，阿非利卡人认为，体力劳动是非白人的工作，即“卡弗尔”的工作，是哈姆（Ham）的子孙——砍柴人和挑水者，一个奴仆民族的注定功能。因此阿非利卡人社会的发展呈现一种奇特的发育不全的状态：既缺乏知识和企业家阶级，又没能形成工人或工匠阶级。最终

① 黄绍湘：《美国史纲》，重庆，重庆出版社，1987 年，第 58 页。

② L. Thompson, 1990: *A History of South Africa*, Yale University, , p. 35.

③ R. Gray, ed., 1975: *The Cambridge History of Africa*, Vol. 4, London, p. 448; L. Thompson, 1990: *A History of South Africa*, Yale University, p. 35; 亦可参见杨人楩：《非洲通史简编》，北京，人民出版社，1984 年，第 520 页。

形成的是一个半文化的地主乡绅农民阶级。南非之所以基本上没有参与持续了将近四百年的大西洋奴隶贸易，其原因之一就是当地的科伊人都为布尔人的奴隶制经济所吸收，成为布尔人牧农混合经济的无偿劳动力。

18 世纪初期和中后期部分地区拥有奴隶的自由民比例

地区 年代	开普	斯泰伦博希	德拉肯斯泰因	斯韦伦丹
1701	69%	22%	9%	–
1750	60%	14%	21%	5%
1773	55%	11%	26%	7%

资料来源：Richard Elphick and Hermann Giliomee, ed., 1989: *The Shaping of South African Society, 1652 ~ 1840*, Maskew Miller Longman (Pty) Led., Cape Town, p. 134.

1834 年废奴法令正式生效后各地区拥有奴隶数量和比例

地区名称	奴隶数量(人)	在殖民地的百分比
开普敦和开普地区	10 343	28.6
斯泰伦博希和伍斯特	14 365	39.7
斯韦伦丹和乔治	5 661	15.7
赫拉夫里内特	2 809	7.8
埃滕哈赫，阿尔巴尼和萨默塞特	2 981	8.2

资料来源：Richard Elphick and Hermann Giliomee, ed., 1989: *The Shaping of South African Society, 1652 – 1840*, Maskew Miller Longman (Pty) Led., Cape Town, p. 135.

南非历史学家 G. D. 舒尔茨写道："过去三百年中，从未有足够的白人从事各种份内的工作。相反，他们越来越依赖非白人去做。"① 白人份内的工作已经让非洲奴隶来完成了，布尔人所能做的就是向内地迁徙，因为他们没有别的事情可做，而圈占一个农场比去做一个职业工人要容易得多。从这个意义上说，他们一开始就是"失业者"，这为他们中的一部分人最终成为贫穷白人预先创造了条件。基韦特指出，开普奴隶制是非企业性经济生活的体现，它既是开普贫穷的原因也是开普贫穷的结果。② 而逃脱这种贫穷的最终出路就是保持种族认同感或种族同一性，把肤色作为实现社会经济分野的工具。正是在这个意义上，南非的历史证明了恩格斯的论断："种族本身就是一种经济因素。"③

---

① 转引自亨·耶内克：《白人老爷》，第 28 页。

② De Kiewiet, *A History of South Africa*, p. 22.

③ 恩格斯：《1894 年 1 月 25 日致瓦·博尔吉乌斯》，《马克思恩格斯选集》第四卷，北京，人民出版社，1972 年，第 506 页。

图4-1 奴隶在从事运输劳动

1743年，荷属东印度总督巴隆·范·伊姆霍夫（van Imhoff）在访问他管辖的开普殖民地时，看到奴隶多于自由民的情形，认为："如果我们在建立这个殖民地时便带来了大量的欧洲人，让饥饿和欲望迫使他们劳动，那就会好得多。可是现在却输入奴隶，而每一个下贱的欧洲人却以主人自居，要别人伺候，而不想劳动。此外，这块土地上的多数农民事实上并不是农民，而是庄园主。他们中的许多人认为用自己的双手劳动是耻辱。"①他们厌恶体力劳作，这并不是说他们游手好闲。早期的阿非利卡人过着艰苦的生活，在陌生而孤寂的非洲大陆上狩猎和放牧，他们是有勇气、有韧性和创造天才的民族，能够闯入未知世界并独自生存下来。但他们不做"卡弗尔"的工作。他们也不与"卡弗尔"混居，除了作为主仆关系，以及有时候，怀着晦暗而充满"原罪"的感情，与他们中的女性发生性关系。不排除极个别的阿非利卡人农场主对他们的奴仆体现出某种父权主义的慈爱，但总的来说阿非利卡人的态度产生了一种根深蒂固的强有力的种族偏见。

从地理范围来看，奴隶的使用最初只限于沿海适合耕作的地区，也就是限于农业领域。随着科伊桑人的被征服和大批布尔农场主涌入内地和经济生活中牧业成分的加大，奴隶的使用呈现逐渐减少的趋势。这一来是由于从海外进口奴隶价格昂贵，二来进口的黑人奴隶不谙放牧。这样，牧业的全部劳动就"顺乎自然"地由本来就靠放牧为生的科伊人承当。由于布尔人的经济结构和非洲人基本相似，除非剥夺对方的土地，否则就吸引不了非洲劳动力，他们抢夺的土地面积越大，越需要将本地牧人转为自己服务。在完全役使科伊人之前，布尔人已经屠戮和役使了大批的桑人，由于桑人基本上还处于狩猎阶段，并没有多少劳动力价值，

① M. Wilson and L. Thompson, *The Oxford History of South Africa*, Vol. 2, p. 110.

因此布尔人主要是强占桑人的地盘，把他们当作野兽来追捕、剿杀。1786～1795年间，仅格拉夫里内特地区桑人就被屠杀了2 500人。①一般情况下，布尔人民团遇见桑人成年男女格杀勿论，只是把儿童抓回农场当作童奴。1774年开普当局曾下令把掳获的桑人按比例分给贫穷的白人居民为奴隶。被抢来的童奴长大后名义上称为“学徒”，实际上是奴隶。进入内地以后，布尔人的经济结构和非洲人的经济结构在形式上基本上没有什么两样，这不仅造成地域上的冲突，更由于布尔人经济结构的奴隶制性质注定了他们必须从当地相同的经济结构中掠夺生产力的另一要素——劳动力，因为他们是东印度公司的自由民，而每一位自由民都有权利当奴隶主。布尔人牧业生产的任何扩大，都是以侵占当地非洲人的土地和掳掠他们的劳动力为前提的。正如马克思所揭示的那样：“在征服一个国家之后，征服者紧接着要做的总是把人也占有。”②布尔人农牧场主对科伊人的占有，是这方面十分突出的例子。然而，只要科伊人还保持着足够的牧场和完整的村社组织，还有对抗入侵者的手段，布尔人既不可能实现对牲畜和土地的占有，也不可能实现“对人的占有”。因此，在土地扩张的道路上，布尔人对和自己相似的科伊人的牧业经济结构、具有社会凝聚力的村社组织，总是给以彻底的摧毁，除了遭到强烈抵抗而进行凶残的报复外，布尔人一般并不把科伊人全部消灭或赶走，如同北美殖民者早期对待印第安人那样，而是把大部分科伊人融入自己的经济和社会结构中，当然他们绝不会让科伊人成为白人社会中平等的一员，而是纯粹让科伊人作为牧奴，这样，通过强制性的劳动分工，靠贬抑全体科伊人的社会地位来抬高自己，使每一个布尔人都上升到农场主和奴隶主的地位。科伊人曾对布尔人的掳掠行为和计划进行了英勇的抵抗，1659～1660年和1673～1677年，科伊人在他们的酋长领导下同布尔人进行了两次“霍屯督战争”，一度给布尔人农场主造成沉重的打击，但布尔人凭借其惯用的火器、牛车和马匹这三件宝，总是能赢得战争的胜利，结果科伊人的土地和牲畜大都落入布尔人之手。③

到18世纪上半叶，在布尔人的攻击面前节节败退的科伊人又遭到白人殖民者带来的天花的摧残，人口死亡过半，许多村落从此湮没无闻。一部分科伊人在殖民者的驱迫下向东迁徙，与科萨人融合。另一部分经

---

① Marais, *The Cape Coloured People*, p. 17.

② 《马克思恩格斯全集》第25卷，北京，人民出版社，1972，第891页。

③ 关于科伊桑人对布尔人侵略的抵抗，参见 Shula Marks, 1972: Khoisan Resistance to the Dutch in the Seventeenth and Eighteenth Centuries, in Journal of *African History*, No. 1。

过和白人的几代混血，已经失去了自己的民族和文化特性，甚至在人种特征上也失去了自我，作为“上帝的继子”，他们渡过奥兰治河，成为著名的格里夸人，说着阿非利卡语，过着畜牧生活。在开普地区幸存下来的科伊人，经过天灾人祸的打击，原有的社会组织早已荡然无存，被迫栖身于布尔人农场，沦为“卑贱的奴仆”。到19世纪初，南非境内的科伊人只剩下20 000人。[①] 绝大部分科伊人跟随主人居住在农场内，全家为农场主提供各种形式的劳动：成年男性为布尔人照看牲畜，妻子在主人家庭作女佣，孩子兼做他们的帮手。有一个叫做贾各布斯·奥弗利的布尔人农场主竟役使了一个村寨的科伊人。[②]少数科伊人在布尔人农场中还保持着自己少量的牲畜，但大部分科伊人已是一无所有，全靠布尔人农场主赐给他们的残羹剩饭充饥。

列宁指出：“把千百万人赶到雇佣大军中去的那种力量，就是饥饿。”[③] 布尔人农场主把那些失去原有的社会组织的科伊人变成自己农场上的永久劳动力，主要是靠超经济强制手段[④]，把“主仆关系”的枷锁强行套在失去生计的科伊人身上，形成一种人身依附关系：科伊“仆役”（servant）不得随意离开农场主人，布尔人农场主可以擅自对仆役进行审讯和体罚。失去人身自由的科伊人实际上处于奴隶或农（牧）奴的地位，除了在法律上还不许被随便买卖外，他们和奴隶没有什么区别，甚至待遇比农场主花钱买来的奴隶还要差。因为“主仆关系”不是建立在如同添置奴隶的买卖关系上，布尔人感到需要一种“更严酷的形式”，即绝对不平等的地位。

18世纪末，英国占据了开普，在开始一段时间内并没有改变这块殖民地的生产关系。1807年以后英国宣布在帝国范围内禁止奴隶贸易，这一禁令断绝了开普殖民地奴隶的外部来源，从此布尔人开始想方设法把科伊人和当地班图人变作奴隶。非洲人既已被征服，被宣布为异教徒，野蛮人，一个下等民族，神定成为欧洲人的高等的奴隶，尽管东印度公司和英国的法律都禁止奴役科伊人。甚至奴隶也瞧不起科伊人，把他们

---

① Marais, 1957: *The Cape Coloured People*, Johannesburg, p. 61.

② Elphick, Kraal and Castle, *Khoikhoi and the Founding of White South Africa*, p. 179.

③ 列宁：《一个发现》，《列宁全集》第18卷，北京，人民出版社，1959年，第543页。

④ 马克垚教授认为，超经济强制是一种法律关系，而不是生产关系。参见《论封建主义》，载《中国前近代史理论国际学术研讨会论文集》，武汉，湖北人民出版社，1993年，第49页。另可参见《关于封建主义的一些新认识》，《历史研究》1997年第1期。

看作低人一等的贱役，远远低于人类的水平。[①]他们被认为只具有仆人的一点价值，更多地被当作野兽而非人类。[②] 他们住在奴隶草棚里，和奴隶同吃一锅饭，白天与奴隶一起劳动。除了名义上，他们实际上是奴隶劳动的辅助力量，是南非劳动制度从奴隶制到契约奴过渡的一个组成部分。

罗伯特·罗斯（Robert Ross）指出，在废除奴隶制前，正如科伊人被当作奴隶对待一样，在废除奴隶制后，自由奴隶被当作科伊人一样对待。作为一种选择，用有色人劳动力代替奴隶已经是一种正在运行的选择。从前怎么对待科伊人，现在就怎么对待（释放了的）奴隶，当然，这也适应于被剥夺了土地的黑人。从奴隶制到种族隔离制（Apartheid）的道路铺在科伊人被折断了的脊背之上。[③]

在 1834 年英国最终宣布废除奴隶制前，英国人使用科伊人当警察和屯边的士卒，但并没有认真改善科伊人的奴隶地位，相反，他们屈服于布尔人农场主的压力，于 1809 年颁布了"霍屯督法令"，即臭名昭著的"通行证法"。它的功用就是剥夺科伊人到处流浪的自由。法令规定，每一个科伊人都必须有"固定的住所"，不经地方政府的批准一律不得擅自离开，凡外出替主人办事或从事法定营生的人都必须随身携带通行证，违者"概以无业游民论处"。[④] 当时英国的大批移民还没有到来，开普的资本主义生产关系还没有完全建立起来，少量的英国移民到南非以后也如同以前的荷兰和法国移民一样，在边疆的自然环境中，很快变成利用奴隶劳动经营粗放牧业的农场主，因此在经济结构和经济利益上，他们并没有质的不同，都要依靠土地扩张和奴役非洲劳动力来为自己的目的服务。1812 英国人又颁布了关于"学徒制"的法令，作为对"通行证法"的补充。法令规定：布尔农场主可以将在其农场上出生的年满 8 岁的科伊儿童收养作为"学徒"，直到他年满 18 岁为止。"通行证法"和"学徒奴隶制"成为后来南非广泛实行的种族歧视法令的范本，为日趋严酷的种族主义立法打下了根基。后来英国人废除了这两项法令，但布尔人在他们建立的德兰士瓦共和国变本加厉地推行这两项法令，给每个非洲男子的脖子挂上金属牌或木牌作为身份标志，无此种标志者一律被

① Bernard Makhosezwe Magubane, 1979: *The Political Economy of Race and Class in South Africa*, Monthly Review Press, New York, p. 29.

② Thomas Pringle, 1961: *Narrative of a Residence in South Africa*, Cape Town, p. 237.

③ Robert Ross, 1983: *Cape of Torments: Slavery and Resistance in South Africa*, London, p. 52.

④ *The Cambridge History of Africa*, Vol. V, p. 359.

当作流浪汉逮捕，或移交给布尔人农场罚作无偿劳工。大迁徙后纳塔利亚共和国法律规定，凡在战争中掳获的儿童均由军事长官分配给农场主作“学徒”，后来又规定凡是非洲人父母自愿交出的未成年子女也作学徒办理。这大大鼓励了布尔人农场主劫掠非洲儿童的行为。许多农场主经常组成民团擅自采取军事行动，把黑人儿童变作无偿童奴。当然，也有一些非洲酋长为了私利把儿童卖给布尔人。一位布尔人农场主承认：“许多农场主简直把我们正在进行的反对祖鲁人的战争看成是一种掳掠的远征。猎获的价值很大。人们都把它视为好运气的开始。使用暴力从卡弗尔家庭带走三四个年幼的卡弗尔男孩和女孩，以便更好地掩饰奴隶制的真相，难道不是被允许的吗？”①

英国的开普殖民地总督查尔斯·索默塞特于 1814 年宣布：“这个殖民地的奴隶是唯一有价值的财产。土地与奴隶相比，土地则是微不足道的。”②然而，正如马克思所指出的：“黑人就是黑人，只有在一定的关系下，他才成为奴隶。”③ 这种关系的前提条件就是他生存的源泉——土地被无情地剥夺。英国殖民者和布尔人相配合，或者独自出击，与科萨人进行了长达百年的“卡弗尔战争”④，最终将绝大部分科萨人赶进了保留地，使他们成为欧洲白人的劳动力源泉。在前三次“卡弗尔战争”中，布尔人尽管向东步步进逼，夺取了科萨人大片土地和数以万计的牲畜，但他们遇到的科萨人社会组织程度远远高于科伊桑人，数量也远比科伊桑人多得多，因此他们未能像在开普西部剿灭科伊桑人那样轻而易举地剿灭科萨人，在四十年的时间里，他们没能跨越大鱼河一步，最终不得不改变扩张的方向，由东向北朝着奥兰治河一带扩展。这也就是后来布尔人“大迁徙”的开端。由于科萨人的“剽悍”，东印度公司一度禁止布尔农场主雇佣科萨人。但由于农场的实际需要，对于科萨人来说，由于部分人在战争中流离失所，无以为生，布尔人和科萨人的雇佣关系还是不可避免地建立起来。在英国人介入“卡弗尔战争”后，科萨人的抵抗力量急转直下。一个非洲老人说：“布尔人像水牛，他们有硬的头，但我们在他们攻击我们之前即可看见他们。而英国人像老虎，他们头脑里

---

① M. Wilson and L. Thompson, *op. cit.*, p.367.

② L. C. A. Knowels, 1936: *The Economic Development of the English Overseas Empire*, Vol. Ⅲ, London, p.315.

③ 《马克思恩格斯全集》第 23 卷，人民出版社，1975 年，第 834 页脚注。

④ “卡弗尔战争”的前三次主要是在布尔人和科萨人之间进行，第四次为英布联合对付非洲人，其后的五次主要是英国人和黑人民族之间的战争。

东西太多；他们在我们看到他们之前就扑向我们。”①

在从1806到1906年的一百年间，英国人统治下的南非以一系列不间断的战争为特征。

1835、1847、1851和1879年的所谓“卡弗尔战争”，其后果不是种族灭绝，而是焦土战役，意在剥夺非洲人所有的独立生存手段。英国人认为唯一真正有效的使科萨人完全依赖的方法是“烧毁他的茅屋和村庄，驱走他的牲畜，毁掉其谷物和其他食物，简言之，摧毁其国家”。②正是在这个意义上，19世纪的土地战争也是劳动力战争。有的非洲学者认为，与美国西部发生的情况完全不同，19世纪在南非进行的殖民战争意图不在于清除原始居民的土地，而在于给予殖民者最好的土地和大量控制非洲劳工的措施。③每次战争都有大片班图黑人的土地被剥夺，每次战争都有一些班图黑人沦为殖民者的劳工。

1806年白人殖民者和班图人的边界是大鱼河。1812年英国人出动正规军把科萨人赶出了布尔人觊觎已久的楚尔惠尔德地区；1819年大鱼河和凯斯卡马河（Keiskama）之间的地区被宣布为“中立地带”，1824年英国人施加强大压力，迫使科萨人让出“中立地带”；1835年又得寸进尺，占据大鱼河与卡特河之间的全部土地，并设立阿德莱德省；1847年兼并大鱼河与凯河之间的整块地区，划为卡弗拉里亚；1853年把边界推进到姆巴谢河，1878年移到马塔塔（Mathatha），1894年移到庞多兰（Pondoland）。上述新征服的地区，特别是楚尔惠尔德和卡弗拉里亚地区，就是后来英国人大批移民的落脚地，而科萨人则全部被赶进欧洲人不要的“边角地”。在东北部，1843年纳塔尔成为英国殖民地。1857年，走投无路的科萨人在绝望之中将命运交给了冥冥上苍，根据部落邪教式预言家所得到的训示，以畜牧为生的科萨民族宰杀了他们几乎所有的牲畜，结果这一“民族自杀”行动使科萨人口从105 000锐减到37 000④，余下的科萨人在饥寒交迫之中回过头来，进入白人的农牧场里，成为非洲班图人中第一批遭受白人奴役的雇工。1834年为白人殖民者使用的非洲人还很少，但到1858年已经有33 000多名来自特兰斯凯的非洲人在殖

① Bernard Makhosezwe Magubane, 1979: *The Political Economy of Race and Class in South Africa*, Monthly Review Press, New York, p.56.

② Ibid., p.38.

③ Ibid., p.10.

④ *Summary of the Report of the Commission for the Socio - Economic Development of the Bantu Areas within the Union of South Africa*, U. G. 61/1955, The Government Printer, Pretoria, p.8.

民地工作，并且以工资劳动为收入来源。①

殖民总督厄尔·格雷（Earl Grey）1880年说，两件事情特别重要：一是为白人殖民者提供占有土著部落拥有的土地的便利；二是卡弗尔人口应该被作为尽可能的大量而便宜的劳动力供应。②

除了早期布尔人屠杀对他们几乎是毫无用处的桑人外，纵观布尔人和英国人对科伊人和班图人的战争，不是一方把另一方推进沙漠或赶下大海的战争，而是一方剥夺另一方土地使其沦为附庸劳动力的战争，是确立双方主仆关系的战争。

与美国、加拿大、澳大利亚和新西兰相比，南非的高额利润除了在于它的金刚石矿和金矿含量丰富外，还在于它的极为丰富而价格低廉的劳动力。从矿业的发现到第二次世界大战前后，这种可变资本几乎以不变的价格被粗放地使用，正如在农业中劳动力被粗放地使用一样。“在这里体现为剩余产品的劳动者的全部剩余劳动，都直接被全部生产工具（其中包括土地，在原始奴隶制度形式下也包括直接生产者本身）的所有者所榨取”。③

在南非联邦成立之前，英国人一直是把南非当作殖民地看待的，他们在南非扩张土地和奴役非洲人的原则没有也不会改变，但在具体运作方式上却有阶段性的变化。在1820年代前他们和布尔人没有多大区别，但随着大批英国移民的到来和资本主义生产关系在南非的扩展而有所改变，这和布尔人一贯的信条和具体做法渐渐发生了严重的冲突。这种改变和冲突我们将在“英国人的系统移民和布尔人的大迁徙”一章中进行探讨。

总的来看，贸易——土地——劳动力的互动循环关系在绝大部分时间内支配着阿非利卡人的土地掠夺进程。如果以19世纪中期为界将阿非利卡人在南非的土地扩张进程划分为两大阶段的话，那么，在布尔人土地扩张的前期阶段，起主要作用的是贸易和土地之间的互动关系；后期则是劳动力和土地之间的互动关系起主要作用。当然，市场和劳动力因素经常一起推动阿非利卡人的土地扩张，如下一章论述的大迁徙，除去政治因素外，可以说就是布尔人对他们经济结构中“正常的”贸易——土地——劳动力循环关系被阻碍甚至可能被打断的反应，只不过我们在

① Bernard Makhosezwe Magubane, 1979: *The Political Economy of Race and Class in South Africa*, Monthly Review Press, New York, p. 42.

② Ibid., p. 71.

③ 马克思：《资本论》第三卷（下），北京，人民出版社，1975年，第906页。

下文强调的是英国人的“帝国因素”的“推力”，这一外力成为影响这种循环关系的关键，并从另一方面驱动布尔人去寻找新的土地以重现旧的循环关系，结果是同样甚至是更大规模地造成布尔人的土地扩张。我们还应注意到，在贸易和劳动力对土地的互动关系中，有时只有其中一种因素比较突出，而另一种因素似乎不那么明显，如在金刚石矿发现的一段时间内，佩迪人和葡属莫桑比克的流动劳工曾对阿非利卡人的劳动力需求起到调节作用，甚至一度减缓了土地扩张与劳动力供应的紧张关系，但劳动力与土地的互动关系可以说直到20世纪80年代才告中止。

第五章 英国人的“系统殖民”与布尔人的“大迁徙”

1836年开始的布尔人大迁徙，是18世纪初以来布尔人殖民土地扩张的继续，但它与18世纪持续进行的布尔人迁徙运动又有明显的不同，不能仅用19世纪以前特别是19世纪30年代中期以前推动阿非利卡人历次土地扩张浪潮的一般原因来解释，如布尔人粗放经营的经济结构、牲畜贸易的刺激、农场主对土地的贪求、劳动力的短缺、干旱的威胁、人口的压力等①，而必须在考虑到这些因素的同时结合当时阿非利卡人所处的特殊环境进行全面的考察。这个特殊的历史情势就是南非新来的主人——英国人实行的殖民政策的变化和原有的主人——黑人各民族的抵抗所造成的合力，迫使阿非利卡人改变了迁徙（即土地扩张）的规模和方向。在这里，我们着重分析帝国因素的“推力”对布尔人大迁徙的影响及其结果。

关于布尔人大迁徙的原因，每一个研究南非历史的人都必须对这一问题作出回答②，因为大迁徙是南非历史上影响极其深远的重大事件，从非洲人的角度看，它是一次空前规模的白人殖民者的占地远征——在向南非内陆地区持续12年的殖民扩张运动中，布尔人几乎倾巢出动，相继占领了德兰士瓦、奥兰治和纳塔尔的广大地区，把50余万平方公里的班图人土地陆续置于自己的统治之下，改变了南非的政治地图和经济、社会发展走势；从阿非利卡人的角度来看，这是他们的“民族史诗”，关于大迁徙的传说构成了布尔人种族主义思想感情的源泉，在大迁徙的目的地德兰士瓦高原上孕育了南非种族隔离制度的雏形。一些阿非利卡学者对这一历史事件热情讴歌，部分西方史学家也曾对布尔人大迁徙充

① W. K. Hancock, 1958:“Trek”, in *Economic History Review*, Vol. X, S. S.. Quoted in D. Hobart Houghton and Jenifer Dagut, *op. cit.*, p. 9.

② 中国学者北大历史系的郑家馨教授和亚非研究所的李安山先生也以其独到的见解阐明了布尔人大迁徙的实质和经济动因。参见本文序言部分提到的论文篇目。

满同情，把它描述为一个独立的新的民族力图摆脱居于强势地位的英国人的专制统治、争取自由的壮举，是一次在与同样是白人民族的斗争中悲壮的“伟大的民族自我退出”。①至于大迁徙的原因，史学界众说纷纭，例如有的作者说大迁徙是由于布尔人“嗜好旅行和冒险”，“热爱荒漠中的自由”，害怕农场的扩展会受到限制②；有的学者坚持认为市场的要求和商业的扩展是大迁徙永远不变的经济动机③；有的史学家则认为布尔人大迁徙主要是政治方面的原因，即他们对英国殖民当局的法律制度和政治制度改革及各项行政措施的不满，因而“大迁徙是一种政治抗议的形式”④，“是一次反对英国政府的叛乱”。⑤还有人认为阿非利卡人的举动是“为了保证布尔文明扩展到新地方，而不致被英国文明所融化”。⑥ 更有作者认为，每一个参加大迁徙的布尔人家庭都各有不同的原因、动机和目的，例如著名史学家沃克尔（E. Walker）就持这样的观点。

郑家馨教授指出：“大迁徙的形式和性质基本上是由开普殖民地内部经济发展矛盾和资源配置决定的。”⑦ 无论人们强调大迁徙的哪一方面，都离不开英国人统治下殖民政策的变化和班图各民族对白人统治的能动性反应。

一、英国人的“系统殖民”在南非大草原上的变奏曲

英国人的到来和布尔人多少有些不同。与布尔人相比，他们更是殖民者，而且同时还是帝国主义和资本主义的化身。他们经过了工业革命的洗礼，是当时最先进的生产方式的代表。在1910年南非联邦成立之前，南非与非洲其他地区一样，只是英国人的殖民地。正是他们的殖民化使得传统的村社土地所有制解体。殖民化的目的就在于通过出口经济剥削被殖民国家。出口经济的本质给传统的土地占有方式和农村的阶级关系带来了深刻变化。殖民经济首先和最根本的，就是剥夺非洲人的土地。其次，是欧洲来的殖民者要求拥有土地。这就必须改变土地所有权

---

① Neumark, 1957: *Economic Influence on the South African Frontier 1652 ~ 1836*, California, p. 19.

② Ibid., p. 3.

③ Neumark, 1957: *Economic Influence on the South African Frontier 1652 ~ 1836*, California.

④ Flint, ed., 1976: *The Cambridge History of Africa*, Vol. V, p. 367.

⑤ L. Thompson and M. Wilson, *op. cit.*, Vol. 1, p. 406.

⑥ 〔法〕路易·约斯：《南非史》，史陵山译，北京，商务印书馆，1966年，第131页。

⑦ 郑家馨：《论经济因素在阿非利卡人大迁徙中的作用》（即将发表）。

制度。最后，殖民地经济是建立在非洲劳动力的持续供应的基础上，以最小的劳动力价格（可变资本）获得最大的利润。

到19世纪初，在实现殖民主义的目的时，英国人已经积累了丰富的经验，可谓老奸巨滑，完全根据帝国需要殖民地的具体情势而适时调整策略和行动。在南非，如同在世界其他地方的殖民征服过程一样，如罗宾逊和加拉赫尔所言，“有形统治”和“无形统治”并行不悖，当贸易本身即可达到目的时，即进行非正式统治，反之，则让“贸易尾随国旗”。教会和军队交替使用，牧师和士兵轮番上阵，或同时并举，恩威并施。通常情况下，教会是军队的前导，牧师是士兵的先锋。他们都为一个目的服务。牧师的成功可以使士兵的刀剑入鞘。

不像布尔人，英国人并不想把自己完全同黑人割离开来，因为他们是作为统治者而来到南非的，这就不得不想方设法赢得新臣民的心，以把非洲人溶进他们正在创建的新的经济秩序，确保自己作为统治者的权利。根据英国人的看法，每个人，包括阿非利卡人，都须服从“文明化”进程，必须接受英国的宪法制度、语言和文化，因为他们的宪法、语言和文化是世界上最优秀的。[①] 尽管同样面对着黑人数量上的优势，英国人开始的时候不像阿非利卡人那么恐惧。阿非利卡人不仅害怕非洲人数量上的优势，而且对他们适应文明进程的速度之快也感到惊恐不已。

英帝国在南非土地问题形成中的作用不仅表现在自己作为殖民者利用教会、军队直接或间接地侵占了南非土著的大片土地，它的作用还表现在作为与班图人的阻力相对应的一股推力，驱动着阿非利卡人不断地进行迁徙，包括1830～1850年代进行的著名的被阿非利卡人视为“史诗”的“大迁徙”。这种迁徙既是阿非利卡人的“苦难史”，更是广大的非洲黑人居民的大片土地被侵占的血泪史。

英国人的到达对阿非利卡人的影响是巨大的。他们已经错过了18世纪，19世纪忽然急速来到了阿非利卡人面前。阿非利卡人过惯了几乎没有行政管理限制的自由日子，现在一个大帝国权力施加的法制和无处不在的秩序纠缠着他们。英国的侵入最初使他们厌烦，后来使他们愤怒，日积月累，世代相传的怨恨激发了他们的民族主义，把一个由无拘无束的个人组成的一盘散沙般的群体转变成了一个有凝聚力的民族单位，并以其顽固不化而令世人困惑不已。

---

① Bernard Makhosezwe Magubane, 1979: *The Political Economy of Race and Class in South Africa*. Monthly Review Press, New York, p. 33.

英国人的到来对黑人的影响同样深刻。黑人在东部边疆遭遇到阿非利卡人时，后者采取的生活方式和他们的并没有多大不同。只是英国人的到来才使他们感受到现代世界的破坏性力量对他们古老制度的压力。尽管阿非利卡人已向他们步步进逼，但正是英国人首先打破了黑人的权力，在战争中粉碎了黑人村落，吞并了他们的领土，用基督教化、教育，最后是工业化和城市化侵蚀了他们的社会结构。

事实上是英国人创造了现代南非。阿非利卡人将欧洲置于脑后，而英国人又把它带了回来。阿非利卡人只是在空间上穿透了这个国家，而英国人则在经济上打开了这个国家，并给他们带来一种新的时代精神。英国人改变了维生农业经济，发现了世界上最壮观的金刚石矿和金矿，并运用这些财富发动了这个大陆上仅有的一场全面的工业革命（新石器没有在这块次大陆引起一场革命），为非洲大陆确立了最强大的经济体制。结果，英国征服了布尔人并创立了联邦，其宪法规定了非洲人的种族奴隶政治地位，为阿非利卡人种族民族主义在南非发挥登峰造极的作用提供了可能的条件。最后，直到快进入21世纪的时候，地球上最后一个极少数白人统治绝大多数黑人的国家实现了权力的和平交替。

笔者在这里不打算探讨英国人统治的长远影响，只是为了对比，而只就他们政策的变化与布尔人大迁徙的关系问题进行讨论。

我们已经知道，英国人的统治策略是非常灵活的，在南非的英国工业资本力量强大到足以代替或消灭旧的生产方式（生产关系）之前，英国人容忍甚至纵容和利用旧的生产方式（生产关系），包括班图人的，尤其是布尔人的土地制度和生产方式，甚至布尔人的农奴制和奴隶制。

前面我们已经提到，在英国人接管开普后，好长一段时间内他们沿袭了布尔人的政策，甚至曲意逢迎布尔人的好恶，为布尔人强占土地和掠夺劳动力的行为提供法律保护。这一来是由于英国人尽管是以统治者的身份来到南非，但他们刚刚到来时人数太少，仍须依仗布尔人来维持他们的统治秩序；二来南非的土地状况允许陆续到来的数量不大的英国和其他欧洲国家的移民可以像布尔人那样，只要进入内地抢劫，就可占有土地和非洲人劳动力；第三个原因是由于资本主义经济关系还没有产生决定性的影响，采用原始积累时期的掠夺方式就可获得巨大利润。

英国人政策的重大变化始自他们试图在南非实行威克菲尔德（Wakefield）的“系统殖民理论”和随后进行的大批移民工程。而这种政策的变化有着英国国内的背景。

拿破仑战争后，英国经济一度衰退，城市生活不稳定，人们渴望移居到新获得的殖民地。一些富于冒险精神的英国人希望寻求一个新的机会，在新世界找到一个更自由的社会。当贴出的广告说可以免费到南非并可自由地获得可耕地时，竟有9万人申请5 000个名额。政府为了不偏不倚地表达对严重失业状态的关注，从全国各地和除了贵族之外的所有社会阶层之间挑选移民。帝国政府希望通过把过剩的人口迁移到殖民地，在那里人为地制造出资本主义的生产关系，把南非变成另一个加拿大或澳大利亚。这是威克菲尔德“系统殖民理论”的核心。①

1820年，第一批5 000名英国移民踏上了南非的土地，他们被安置在开普东部边疆地区。楚尔惠尔德地区——后来叫做Albany，被特意选为移民拓殖区。8年前，在第四次边疆战争中，黑人民族被赶过大鱼河，殖民政府现在决定将该河确定为固定的边疆。大鱼河是条水流缓慢的棕黄色河流，一年中的大部分时间为涓涓细流，在流向东南方的途中拐了个弯，向东北大约50英里，然后再向东南入印度洋。这个弯曲地带突入黑人领土之中。这个突出部分就是楚尔惠尔德（Suurveld），这个阿非利卡语地名名如其意，是一片酸草海岸平原，适合冬季放牧，而特别不适合农耕。牲畜可以生长，但令殖民者泄气的是，看管这片土地比较困难。楚尔惠尔德地区事实上是很有争议的领土，位于东进的布尔移民前哨和西进的黑人群体之间，距离开普500英里，或向西一个月的牛车路程。布尔人和黑人为了争夺这一地区已经进行了5次边疆战争。而这也就是为什么要把英国殖民者安置在这里的原因。意图是让密集定居的从事农业的群体把布尔人和黑人分开，因为这些英国拓殖民没有牲畜诱惑“偷牛贼”。事实上，这是范·里贝克苦杏树篱的再植。它在拓殖民和黑人各族之间再次划上一条线，再次试图建立一个欧洲人的桥头堡，把它与整个非洲大陆隔离开来，再一次禁止相互作用和影响。英国拓殖民，正如范·里贝克的拓殖民一样，被禁止雇佣边界另一边的土著居民或私下与他们进行贸易。正如以前东印度公司一度考虑过的那样，这是关闭和稳定边疆的捷径，不必维持一支强大的军队和警察。唯一的麻烦是，没有人告诉英国拓殖民把他们安置在这里还有军事方面的原因。官方告诉他们，每个成年男子可得到100公顷的土地——这在英格兰是个足够大的农场——还有以极低的价格让给他们拓殖的种子和工具。这的确很有诱惑力，因为他们借此可以逃避英国国内难熬的日子，上升到地主乡绅阶层，《泰晤士报》曾确保他们该地不久就会变成另一个英格兰。他们不知道计划本身在南非的环境下就是个荒唐。没有任

① 关于威克菲尔德理论的具体内容，可参见马克思《资本论》中“现代殖民理论”一章。

何官员曾在楚尔惠尔德地区获得过农业经验，研究农业的可行性问题。没有奴隶和帮手，英国拓殖民不可能经营自己的事业。他们不可能指望与靠近开普市场且被允许使用奴隶的阿非利卡人农场主竞争。解决他们经济困境的唯一方法就是跨界与当地人贸易，但远在开普的殖民当局却不同意。因为殖民定居的目的就是将不同的种族分开，小农经济及其自然分化将只在白人移民之间进行，与黑人交往将会使系统殖民的目标失败。

拓植计划多灾多难。首先是庄稼霉病，然后是锈病，接着是蝗虫，连续三年摧毁了拓殖民的庄稼。事情还没完，干旱烤得地面裂开，洪水冲走了用柳条和泥土拼凑成的居所，将他们的食品、工具和为数不多的家具全搬进了大海。到 1823 年底，拓殖点已成一片废墟。拓殖民家庭一贫如洗，垂头丧气地抛弃了他们毫无希望的小块土地，如同许多难民一样流落到开普殖民地的一些村镇。只有 1/3 的人继续留了下来。

然而这场失败却埋下了南非早期发展的种子。失败了的农民又回到了他们在工业的英国所追求的谋生方式。木匠、铁匠、建筑工人、手工艺人、商人各行其道，大展身手，商业开始兴盛起来，城镇拔地而起。市政、市议会成立，公共服务业开始。随着南非城镇和商业的发展，操英语的南非人成为市民和商人，日渐控制了经济命脉，而阿非利卡人依然呆在土地上。50 年后，在金伯利发现了金刚石，有些早期拓殖民及其子孙以其积累的财富和专业知识率先赶上了这股潮流，然后又一跃跳进 1880 年代兰德的黄金矿场。

图 5－1　1886 年的伊丽莎白港（1820 年代英国移民所建）

这些未来的“城市佬”的离开给那些依然留在楚尔惠尔德的人腾出了喘息的空间。他们继承了被抛弃的土地，形成较大规模的牧场，开始放牧牲畜。有些人向内陆稍作移动，来到甜草牧场，那儿牲畜长得肥壮，于是一个新的欣欣向荣的出口工业在此建立起来。结果农耕被抛弃，边疆农民变成了牧民。南部非洲不像美国南方，英国移民在这里种植棉花的企图没有成功，但却造成了另一个后果——1827 年美利努羊和优种牛的引进①，进一步扩大和加强了南非白人包括布尔人经济中的牧业成份，而这种出口定向的农牧业无疑又引起土地短缺，导致进一步的土地扩张。具有商业价值的土地伴随着牛羊成群而快速增值。羊毛工业的快速发展要求更多的甜草牧场。拓殖民的眼光又贪婪地盯上了大鱼河对岸他们认为的未被利用的土地。

从防卫性的边疆冲突到扩张性的好战，这种转变非常微妙，几乎不易察觉。殖民当局允许拓殖民越界追踪被偷的牛羊。如果找不到丢失的牛羊，他们就会武断地宣称黑人要对此负责，要求获得赔偿。这种情况被越来越多地、无情地滥用。只要找到一点鸡毛蒜皮的借口，志愿突击队就会跨过边界，驱赶回来黑人的大批牛羊。在英国人到来之前，布尔人就这么做过。现在英国人参与进来，并强化了这种做法。这不仅成为补充他们牲畜的方式，而且也成为挑起战争的借口，借此攫取更多的土地。

随着这种扩张，以及殖民经济被拖进自由贸易的新帝国主义网，对劳工的要求也增加了。消费品涌入南非，产生了外贸需求。这意味着葡萄酒、小麦和羊毛出口量的增加。需要劳工做这类事情，而且必须是便宜劳工——在远离世界市场的情况下，如果南非想要有竞争力。

而英国刚刚颁布了废奴法令。如何解决这一问题？答案很简单，就是把奴隶变为农奴。“连威克菲尔德也认为，奴隶制是殖民地财富唯一的自然基础。他的系统的殖民只是一种应急手段，因为他要对付的是自由民，而不是奴隶。”② 威克菲尔德的门徒梅里威耳说得更明白：“在旧的文明国家，工人虽然自由，但按照自然规律，他是从属于资本家的；在殖民地，这种从属关系必须用人为的手段建立起来。”③ 不许雇佣当地黑人的禁令首先变了形，不久又被抹去。在剥夺性的战争后，成千上万的黑人一贫如洗，没有立足之地，他们别无选择，只有进入殖民地寻找工作，无论工资少得多么可怜。许多人成为不久前还是他们自己的土地上的“擅自占地者”（Squatters），为白人农场主提供服务，以换取居留权

① E. A. Walker, 1928:*A History of South Africa*, London, p. 130.

② 《马克思恩格斯全集》第 23 卷，人民出版社，1975 年，第 836 页。

③ 转引自马克思：《资本论》第三卷（下），北京，人民出版社，1975 年，第 738 ~ 739 页。

和保有一部分牲畜的权利。主仆法案使得黑人辞工等于犯罪，流浪法令不允许他们在殖民地无事可做。这是移民劳工制度的开始。

白人试图通过总体隔离保持种族和平、只在白人之间进行自由分化的政策走到了尽头，开始试图强迫越来越多的黑人进入劳工市场，同时与他们在社会和政治上分开。这是黑人独立的结束和沦为奴仆、被剥削地位的开始。

在新的殖民地纳塔尔，行政官员谢普斯通（Theophilus Shepstone）正在建立黑人保留地制度和通过酋长进行间接统治的制度，由白人代理总督担任超级酋长（Supreme Chief），及时地为整个南非提供了一种管理模式。

这样，操英语的南非人尽管不是种族隔离意识形态的始作俑者，但他们确立了种族隔离制度的政治和管理框架，以及剥削劳工制度。他们这样做的时候甚至打着人文主义的旗号，他们颁布了50号殖民法令，或者叫做“霍屯督大宪章”（the Hottentots' Megna Carta），给予科伊人与白人平等的法律地位，即受到虐待的科伊奴仆可以将其白人主人带上法庭，使之为虐待行为受到罚款。在1834年又废除了奴隶制。这一切都为后来布尔人上演大迁徙一幕提供了脚本。

以上就是“系统殖民理论”在南非大草原上的变奏曲。

二、农地制度改革措施令布尔人撤出开普殖民地

威克菲尔德的“系统殖民理论”在南非没有完全变成现实，尽管后来英国移民又来过几批，但英裔白人的人数始终没有超过阿非利卡人，系统移民没有产生它所要的结果，后来我们看到它实际上变成了不伦不类的东西，但有一点可以肯定，英国人从来没有放弃过它自工业革命以来确立的主要原则，即在全世界实行自由贸易政策，要将帝国所有的殖民地变成英国工业品的产地和销售市场。乔治·格雷（George Grey）在1855年殖民地议会开幕词中说，让非洲人变成英国的消费者很重要。“土著要变成我们自己的一部分，有共同的信仰和利益，有用的奴仆，我们商品的消费者，税收的贡献者；简言之，这块殖民地力量和财富的源泉，正如上帝设计他们要做的那样。”① 英国拓殖民毕竟是工业文明时代

① Bernard Makhosezwe Magubane, 1979: *The Political Economy of Race and Class in South Africa*. Monthly Review Press, New York, p. 61.

的产物。一旦他们从最初的打击中恢复过来，积聚财富的精神便自然开始得到加强。在这一点上，他们与阿非利卡移民有本质的不同。尽管布尔人对土地如饥似渴，但其驱动力是追求个体空间和自由以及其大家族中每个儿子成为自己房地产主人的权利。而英国拓殖民的驱动力是资本主义制度下的利润动机。布尔农场主在维生经济的基础上经营，生产他们所需要的东西，用剩余产品交换他所不能生产的东西，而操英语的南非人从立足伊始就意在投资和扩张，把土地看作资本财产而不仅仅是维持生活必需的资源。南非开普殖民地的社会制度和现行政策显然已经不适应英裔白人的要求。事实上，英国人和阿非利卡人的冲突已经变成了两种制度的冲突。因此，英国人需要对这块殖民地的一些有碍其按照自己的意愿剥削当地人民的过时的政策制度进行必要的改革，以利于推行自由资本主义的经济政策。

英国人究竟采取了哪些措施最终导致了布尔人的大迁徙？在从1836年到1848年的12年中，大约有14 000多名布尔人陆续离开了开普殖民地，并带走了数万名科伊奴仆和黑人奴隶，在奥兰治河以北地区大肆扩张。与此同时，阿非利卡人的行动引发了非洲历史上最大的社会动乱，成千上万的黑人流离失所，以“之”字形跋涉穿越次大陆，互相碰撞得头破血流。当这一链式效应最后沉寂下来时，阿非利卡人已经向北穿越了1000英里，黑人被剥夺了他们90%的土地。

关闭边疆本来已经足以造成布尔人的反叛。东印度公司的政策早就证明了这一点。东印度公司的官员跟不上布尔移民的步伐，英国人也不想用殖民军队来做盾牌，但他们从母国搬来了成千上万的高素质的移民，把他们安置在布尔人和非洲人的交汇地带。人们可以把关闭南非边疆比作挡住两股反向流来的溪水的大坝。缓缓而来的溪水至此停了下来，但两边的压力也逐渐增加，而上游的水流仍在滚滚而来。一边是半游牧的布尔移民，习惯了无法无天的自由，对限制他们行动和干预他们生活的法规怒不可遏。另一边是从未在南边碰到过白人的纳塔尔恩戈尼黑人民族的土地日渐拥挤。两边的紧张都与日俱增，终于爆发，两股洪水涌入充满激流旋涡的内地。结果，布尔人纷纷加入了向北的大迁徙行列，为阿非利卡民族主义重演“出埃及记”提供了神圣的传说。而黑人这边也不平静，也在酝酿着更大规模的人口流动。面对人口和牧场草地以及水资源的压力，丁吉斯瓦约和恰卡接替了恩戈尼穆特特瓦族（Mtetwa）酋长的权力。他们看到黑人之间为了资源压力而争战不休，试图一统各族而稳定局势。祖鲁军队在西北到德拉肯斯山（Drakensberg）、东南到印度洋的海岸平原间纵横驰骋，于是，姆法肯（Mfecane，因语言不同，在苏陀语中称 Difaqane，迪法肯）战争开始了。四分五裂的人群逃出德拉肯斯山脚下突出地带的海岸平原，来到高维尔地区和德兰士瓦（瓦尔河两岸）平原，引起波浪反应，向内地辐射，推动其他部落向北、向西移动。这一波浪的尽头最远至坦噶尼喀湖（Tanganyika），西至卡拉哈里沙漠（Kalahari）。在 1/5 的非洲大陆，每一个群体都受到深刻影响。古老的酋长国解体消散，新的取而代之，然后再消失，无法再形成酋长国的民族碎片在破蔽多山的乡野和沙漠边缘容身。高维尔地区的茨瓦纳和苏陀民族"被迫迁移"，即时人所说的"迪法肯"（Difaqane）。

图 5－2　祖鲁国王恰卡

当一切最后平息下来时，当四处躲藏的黑人民族分支走出避难所时，他们发现布尔人已经接管了土地。许多人成为布尔人巨大农场上的 Squantters（擅自占地者），以为白人劳动来换取容身之地和放牧一点牲畜的权利。

造成这一切的不仅仅是英国人关闭边疆的措施。更主要的，是阿非利卡人再也无法适应英国人的一系列根本性的制度性的改革。有的学者强调说，18 世纪以前移民运动的主要原因是经济方面的，但 18 世纪以后，任何经济方面的原因都必须置于意识形态、政治和社会原因之下。根本的原因是 1806～1836 年间英国人对殖民政府和社会的改造，施行法治，将官方的权力延伸到阿非利卡人生活中从未被触及的方面，并有可能导致种族融合。[①] 1842 年彼得马里茨堡国民议会的一项备忘录说：“英国政府在殖民地不断宣传和实施的有关我们的法律，是我们离开这个国家的唯一原因。”[②] 从根本上说，正是英国人革命性的改革促成了布尔人的大迁徙。

大迁徙不是唯一甚至不是那一时期最大规模的民众迁徙。当 1816 年那残酷的一天，斯拉格特斯内克（Slagtersnek）绞架的绳子断裂之时，阿非利卡人就开始迁徙了。所以，导致阿非利卡人大迁徙的第一个因素是法制方面的。英国人的地制改革和为了实现劳动力的自由雇佣而实行的法律平等措施令阿非利卡人无法容忍。

社会经济制度的变革一般都是首先从农地改革开始的，经历过圈地运动的英国人深知土地私有化对产生资本主义生产关系的重要性。1813 年总督约翰·克拉多克（Sir John Kradock）认为自 1714 年以来布尔人实行了将近一个世纪的租地农场制度实际上已经失去了控制，建议减少租借农场的规模，并让租地者交纳更多的税金，同时明确地权。这方面的改革是逐步进行的，成效也并不明显，真正取得进展是在英国移民大批到来之后。归结起来，主要有下面几项措施：第一，取消租地农场制度，实行土地所有权的私有化和永久化。占有土地的规模和交纳的租金成正比。1820 年代英国移民就是按照这个原则取得土地的，虽然在这个过程中并未严格地照章办事。1832 年，英国宣布此后不再随便分发“皇室土地”（即边界以内的土地），一概改为公开拍卖。第二，1824 年规定以奥兰治河为开普殖民地的北界，禁止布尔人农场主随意越界占据。第三，在东部边疆地区有争议的凯河地带，只有英国人和为殖民地服兵役的科

---

① D. Hobart Houghton and Jenifer Dagut, *op. cit.*, pp. 9－10.

② G. W. Eybers, Select Constitutional Documents Illustrating South African History, pp. 167－174. Quoted in D. Hobart Houghton and Jenifer Dagut, *op. cit.*, p. 10.

伊人才有权获得土地。1836年10月，开普当局一度下令所有白人殖民者必须从前一年用武力兼并的阿德累德省（凯河和凯斯卡马河之间）撤出，并颁布《好望角惩罚令》，宣布开普殖民地法庭对南纬25度以南地区的所有英国臣民，当然也包括布尔人在内，负有全责。这几项法令遭到布尔人农场主的激烈反对。在布尔人看来，英国人颁布的土地政策意味着剥夺了“他们及其子孙后代获得土地的天赋权利”[1]，并将使他们今后随意占领土地的行为受到严格限制。

新的土地政策在多大程度上促成了布尔人的迁徙，也是一个有争议的问题。有的学者认为，英国人的政策使边界之内不再有空地，而边界以外有着大片肥沃土地“这个现象说明了全部迁徙史”。[2] 其实，不同阶层的布尔人农场主所受的影响各不相同。对于已经拥有大片肥沃土地的布尔人农场主来说，新的土地政策并没有造成现实的威胁，而对于缺乏“好地”或拥有土地较少的年轻而又贫穷的布尔人来说，这确实是促使他们进行迁徙的重要因素。特别是对于那些开疆拓土的急先锋来说，他们已经到达奥兰治河北岸的肥沃牧场，可以随意占据非洲人因“姆法肯战争”而放弃的大片土地。因而，对英国人新的土地政策作出“迁徙”反应的首先是他们。其后才是中等富裕的布尔农场主，他们中的许多人刚从开普西部地区迁到东部边区，他们起先还被允许在有争议的科萨人土地上建立农场，满以为从此可以沿着印度洋海岸继续东进，但1836年英国人鉴于时机还不成熟，下令他们撤出，使这批布尔人不仅东扩的期望成了泡影，而且还蒙受了“莫大侮辱”。同时，受到已经移居奥兰治河畔布尔人的鼓舞，他们也开始作好北上寻求沃土的准备。是年冬天，大批农场主在雷提夫率领下渡过奥兰治河向北迁徙。尽管不是最后但是最难下定决心加入大迁徙队伍的是布尔人中的富裕农场主。不同于缺乏土地的贫穷阶层和东迁不久的中等阶层，他们大多已经定居边区多年，拥有良田万顷，身居地方显贵，“边界之外有大片空地”的诱惑尚不足以促使他们抛却经营多年的地产。除非经过权衡认为新的土地具有以下几个优厚条件才能让他们举家搬迁：第一，使他们的后代分家后可以不受限制地得到6 000英亩的土地，如同他们在原来的东部边疆一样；第二，可以重建商品经济，保持和外部市场的联系；第三，更重要的是，可以接近或拥有一个不受英国人控制或不依赖于他们的海港，以便同欧

① E. A. Walker, *A History of Southern Africa*, p. 180.

② Neumark, *op. cit.*, p. 21.

洲商人直接进行交易。正是抱着这样的期望值，1834 年，富裕农场主里卡特率领部分布尔人离开大鱼河，千里迢迢向德拉果阿湾进发，直到在纳塔尔受阻为止。

殖民政府实行的货币改革也引起了布尔人农场主的不满。1825 年大英帝国将本国货币引入所有殖民地，在南非取代了自英国人第二次接管开普以来就不断贬值的荷币里克斯元（Rix dollar）。由于南非布尔人的抵制，直到 1841 年才完全排除里克斯元的法币地位。这时许多布尔人已在迁徙的途中，可见币制改革不是布尔人迁徙的重要原因。

三、“第五十号”法令和“释奴法令”迫使布尔人举家逃离

真正触动所有布尔人民族（阶级）利益的是英国人颁布的第五十号法令和释奴法令，这才是驱使他们极力摆脱英国人统治的关键所在。因为这不仅是关系到布尔人的经济地位的问题，更是关系到他们的政治和社会地位的问题。到 19 世纪 30 年代，在世界上几乎所有白人殖民地中，只有南非的布尔人当中还没有分化出雇佣劳动者，南非的劳动力阶级几乎全部由非洲民族构成，白人移民经济若离开非洲人的劳动力就几乎无法维持其正常运转，白人的政治和社会秩序中若少了奴隶和仆役，他们就不再是“白人老爷”。正是由于英国人在一段时间内允许甚至纵容他们那种早已落后于时代的生产关系，极富反抗精神的阿非利卡人才心甘情愿地将自己置身于英国人的统治之下长达半个世纪。也正是由于拥有大批具有人身依附性质的劳动力，布尔人才能凭借对“人的占有”与英国移民的资本主义生产关系展开竞争，一度将他们中的大部分人挤出了农场主的行列。尽管弃农经商的英国人把农畜产品的收购价格压得很低，布尔人农场主由于不必支付雇工的工资而把产品的成本维持在最低水平上，任凭市场风暴的冲击而不致被压垮。殖民政府一旦废除这种带有封建性的人身依附制度，那么，建立在这种制度基础之上的布尔人的整个社会经济和政治结构可能随之坍塌。

我们先来看看第五十号法令对布尔人的影响。

英国人直到 19 世纪才驻足开普，在 1820 年之前，英国移民的目的地一般是北美和澳大利亚、新西兰，南非并没有多大的吸引力。如同前面所提到的，“系统殖民”是个不很成功的、渐进的并带有反复性和充满矛盾的过程。1806 年英国人还批准布尔人输入 500 名奴隶，但 1807 年又宣布禁止奴隶贸易（奴隶占有暂时还允许存在）。这项禁令适用于整

个大不列颠帝国，可见不是专门为对付南非而发布的。但对布尔人来说，这仍然是一个沉重的打击。他们再也不能从马达加斯加或亚洲进口奴隶了，可以预料，他们现有的奴隶将要衰老，不能劳动。所以，布尔人如果想要保持他们的生活方式，就必须设法更新奴隶。他们认为可以找科伊人来代替。为了能够利用科伊人作为劳动后备军，布尔人促成英国殖民当局颁布了通行证法。前文指出过，这项条例在150年后成为南非种族歧视法令的范本。这项法令也为布尔人推行变相的儿童奴隶制开了方便之门：农场主可以将每一个在他的庄园里出生的年满8岁的霍屯督儿童，收留当10年“学徒”。曾经为白人干过活的科伊成年人实际上也是终身奴隶，因为他们只有获得地方当局的批准后才能投靠别的主人。而地方当局照例是不会作出不利于大地主的决定的。

不管怎么说，“霍屯督人法”也还是包含了保护科伊人的条款的。他们被置于一般裁判权管辖之下，因此他们在法律面前是平等的，虽说是有名无实的。类似施于奴隶那样的虐待和非刑是明确禁止的。

这些保护条款酿成了“斯拉格特斯内克”事件。1816年布尔人佛雷德里克·贝佐伊顿赫特抗拒1名英国少尉和12名科伊桑人士兵的传讯，被当场击毙。佛雷德里克的兄弟扬发誓要报仇，策动边境农民谋反，事发后拒降被杀，同谋者中5人被判绞刑。

1820年的5 000名英国移民虽然其中大部分人离开了东部边疆和农业生活，但仍有一部分人随着美利奴羊的引进而转入商业性牧业经营。这样，在本来就紧缺的劳动力供求关系中，又加入了直接为英国毛纺业服务的牧业资本家的竞争。资本主义关系的最主要特征就是相对自由的雇佣劳动力的存在，而1809年英国人作茧自缚的“霍屯督法令”以及布尔人当中盛行的近乎垄断的奴隶制和人身依附制等于排除了英国农场主在劳动力市场上“分一杯羹”的可能性。因此，英国人的当务之急是让擅长放牧的科伊人劳动力“自由化”。1828年，开普殖民政府终于颁布了第五十号法令，即《关于改善霍屯督人以及开普其他自由的有色人种处境的法令》，废除了对科伊人的一些种族歧视性限制，如取消了通行证法，允许科伊人自由“流浪”；改革“学徒制度”；规定科伊人有权占有土地，在法律面前有色人和白人有“平等的地位”。①

第五十号法令一经公布，遭到了布尔人各个阶层一致的反对。农场主们纷纷抱怨“由于越来越多的有色人种不服从主人和逃亡，移民们的

---

① D. Robinson and D. Smith, ed., 1979: *Sources of the African Past*, London, p. 31.

困难越来越大”，他们极力阻挠和抗拒法令的实施。但英国殖民政府的铁石心肠和强有力的镇压措施令布尔人不再抱有任何幻想。他们看到唯一的希望就是带着科伊奴仆完全脱离开普殖民地，避开英国人的干预，在边界之外的广大地区重新确立“主人和仆人之间的适当关系”。[①] 正是出于这样的考虑，他们在迁徙中带走了至少 14 000 名科伊人和混血人仆役。

我们再来看看释奴法令对布尔人的影响。释放奴隶的法令对布尔人究竟有多大的影响，也有多种不同的看法。如传教士利文斯敦认为，大迁徙就是“由于荷兰殖民者反对释放奴隶引起的”。[②] 有的学者认为布尔人农场主携带奴隶越出边界，实际上就是大迁徙的开始。[③]但也有学者指出，大迁徙队伍中98%的布尔人为东部和北部边区的殖民者，他们拥有的奴隶只占整个开普殖民地奴隶总数的16%，因而不能说释奴法令是他们大迁徙的主要原因。[④] 事实上，奴隶在布尔人经济中的比重是依地区自然条件的不同而有所变化的。例如在东部边疆大鱼河流域，是有名的牧区，布尔人农场主多以放牧牲畜为主，使用的劳动力也自然以熟悉放牧的科伊人为主；在水源和土壤肥力较好的谷地，布尔人农场主也种植一些经济作物，如小麦、烟草、葡萄等，一般来说种植业的劳动密集程度要比纯粹的牧业大得多，而科伊人又不谙农耕，因此承担此类劳动的任务就落到了进口奴隶身上。此外，正如新的土地法令对不同阶层的布尔人影响各异一样，释奴法令在这方面的影响差异更大。对于没有多少奴隶的中等农场主和尚未使用奴隶的贫穷农场主，直接影响很小。但对富裕农场主的影响就非同一般了。显而易见的损失是，按照释奴法令，殖民政府应赔偿布尔人 2 824 244 英镑，而英国人只给付了 1 247 401 英镑。[⑤] 不过有的学者认为这这些财产损失并不足以让布尔人离别“故土”，因为奴隶不像科伊人那样没有市场，而是可以买卖的，东部边区许多布尔人农场主只是奴隶的租赁者和使用者，而不是所有者，因而他们并没有受到多大损失。纽马克（Neumark）正确地指出，应该把释奴法令对东部边区迁徙的布尔人的影响分成财产损失和劳动力损失两个方面来看。这一区别很重要。因为这样一来，即便不拥有奴隶，没有劳动力

① D. Robinson and D. Smith, ed., 1979: *Sources of the African Past*, London, p. 31.
② Livingstone, 1875: *Missionary Travels and Researches in South Africa*, London, p. 29.
③ Cole, 1926: *The Rise of South Africa*, Vol. III, London, p. 460. Quoted in Neumark, *op. cit.*, p. 19.
④ Theal, *The History of South Africa in Nineteen Century*, p. 210.
⑤ Neumark, *op. cit.*, p. 174.

或潜在的失去劳动力的可能性已经足以让边区所有的布尔人都不寒而栗。当然，对那些富裕的农场主来说，他们在财产和劳动力两方面都蒙受了现实的损失，特别是劳动力方面的损失对他们参加并领导大迁徙起到了决定性的作用。曾经拥有 10 个奴隶（当时价值 1 283 英镑）的路易·特里加特在到达德拉果阿湾以后对葡萄牙人说，他参加大迁徙有三个原因，其中一个就是因为英国人释放奴隶。大迁徙的主要首领之一比勒陀利乌斯承认："迁徙的主要诱因，是对解放奴隶的不满。殖民地的农业和其他经营都是靠奴隶劳动力，给予他们的主人和所有者的补偿是远远不够的。"①

失去劳动力是布尔人关注的核心问题，这并不是英国人给予他们足够的经济补偿就能令他们平心静气的。布尔人所要求的补偿实际上远远超出了纯粹经济的要求，最为关键的内容掩藏在经济要求的背后。英国人在 1833 年宣布废除奴隶制度的同时，还规定被释放的奴隶应作为自由劳动力就雇于原主人。从这个意义上说，布尔人只要投入一定的可变资本，仍可继续使用原来的劳动力。从经济角度考虑，他们也许不会吝啬到一毛不拔的地步。但问题是，奴隶制反映的，或者说主仆关系所代表的，是一种绝对不平等的人和人之间的全面关系。某一个环节出现了松动，必将动摇整个关系的基础，从而一发而不可收拾。而这正是自 1652 年布尔人登陆以来一直实行的种族歧视措施的根本所在。大迁徙的著名领袖雷提夫的胞妹（一说为侄女）安娜·斯廷康布的话很有代表性。她说：我们反对的"与其说是给予奴隶自由，不如说是让奴隶同基督徒处于平等的地位"。② 因此，正像许多史书提到的那样，不是解放奴隶本身而是"解放的方式"伤害了他们。③在这里，奴隶的解放和科伊人的自由一样，不仅是对布尔人经济利益的冲击，而且是对布尔人整个社会秩序的冲击。尽管英国人颁布的第五十号法令中的"自由"、"平等"等概念只是点缀，正如后来的南非史所证明的那样，但这无论如何已经不能让布尔人容忍。布尔人一方面在《大迁徙声明》中假惺惺地宣称"无论走到哪里，我们都决心坚持公正合理的自由原则……；一定不使任何人沦为奴隶"④，另一方面又表示绝对不能容忍被释放的奴隶享有与白人一样

---

① Walker, *op. cit.*, p. 199.

② Ibid.

③ Oliver and Atmore, 1972: *Africa since 1800*, Cambridge, pp. 60 – 61.

④ D. Robinson and D. Smith, ed., 1979: *Sources of the African Past*, London, p. 31.

的平等地位，否则，“我们宁愿离开”。①

最后从布尔人大迁徙的目的地我们也可以反过来看到他们真正的出发点。受到英国人的推力和班图人的阻力的作用，犹如活动板块受到相反方向的两个力的挤压，只能改变方向，向上拱起，这就是阿非利卡人大迁徙的路径。布尔人迁到了以下几种地方：“无论是英国传教士还是英国化的霍屯督人都不会使布尔人感到讨厌的地方；卡菲尔人对他们恭顺的地方；可以找到良好牧场并便于猎取象、水牛、长颈鹿的地方；人们能够自由生活的地方。”② 这里面包含下面几个因素：宗教；劳动力；适于牧猎的土地；政治的极端自由。

布尔人最终未能占领纳塔尔沿海地带和德拉果阿湾，而是进入了德兰士瓦高原和奥兰治自由邦。不过这里基本上满足了布尔人对上述四个方面的要求。土地依然广阔而富饶，并且可以不受英国殖民政府限制地从非洲人那里抢夺。再也没有谁来妨碍他们的自由意愿，共和国的建立也随心所欲，直到各共和国之间发生严重的对立和冲突。最后，在德兰士瓦和奥兰治两个共和国内，布尔人确立了纯粹白人的统治。1854 年德兰士瓦宪法开宗明义地宣称：“无论在教会或在国家中，有色人种与白人之间绝对没有平等可言。”③ 为了保障劳动力供应，布尔人废除了英国人颁布的第五十号法令，公然全面恢复了 1809 年的《霍屯督法》。非洲人不再具有奴隶身份，但布尔人用通行证制度等强制方式把两个共和国境内的非洲人“联合”到他们的父权制家庭中，每一个布尔人家庭农场都是一个独立王国，统治着多个非洲人家庭。为了让非洲人世世代代为自己提供无偿服务，布尔人实行以“学徒制”为掩饰的童奴制。“学徒”的含义是多种多样的，每当布尔人民团劫掠班图人的村寨时，指挥官总会宣布，由于村寨中的男子大都逃离，所有班图妇孺均属于“没有生活来源”的人，一律作为“学徒”处理，分配给各个布尔人家庭农场使用。为了尽可能多地收养“没有生活来源”的非洲人，布尔人民团频频出征，每次劫掠归来，往往每个人的马背上都驮着一两个孩子，马后面跟着他们苦苦哀求的母亲。后来，布尔人也常常向班图人村寨施加压力，迫使班图人主动将他们的儿女交出来当“学徒”。共和国的法律明文规

① Oliver and Atmore, 1972: *Africa since 1800*, Cambridge, p. 61.

② 吉布森：《祖卢人史话》，伦敦，1911 年，第 54 页。转引自莫伊谢耶娃：《南非共和国经济地理概况》，郑州，河南人民出版社，1976 年，第 14 页。

③ *Cambridge History of the British Empire South Africa*, 1963, p. 397.

定，每个农场主可以收养3～4名“卡弗尔儿童”作“学徒”，直到男的年满25岁、女的年满20岁为止，在此期间，他们必须为主人无偿劳动。实际上，很少布尔人家庭遵从名额和时间的限制。“学徒”们尽管不可以买卖，但可以在农场主之间或两个共和国之间互相交换，或用来换取牲畜，或作为礼物馈赠给亲朋好友。“学徒”们长大后，没有别的出路，只有继续在布尔人农场上做工，这时，他们的身份往往变成了“劳役制佃农”，即由主人给他们一小块土地耕种或放牧，而他们每年必须为农场主无偿劳动90～180天，正如大部分黑人农奴或牧奴所做的那样。随着农场规模的扩大和杂役名目的增多，劳动力往往不敷使用，布尔人为了存储后备劳动力，将被征服的人口较多的非洲人群体安置在农场附近的“特居地”（Locations）中，每当有所需要时，便下令酋长进行征调，被征用的非洲劳动力自己负责食宿，他们的任务就是无偿地为布尔人提供运输、修路、军差等服务。布尔人的说法是：“允许他们呆在我们的国土上，这就是我们给他们的劳动报酬。”①

就这样，布尔人用大迁徙的方式逃离了英国人的控制，也逃离了19世纪的物质和精神文明，几乎退隐到中世纪的封建主义社会形态②，直到19世纪的最后20年，他们才被矿业革命的引力拖出荒僻的高草原，进行反向的“又一次大迁徙”，从乡村走到都市。大迁徙的意义不仅在于布尔人占据了非洲人数十万平方公里的土地，而且在于在德兰士瓦高原上孕育了新的剥削形式的胚胎——特居地和保留地。关于特居地和保留地的情况，我们将在后面进行探讨，因为特居地和保留地作为成熟的剥削形式被广泛应用是在两矿发现以后。

从19世纪初到19世纪末，总的来看，英国人一直在驱赶着布尔人，但正像非洲大草原上的生物圈之间存在着食物链一样，南非的经济关系中也存在着链式效应：原居民如同成群地遍布草原的、静静地吃草的温驯的羚羊，而数量少得多的阿非利卡人如同猎豹，驱赶追杀着他们，英国人则如同后来的狮子。狮子可以和猎豹争斗，可以驱赶猎豹，也可以

---

① Livingstone, *Missionary Travels and Researches in South Africa*, London, p. 39.

② 布罗代尔指出：“根本不可以将封建社会看成是在自然经济范畴中的一个封闭的、完全自给自足的结构。实际上，在封建社会里到处都有市场。当然，这样一个市场体系与资本主义有很大不同。商品化尚未向全球方向推进。一般来说，市场或在当地，或在远处，很少形成‘区域性’的结构。”参见〔法〕布罗代尔：《资本主义的动力》，杨起译，北京，生活·读书·新知，三联书店，1997年，第83页。布尔人的两个共和国就处于这种封建社会状态，而不是完全的与世隔绝。

相安无事，它不一定能够吃掉猎豹，也不一定非要吃掉猎豹，它们之间有共性，都是食肉动物。在各自利益都不受损害的情况下，二者都把目标瞄向羚羊，在不可能或无法独吞的情况下分而食之。这就是南非次大陆上的“动物哲学”，这就是整个19世纪南非非洲人土地被侵占的全部历史过程。

图5－3　1838年大迁徙过程中的布尔人牛车队伍

图5－4　血河战役：布尔人的牛车阵

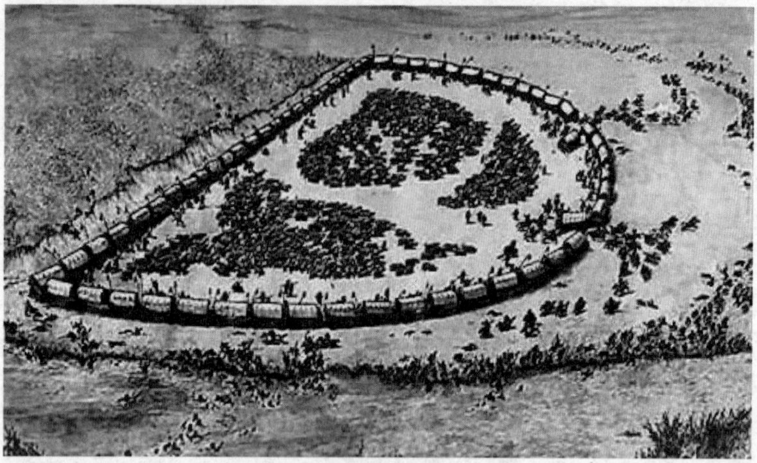

图 5－5　血河战役演示图

第六章　“分别发展”：保留地和“黑人家园”的实质

一、白人政权的“分别发展”图谋及其动因

20 世纪的到来不仅标志着一个旧时代的结束和新世纪的开始，它也标志着南非白人剥夺黑人土地的历史从两个半世纪的“豪夺”跨入了“巧取”阶段。如果说南非联邦的成立实现了“合”——两个白人民族之间的联合，那么它同时也开始了“分”——白人民族与广大黑人、有色人和亚洲人的“分离发展”或叫做“分别发展”。此后，南非就是沿着这条分别发展的道路几乎走完了整个 20 世纪的所有里程。

正如马克思所指出的：“在历史发展中，掠夺者都认为需要通过他们自己硬性规定的法律，来赋予他们凭借暴力得到的原始权利以某种社会稳定性。”① 1910 年南非联邦成立后，即着手制定“分别发展”的计划，从 1913 年的“土著土地法”，到 50 年代的“班图斯坦”政策，到 60 年代正式建立“黑人家园”，种族主义政权所要做的就是进一步剥夺广大黑人民族的土地，一步一步地将黑人“逐出南非”，将自己两个半世纪以来的掠夺成果进一步合法化和永久化。

在阿非利卡人林林总总的种族主义法律中，关于“保留地”的规定是实现阿非利卡人“分别发展”政策的最重要途径。

自两矿的发现和开采肇始的南非经济革命给南非历史发展的各个方面都带来了根本性的变化。金刚石和黄金从总体上改变了南非的经济结构。到 19 世纪末，阿非利卡人纷纷离开乡村，来到都市，开始了反向的“又一次大迁徙”。但这并不是说布尔人掠夺南非黑人民族土地的过程就

① 马克思：《论土地国有化》，《马克思恩格斯选集》第二卷，北京，人民出版社，1972 年，第 451 页。

此戛然而止，相反，不仅原来导致阿非利卡人掠夺非洲居民土地的诸因素继续存在，而且添加了许多新的内容和形式。首先，随着布尔人在日益加强的资本主义商品经济浪潮的冲击下不由自主地转向工矿业和服务业，他们也开始像英国人那样，从竭泽而渔式的、无序的、直接的、赤裸裸的暴力掠夺南非人的土地、天然资源和农牧产品为主，改为在此基础上借助司法和行政手段有序地掠夺非洲人的劳动力，榨取更多的剩余价值。因为自从两矿大规模开采后，南非土地的最大价值不是体现在地表，而是蕴藏在地下。金刚石矿的发现使布尔人开始认识到土地的潜在价值，尽管在此之前就出现过土地投机和土地兼并行为，但大规模的土地投机和土地兼并主要发生在这一时期，关于这方面的情况，前面已经有所提及。不过虽然布尔人对土地的价值有了新的认识，但他们并没有立刻将从土地上获得的剩余价值变为矿业资本，他们从传统的地主经济转向工矿业的过程是缓慢而痛苦的，对许多过惯了在大草原上不受约束的极端自由生活的布尔人来说，这一过程与上次大迁徙一样，不仅经受了肉体的颠簸，对其心路历程也是一个严峻的考验。如前所述，这一过程产生的贫穷白人问题已经威胁到阿非利卡人两个半世纪以来民族和阶级结构的同一，而听任白人的阶级分化加剧就意味着阿非利卡人统治力量的极大削弱。现在，不仅要想方设法把这些“高贵的”无业游民安置在新的乡村土地上，还要在正在兴起的工矿业都市给他们找到合适的落脚点和职业位置。其次，黑人民族的传统生产和生活方式同样受到新兴的工矿业的冲击。黑人民族尽管已经被剥夺了大部分生活资源，但他们凭借着勤劳和智慧，对市场经济的反应比一些布尔人还快，靠逐步积累起来的点滴财富勇敢地重新发现和创造自己新的生产和生活方式。在英布战争前，黑人的商品经济足以与布尔人相竞争，尽管前者受到诸多限制。传统经济结构的公有性质并没有妨碍他们顺应市场经济、充分发挥能动性。一些黑人农民为了增加商品农业生产，争相购置先进的农具，尝试种植新的经济作物。1894 年仅纳塔尔地区的黑人农民用于购买农具的费用就达到 140 082 英镑。[①] 由英国人在芬果人地区和纳塔尔地区试点的土地私有制度[②]，虽然很快由于土地的缺乏而没有能够在全部的黑人居住区推广，但在开普和纳塔尔的部分地区却得到较快发展。土地私有化的结果使黑人农民迅速分化，一部分黑人家庭由于人丁增加，当初分

① Saunders, ed., 1983: *Historical Dictionary of South Africa*, London, p. 104.

② 最初于 1894 年在 Glen Grey 地区实行，因此又称为 Glen Grey 制度。

得的份地很快化整为零，到1913年土地法实施以前，已经有20%的农民没有了份地。有一个村社在59户农民家庭中只有不到半数还算是土地所有者，其余的人被迫作为城市中的黑人无产者或白人农场上的分成制佃农。同时，极少数的黑人农民富裕起来。有一个名为索拉·卡利巴的农民，拥有120头牛、500只羊、20匹马、2辆马车和3部铁犁；另一位农民马扬戈拥有220头牛、350只小家畜、44匹马、两辆马车和5部铁犁。①结果阿非利卡人嫉恨而又惊恐地发现，似乎在一夜之间，南非白色的地图上出现了许多非洲人自营农场的“黑点”。这意味着，他们“在战场上得到的成果有可能在市场上丢掉”。② 他们要竭尽全力保住已经到手的不义果实。

历时三年的英布战争对此后阿非利卡人的掠夺方式也产生了极其重大的影响。英布双方为这场白人之间自相残杀的战争都付出了非常惨重的代价。③ 尤其是布尔人，可谓妻离子散、家破人亡，他们辛辛苦苦建立起来的两个共和国也毁于一旦。但他们失败的结果却是获得了整个南非。战争的结束标志着两个白人民族不再为争夺南非的土地资源而厮杀，因为在此之前，阿非利卡人只拥有德兰士瓦和奥兰治自由邦的政权，而现在他们拥有了全部南非的土地支配权。促使这场战争以如此戏剧性收场的直接因素是双方都无力再打下去，而最深层的原因却是因为两败俱伤的结局更突显了黑人人口在数量上的优势，特别是布尔人，更感到了陷入黑色的汪洋大海的危险。长期的野蛮征服和惨无人道的屠杀，并没能够从根本上改变南非的人口对比。④ 尽管英布双方打得不可开交，但值得注意的是，他们的战争无论怎样惨烈，双方似乎达成了一种默契，谁都不放松对黑人民族的警惕，都对黑人严加防范。布尔人只把56%的

---

① C. Bundy, 1979: *The Rise and Fall of the South African Peasantry*, London, p. 93.

② M. Wilson and L. Thompson ed., *op. cit.*, Vol. 2, p. 127.

③ 关于在这场战争中英布双方投入的兵力和伤亡人数，各种史书统计不一。有的估计英国人阵亡数高达21 000多人（Cambridge *History of the British Empire*, Vol. 8, p. 631.）；罗森塔尔《南部非洲百科全书》（伦敦1961年，第492～493页）提供的数字，英国投入的兵力共约450 000人，布尔方面约60 000～87 000人。英国方面共伤亡97 477人，其中战死7 792人，布尔人战死60 000人，死于集中营者尚未包括在内。转引自丁建弘、周南京：《略论英布战争的性质》，载《历史研究》1978年第11期。威勒登认为，布尔人及其奴仆共有26万人被关进集中营，其中12万人为布尔人老弱妇孺。参见D. L. Weidler, 1962: *A History of Africa: South of the Sahara*, New York, p. 302.

④ 据1904年的人口统计数字，南非的欧洲人口为1 116 806，仅占总人口的21.6%，而非洲人口，包括黑人和有色人，占了当年人口总数的78.4%。参见Union of South Africa, Office of Census and Statistics, Census of the European or White Races of the Union of South Africa, 1918, Part I－Population, Cape Town, 1919, U. G. 50－1919, S. p. 10A, p. 2; p. 18. In D. Hobart Houghton and Jenifer Dagut, *op. cit.*, Vol. 2, pp. 203－204。

兵员调往战场，而将44%的部队留守后方监视非洲人的举动。在斯威士兰和巴苏陀边界，各有上千名布尔人民团成员驻扎，他们的任务不是对付英国人的进攻，而是防止非洲人趁机起来反抗。正如他们担心的那样，一些非洲人利用两个白人民族自相残杀之机，夺回了几十年来被布尔人强占的土地，另有一些非洲人拒绝为布尔人地主服役。1900年塞库尼尼二世率领佩迪人起义，完全摆脱了阿非利卡人的统治。在德兰士瓦东南部地区，祖鲁人频频袭击民团驻军，夺回被他们占据的土地。领导布尔人进行“独立”战争的将军们承认，非洲人对布尔人民团的强烈敌意和在许多地区的抵抗行动使他们无法承受。在弗里尼欣和谈前夜，两个布尔共和国的代表忧心忡忡地谈到非洲人的威胁，建议不惜一切代价与英国人缔结和平条约。德兰士瓦“国民参议会”在告全体布尔人书中，明白无误地把他们被迫向英国人屈服的原因归结为祖鲁人威胁着白人的统治。英国人也深知他们来之不易的胜利多少有些苦涩的味道，并不值得夸耀，反而有一种“螳螂捕蝉，黄雀在后”的感觉。所以他们破天荒地第一次向一个战败的对手付出300万英镑的巨额“赔款”，并加速了向布尔人归还权力的进程——1906年德兰士瓦成为自治政府，1907年奥兰治组成自治政府。就在1906年，南非一位已被殖民政府废黜的祖鲁人酋长班巴塔为抗议纳塔尔当局征收的人头税领导数千人举行起义，给英国人以沉重打击。这次反抗标志着由传统酋长领导的旧式武装斗争的结束，但它却让英国人惊心动魄。1910年，英国人又加倍奉送了他们抢夺来的果实——把南非联邦政权拱手让给了阿非利卡人。这为阿非利卡人变本加厉地施行种族隔离政策，进一步剥夺黑人赖以生存的土地资源创造了条件。

南非联邦的成立是南非历史发展的一个里程碑。“南非联邦实质上是两派欧洲人为了更加牢靠地剥削非洲人民而成立的联盟。”① 尽管对黑人人口数字怀着莫名的恐惧，但如今阿非利卡人不必再担心虽不属于同一民族但却属于同一肤色（种族）的英国人的压迫，他们完全可以放手地全力对付在数量上占绝对优势的黑人民族。既然现在整个南非都归白人国家所有，而国家的任何资源都可以任由统治者支配，像以前从开普出发一路抢劫剿杀土著民族直到林波波河的做法不仅没有必要，而且不符合新的历史条件下白人的根本利益。如前所述，在金刚石矿特别是金矿

---

① Richard Gibson, 1972: *African Liberation Movements Contemporary Struggles Against White Minority Rule*, Published for the Institute of Race Relations by Oxford University Press, London. 转引自宁骚：《论南非种族隔离制及其对黑人的殖民掠夺》（上），《世界历史》1979年第6期。

开采后，南非的经济结构逐渐发生转变，甚或在阿非利卡人从事农牧经济的时候，简单地消灭非洲人的肉体已经不符合他们的经济利益，新的历史时代更需要人为地创造条件以榨取黑人民族的劳动力。正如有的学者所形象地指出的那样：尽管阿非利卡人的农牧业在经济中仍占有一定的比重，但对南非这个“黄金之国”来说，它的真正财富已经不是“黄色的，而是黑色的”。[①] 因此，南非联邦成立后，布尔人用以掠夺非洲人的武器，不再是他们传统的牛车和枪炮，而是国家机构的强制力，是更系统、更广泛地“利用国家权力，也就是利用集中的有组织的社会暴力”[②]，采取法律和行政手段，更加残酷和有效地奴役和掠夺南非全体黑人。所谓种族隔离制度，就是阿非利卡人，还有英裔白人资本家利用立法、司法和行政手段实行的种族主义。它的基本目的，就是确保一小撮白人继续对占人口绝大多数的南非黑人进行掠夺。

在广大黑人世世代代居住的国土上建立起一个白人的统一的政权，这一事实本身就是对黑人土地和建立在土地基础上的各种权利的最大的剥夺。联邦成立的法律依据——“南非法案”公然把这种写进国家宪法的掠夺行为说成是天经地义，宣称“全能的上帝使我们来自各地的祖先聚集在这块土地上，并且把这块土地赐给了他们”。[③] 这部宪法是对布尔人作出了重大让步后才颁布的。如同第一章我们已经讨论的那样，可以看出250年前布尔荷兰人到达好望角初期的那种“无主土地”的理念仍深深地烙印在他们的脑海里。

无论南非的经济结构发生怎样的变化，对黑人土地的剥夺，是在其他领域里对黑人进行直接或间接剥夺的基础。南非联邦成立后，对黑人土地的剥夺仍在继续，但在方式上，在不放弃暴力的同时，主要是通过种族隔离，在经济上，主要是通过扩大保留地制度和实行班图斯坦制度，在新的历史条件下巧妙而又最大程度地实现对黑人土地和劳动力的剥夺和榨取。

二、“分别发展”的基础：《土著土地法》与“保留地”

正是在这样的历史背景下，经过深思熟虑，阿非利卡人上台伊始，就颁布了1913年的《土著土地法》。

---

① Paul Giniewski, 1975: *L' An Prochain à Umtata*, Paris, p. 28.

② 引文同上。

③ Marianne Cornevin, 1977: *L Afrique du Sud en Sursis*, Paris: Hachette, p. 47.

前面已经提到，在英布战争和联邦成立之前，阿非利卡人的分化已经开始，但由于还有可供抢夺的土地存在，只要参加“远征”，就可获得一定份额的土地，当由于经营不善而成为贫穷白人时，他们宁愿举家迁徙，寻求新的牧场，也不愿到别人的土地上成为工资劳动者，因为这意味着成为别人的奴仆，而他们天生就是做主人的。这时他们抢夺非洲人土地的行为纯属个人或小集体的行为。英布战争和南非联邦成立后，他们的情况就不一样了。英布战争使他们失去了家园，打乱了原有的一切秩序，虽然一部分上层布尔人可以得到英国人的赔偿，一些阿非利卡人可以得到重新安置，但更多的阿非利卡个体既无家可归，又不能像以前那样随意地抢夺非洲人的土地，因为分散的南非已经结为联邦，从殖民地变成了整体国家，他们不能再以私人名义随心所欲地加以霸占，对土地的支配和使用已成为国家行为。所以农村的贫穷白人一时没有了出路，一些人成为“拜旺纳”（bywoner），还有一些人成为“白旺纳”（bewoner）①，另外还有一些人要么是根本就不愿意在农村寄生于他人，或者是因为已经成为资本主义农场主的白人同胞也并不欢迎他们寄居于自己的土地上。背负着“肤色优越”的十字架，迫于无奈，他们只好拥入城市，流落街头，成为一大社会问题。在英布战争后至联邦成立前的十年时间里，贫穷布尔人的数量剧增，高达20万~30万人。靠他们选票上台的阿非利卡人政府不得不考虑他们的利益。

一方面是贫穷的阿非利卡人流落街头，无所事事；另一方面，在经济结构变迁和阶级分化过程中富裕起来的阿非利卡人在进行资本主义的农场经营时又严重缺乏劳动力，尤其是在英布战争结束后的一段时期；主要由英裔和外国资本家经营的矿场更因在英布战争期间黑人劳动力的大量逃走而产量剧减，而恢复和扩大金矿生产的关键就是要有足够的劳动力。向资本主义生产方式过渡的阿非利卡人农场主和以英裔白人为主的矿业资本家在硝烟刚刚散尽的统一的南非大地上又展开了对劳动力的激烈争夺。与此相反，进入20世纪后黑人民族中加速发展的经济变化趋势对阿非利卡人和英国资本家的经济要求愈加不利。在英布战争前，尽管南非黑人中也出现了贫富分化的趋势，在部分地区还实行了土地私有

① Bywoners和Bewoners为当时的术语，都是“居住者”（residents）之意，更确切地说，是“寄居者”。两者的区别是：当Bywoners是地主自己的儿子——无论已婚与否，或是自己的女婿时，就变成了Bewoners。也就是说，Bewoners和其寄居的农场主之间有父子或姻亲关系，他们没有自己拥有的土地，但作为独立的农牧民拥有自己的畜群。参见Timothy J. Keegan，1986：*Rural Transformations in Industrializing South Africa*，Ravan Press，p. 21；pp. 226－227，footnote 5。Bewoners在国内尚未见有合适的译名，笔者姑且将之译为“白旺纳”。

制度，但范围有限，在绝大部分黑人居住区包括保留地内，村社土地公有制依然维系着大多数人对土地的集体占有，尽管保留地的土地数量有限，人均不足3摩尔根。① 大部分黑人青壮年男子需要外出做工才能勉强维持自己和家庭的生活，在客观上造成了南非黑人无产阶级化的部分现实和广阔前景。但传统的土地公有制和牢固的血缘纽带仍然约束着村社内部的贫富分化和土地兼并行为，遏制了外出的黑人劳工与土地彻底分离的过程。外出务工的黑人大多到白人农场和矿业公司所属的农场做分成制佃农或佃户工人，尽管条件比较苛刻，他们一般需要将收获物的一半甚至三分之二作为地租上缴给农场主，或者为农场主服两个月的劳役，或者被转到矿场去做工。人身依附关系在南非的各个历史发展阶段中也处于最为宽松的时期，在农场主的一小块土地上既能重温他们熟悉的乡村生活，又有一定程度的生产自主权。从矿场挣来的工资也在改善他们的经济状况。矿业公司的农场实际上成为储备工人的劳动力水库，“这种农场实际上承当了保留地的某些职能，因而可称之为扩展了的保留地”。②英布战争后，黑人之间分化的趋势在继续加强，但劳动力供应的趋势却发生逆转。一方面，一些黑人凭借他们的良好悟性和勤奋劳动，积累了一定数量的财富，然后便开始购买土地，特别是在德拉肯斯山麓和德兰士瓦西部地区，黑人纷纷购买布尔人在英布战争中丢弃的地产，独立进行商业化经营。南非土著事务委员会在1903年提出的一份报告中说，“土著开始购买约翰内斯堡附近的土地，以生产供应兰德矿区的食物”。③在1913年土著土地法颁布以前，非洲人以集体或个人名义先后在保留地以外购置了100多万摩尔根（约合100万公顷）的土地（其中包括“王室土地”）。1904年，德兰士瓦大约有13万黑人耕种的是自己的土地，1912年这样的土地共有112.5万英亩④，约有12.3万名黑人住在私有土地上。⑤在1913年前，散布在欧洲人土地上的“黑点”已达114个。不知不觉之中，一个不依赖白人农场和矿山而独立经营的、比较稳定的非洲自耕农阶层，悄然出现在南非土地上，其中有些人正在朝着资

① 根据1911年的普查，南非境内黑人农业人口为3 880 514人，保留地面积只有11 164 484摩尔根，人均占地在3摩尔根以下。参见 Buell, 1928: *The Native Problem in Africa*, Vol. 1, New York, pp. 74–75。

② 郑家馨：《英布战争和南非联邦》，参见《非洲通史》（近代卷），第890页。

③ 转引自郑家馨：《英布战争和南非联邦》，同上。

④ D. Hobart Houghton and Jenifer Dagut, 1972: *Source Material on the South African Economy: 1860—1970*, Vol. 2, Cape Town, pp. 127–129.

⑤ Neame, 1962: *The History of Apartheid*, London, p. 39.

本主义富农的方向发展，并在经营水平上很快超过了那些高贵的穷困潦倒的白人。另一方面，大批缺乏可耕地的黑人农牧民移居到白人农场主的地产上，成为“垦户”或分成制“拜旺纳”，或成为“擅自占地者”（Squatter）——在1913年以前，住在未被欧洲人实际占据的土地上的黑[1]

图6-1　垦户（擅自占地者）居住地的黑人妇女和儿童

人约有32万。“垦户”和分成制“拜旺纳”租用白人农场主的一部分土地，向主人交纳货币或实物地租，尽管地租苛重，但在分成制条件下，黑人佃农仍有一定的积极性，通过增加对生产的投入，在交纳完地租后他们的实际收入一般都要超过白人农场中黑人帮工的工资，比起封建农奴关系更重的工役佃农和直接到矿场做工的黑人，他们的生活更显得“自由”和“舒适”。所以，无地的黑人和从保留地出来的黑人大多选择去当垦户或对分制佃农，而不愿去做工役制佃农或到矿场做流动劳工。在20世纪的最初十年，对分制日益盛行，分成制佃农的人数猛增。这对急需劳动力的金矿产业极为不利，而金矿业正逐渐成为南非经济的支柱产业。当时矿场劳动力缺口达129 364人。[2] 大部分金矿由于紧缺劳动力而实际上处于停工状态。由于矿场的工资比战前还低，其他待遇和井下安全也比战前更差，返回矿下做工的黑人很少。在英布战争刚刚结束至南非联邦成立前的过渡时期，英国人主要是通过输入契约劳工特别是华工来解救燃眉之急的。从1904年5月24日，第一艘满载着华工的“推德答尔”号商船离开香港码头驶往南非的德班，当年43 296名

① Shula Marks and A. Atorme ed., 1980: *Economy and Society in Pre-industrial South Africa*, London, p.359.

② *Cambridge History of the British Empire*, Vol. 8, p.621.

签约华工进入兰德各个矿区，到1906年底，运抵南非的华工已达63 000～64 000人左右[①]，达到历史最高峰，正是他们的劳动血汗使得南非的黄金产量迅速回升。在使用华工前的1902年，兰德各个金矿的产量只有52吨，1904年华工投入生产后，当年黄金产量即达到117.5吨，价值1 605万英镑。到1905年1月份，产量已基本恢复到战前水平，殖民地政府的财政状况也扭亏为盈。矿业的恢复为英布战争后一度陷入窘境的南非“贫穷白人”提供了大量的就业机会，因而可以说，大批华工的到来实际上加强了阿非利卡人的经济地位，因为华人纯粹是苦力，只许承担非熟练劳动，不得担任诸如司机、机修工、管子工、电工、店员、会计员、工程师、医生等技术工种[②]，甚至连铁匠和瓦工也不得担任。这样，就排他性地为阿非利卡人保留了技术工种。在实际工作中，每增加10名华工便可增加一名白人技工。德兰士瓦金矿业总会主席不得不承认华工的贡献：“中国工人对过去两年来工业的扩展有很大贡献，通过工业的扩展，千万人有了职业和收入，假如没有中国工人的输入，这些人在德兰士瓦是没有地位的。”[③] 然而正如殖民初期运来奴隶一样，使用契约华工也毕竟不是长久之计，要一劳永逸地解决劳动力供应问题，还须在当地最丰富的劳动力资源——黑人民族身上打主意。

一小部分富裕起来的黑人欣欣向荣的小农场经济及其与白人农场主竞争的前景；“黑点”不断扩展的可能性；绝大部分黑人对分成制佃农身份的相对满足状态；贫穷白人涌入城市加入失业队伍及其对政府的不满，这一切在阿非利卡人统治集团中引起一片喧嚣。一些布尔人“有识之士”认为土著居民的经济生活已经危害到了白人的经济生活，极力挑拨贫穷白人与黑人的关系，把他们的不满引向对黑人的仇恨。特别是实行工役制的农场主对分成制大加挞伐，称之为“罪恶的合伙制度”，因为它违反了殖民早期所确立的白人和黑人之间的“主仆关系”；从事资本主义方式经营的布尔人农场主也不满意，谴责对分制的盛行提高了黑人雇工的工资，对他

---

① 李安山：《非洲华侨华人史》，北京，中国华侨出版社，2000年，第114～115页。李安山先生在这部填补中国和世界华侨华人史研究空白的著作中，旁征博引了陈翰笙、李长傅和彼得·理查森等中外学者的研究成果及有关档案资料，通过比较得出了这一合乎史事的数字。关于这一时期南非华工其他方面的情况，如华工遭受的非人待遇和华工的反抗，参见该书第170～178、180～184、187～190、193～202页。

② Melanie Yap and Dianne leong Man, 1996: *Colour, Confusion and Concession: The History of the Chinese in South Africa*, Hong Kong University Press, p. 108.

③ 张芝联：《1904～1910年南非英属德兰士瓦招用华工事件的真相》，《北京大学学报》1956年第3期。

们的劳动力供求造成冲击；矿业资本家当然也不很满意，因为农场吸引了他们所需的大部分劳工。

1912 年，阿非利卡人执政党中的右派人物赫尔佐格被任命为土著事务部长，负责起草《土著土地法》。赫尔佐格以憎恨黑人而著称，他主张立即采取断然措施，终止白人雇主和黑人佃农之间的对分制关系，结束黑人土地和白人土地棋盘交错的状态，认为禁止黑人购买白人土地的唯一办法就是采取种族隔离政策，以“使整个南非不致成为土著所占据因此由土著所管理的国家”。[①] 种族隔离的主要内容就是要“分别发展”，土著必须在政府划定的区域，即保留地内建立自己的家园，继续保存他们传统的生活方式，这样可以充分发挥他们的潜力；同时，他们有义务为白人农场和矿井提供必需的劳动力。赫尔佐格提出建议说：“只是对我们来说，请不要把整个联邦都拿走。把它分开吧。一部分给班图人，让他们在那里按照自己的本性自行发展吧！”[②] 他的主张博得一片喝彩声，在讨论《土著土地法》时，白人议员几乎异口同声地表示：“法令应该规定欧洲人和土著两个种族基本必须分别居住于各自的地区。”[③]一位阿非利卡大农场主直言不讳地说：“这是白人的国家，不允许土著购买或租用土地。如果土著想靠土地生活，那么他们就只能当雇农。”[④]

1913 年 11 月 27 日，南非国民议会正式通过了《土著土地法》（The Native Land Act No. 27 of 1913）。这是一部种族主义色彩鲜明的土地法。它明确规定：划定非洲人保留地的范围，禁止非洲人购买、租佃或占有保留地以外的任何欧洲人土地；禁止继续采用货币地租和分成制地租；在欧洲人农场上使用土地只许采用工役地租的形式，佃农每年必须为农场主服徭役 90 天以上；禁止非洲人在欧洲人占有的土地上进行任何独立的经济活动。

《土著土地法》一经公布，布尔人农场主立即掀起了大规模驱赶黑人垦户的浪潮。一时间，毫无准备的非洲佃农卷起铺盖，离开自己眷恋的故土，在凛冽寒风中沿着乡间小路四散奔逃，寻找新的安身之处。他们的房屋和畜群连同耕种和放牧的土地一起沦为地主的财产，能带走的唯有自己的妻子儿女。许多人在流浪中凄惨地死去，只能扔在路旁的水沟里，真的

---

① John H. Wellington, 1967: *South West Africa and its Human Issues*, Oxford University Press, p. 351.

② Paul Giniewski, 1975: *L'An Prochain à Umtata*, Paris, p. 37.

③ Neame, 1962: *The History of Apartheid*, London, pp. 41 – 42.

④ S. Plaatji, 1916: *Native Life in South Africa before and since the European War and the Boer Rebellion*, London.

成了死无葬身之地的人。在几经碰壁之后，他们的一部分人只好回到白人农场主那里与主人签定契约，成为工役佃农；即便在新的农场主那里找到工作，待遇也和奴仆没有什么区别。大部分人涌入早已拥挤不堪的保留地，在那里了结余生。另一部分人辗转进入莱索托和博茨瓦纳。还有一部分人变卖仅有的一点家财来到矿场、城市当工人和家庭奴仆。非国大秘书长普拉彻（Sol Plaatje）描述了非洲人的境况：“南非土著人一觉醒来，发现自己实际上不是个奴隶，而是自己出生地上的贱民（pariah）。”① 这样，随着金矿开采而逐渐崛起的黑非洲最早一批自耕农和佃农阶层，刚刚诞生不久就被《土著土地法》所赋予白人的种族主义经济特权扼杀在摇篮之中。可以说，1913 年的土地法是传统意义上的农民（peasants）和现代意义上的农民（farmers）的分水岭。② 本来经过长期分化自然产生的新式农民阶层（farmer class）由于其进行生产活动的最主要因素——对土地的自由支配权被剥夺，而又重新回到了旧式农民阶层（subsistence peasants）状态，甚至地位还不如以前。南非农民的兴衰和南非种族资本主义的发展密切地联系在一起。结果是南非通往美国式资本主义小农经济的道路被堵住了，挡路的是种族主义的藩篱。

1913 年的《土著土地法》使两个多世纪以来白人强占黑人土地的结果合法化，也就是巩固了白人非法所得的成果。这部土地法严格限制了黑人土地所有权的地域范围，从法权上把南非的国土按照肤色界线划分成了两个部分，为后来在地域上全面实行种族隔离制度奠定了基础。南非第一届白人政府的核心人物史末资将军在一次演说中说：“在我们的土地所有制和管理形式中，我们的政策包括种族隔离……所以归根结底，在南非你将看到有广大的地区是由黑人耕作并由黑人管理，而在这个国家的其余地区则是由白人管理他们自己。”③这种种族隔离政策与美国和其他国家种族隔

---

① Bernard Makhosezwe Magubane, 1979: *The Political Economy of Race and Class in South Africa*. Monthly Review Press, New York, p. 82.

② 关于“农民”一词的定义，历来存在着分歧。对 peasant（peasantry）和 farmer（farming）一直有着不同的理解。总的来看，一般认为 peasant 的最主要特征是其经营活动受到外力（外在的强制力）的制约，商品化程度阙如或很低；而 farmer 更具近现代意义，自由度比较大，商品化程度高。科林·邦迪《南非农民的兴衰》一书的导言中专有一部分论述二者的区别。参见 C. Bundy, 1979: *The Rise and Fall of South African Peasantry*, California, pp. 4 – 13, title ‘peasants’. 清华大学历史系的秦晖认为农民（peasantry）是以农业文明时代人的依附性为本质的共同体成员，而 farmers 是“种田人”，作为一种自由公民的职业，它完全可以存在于市民社会。参见秦晖：《农民问题：什么“农民”？什么“问题”？》，《方法》1998 年第 8 期。

③ Neame, 1962: *The History of Apartheid*, London, p. 30; Wellington, 1967: *South West Africa and its Human Issues*, Oxford University Press, p. 344.

离政策的不同之处是，它一开始就深入到土地所有权的法律范畴内，具有很大的韧性，不从制度和政权上变更就无法铲除。以肤色作为剥夺黑人土地所有权的唯一理由，使同属于资本主义生产方式剥夺对象的白人劳动者处在与黑人民族对抗的境地，这是南非统治者的高明之处，也是南非种族关系的悲剧所在。贫穷白人经常主动地起来反对黑人劳动者，它实际上反对的是整个黑人民族。“成千上万的贫穷白人在不断被送上资本主义牺牲祭坛的同时，由于他们自身成为南非种族主义政策的广阔的社会基础，从而实际上不自觉地给这个祭坛培祭了厚土。”①

《土著土地法》实施的基础是土著保留地（Reserve）。“打一开始，南非白人就抱定了这样的意念：黑人应当有他们自己的，但是将被迅速减少的领土，以适应白人的需要。当然，被禁锢在保留地的黑人，不能对白人的资源存非份之想，而且不应当构成对白人安全的某种威胁。因此，保留地的存在，纯粹是白人利益的一种直接表现。”② 1912 年南非《农民周刊》刊登了一位白人农场主的来信：“土地的稀少和劳动力的短缺正变得越来越严重。随着欧洲人的保留地被土著所占有，是欧洲人而不是土著正在并将继续忍受苦难。我看不到这个难题如何解决，除非我们将不同的种族隔离开来，并将它们限定在各自的保留地内。”③ 这里我们所要讨论的是黑人保留地。黑人保留地的设立并非始自 1913 年的土地法。最早的保留地是英国传教士为布道和商业目的而设立的，称为教会保留地。由官方划定的保留地是英国驻纳塔尔土著事务秘书谢普斯通（Theophilus Shepstone）设立的，此后便在整个殖民地推广开来。1864 年在纳塔尔已有 42 个保留地共 200 万英亩和 21 个教会保留地共 17.5 万英亩，当时这些保留地大多设在图盖拉河以南地区，少数散布在德班以南、彼得马里茨堡以西和德拉肯斯山下。在保留地内部，平均每人分得 20 英亩。但当时居住在保留地内的人并不多，据谢普斯通估计，1851 年保留地初设时三分之二的纳塔尔非洲人仍居住在保留地以外的英国皇家土地和私人土地上。④ 最大的保留地是位于凯河和乌姆齐库卢河之间的特兰斯凯科萨人保留地。在原布尔人统治地区，布尔人在剿杀和摧毁了当地居民和他们的村社和家园后，也把他们中的剩余人口驱赶到比较贫瘠的地区，但并没有像英国人那样加以制度化。然而

① 郑家馨：《〈土著土地法〉的制订和非洲人国民大会的产生》，《非洲通史》（近代卷），第 913 页。

② Alexandre Kirby, Afrique du Sud, 1976: *Vers la décolonisation? Quelle Indèpendence pour le Transkei?* Genéve Centre Europe - Tiers Monde, p. 19.

③ *Farmers Weekly* (South Africa), 31 January, 1912.

④ p. Maylam, 1986: *A History of the African People of South Africa*, New York, p. 84.

这并不是说布尔人在运用种族隔离政策来榨取黑人民族劳动力方面没有“首创”，应该承认，“特居地”（Location）就是他们的发明。特居地属于保留地的一种。1841 年纳塔利亚共和国人民议会作出决定：“为了（布尔）共同体的安全起见，完全有必要将仍在我们中间生活的卡弗尔人安置到边远的地方，”“必须强行押送到指定的地区，不管他们愿意与否”。① 结果大约有 10 万纳塔尔非洲人被驱赶到乌姆齐姆库卢河以南的庞多兰。这应被看做是特居地的起源。后来特居地的情形稍微有些变化。在 1913 年前，特居地与保留地的不同之处是：保留地是由政府划分给土著民族的生产和生活用地，地位由法律加以确定，保留地内人口相对密集，地域相对集中，一旦范围确定下来，除非政策有大的变动，一般不再做更改，政府不得随意收回，保留地的内部事务交由酋长或村社头人管理。英国人在开普和纳塔尔建立过比较系统的保留地制度。而特居地是由白人当局特别是两个布尔人共和国指定的非洲人临时性居住区，没有法律保障，一般面积比较小，位置比较分散，在特居地内非洲人自己独立的经济活动比保留地内还要少，负责特居地内部事务的酋长或头人直接由布尔人当局任命，根据需要，特居地可以随时由政府收回，特居地内的居民将被强行驱赶到别的地区。如德兰士瓦共和国原先交给塔瓦纳酋长的一块特居地，当时面积还算“可观”，但后来布尔人觉得此块土地另有开发价值，便下令收回该地，而另换一块面积小得多的、比较贫瘠的土地交给非洲人居住。值得注意的是，英国人在 1913 年前也常常甚至更多地使用 Location 来代替 Reserve，二者经常混用，但含义更多的却是后者，与布尔人的 Location 有很大区别。当然，英国人统治区也并非没有前一种意义上的 Location。格雷（Earl Grey）早在 1849 年 11 月 30 日提出：“在殖民地内应该建立永久性的特居地；在选择这些特居地的地点时，在每个特居地之间应该留有充分的间隔，以便为将来白人的拓居提供便利；这样，每个欧洲移民就能从较近的特居地得到劳动力供应。”② 在开普和纳塔尔，除了教会保留地和“土著托管局”（如 Zululand Trust, Natal Native Trust）名义下的土著保留地外，都曾将“皇室土地”的一部分划给土著民族作为特居地。1864 年，纳塔尔的特居地也被视为托管地。纳塔尔土著托管局（the Natal Native Trust）由总督和执行委员会组成，有权持有、出售或租让这些特居地，只要被认为是符合非洲人的利益。这样他们曾将某些特居地抵押以融资建造灌溉工程，因为他们认

---

① 艾周昌、郑家馨主编：《非洲通史》（近代卷），上海，华东师范大学出版社，1995 年，第 593 页。

② R. L. Buell, *The Native Problem in Africa*, p. 72.

为这符合黑人的利益。其中一半的费用由土著托管局支配，用作保留地的福利，另一半归教会机构用作教育经费。托管地内的居民要向当局交纳租税，作为对租税的回报，白人当局也为他们提供一些简单的服务，如给牲畜消毒等。联邦成立后，议会立即授权政府在土著事务部长下设立代表管理土著托管局的事务。同时，土著事务部长负责对皇室特居地的管理。[①]总的来看，在英国人统治下，保留地和特居地的地位一般都比较稳定，不像布尔人统治下那么善变。在1881年比勒陀利亚会议上，英国政府坚持德兰士瓦建立一个土著特居地委员会（Native Location Commission）。当时划出了大约2 120平方英里土地作为土著特居地。根据1906年德兰士瓦宪法，这些保留地除非议会授权不得转让。在奥兰治自由邦，没有关于必须设立特居地的规定，除了1884年沿着吞并的边疆在非洲人领土上建立了两个特居地，一个位于威齐斯赫克（WitziesHoek），一个位于塔巴·恩舒（Thaba Nchu）。英布战争和联邦成立后的一段时间内，无论是英国人发号施令还是布尔人控制政权，都继续了Location和Reserve政策。1913年《土著土地法》之后，两种称呼同时并存，但意义已经没有多大区别了。

1913年以前土著保留地或特居地的面积

（1摩尔根≈2英亩）

省	面积（摩尔根）	在整个地区中的百分比
开普	7 115 561	8. 47
纳塔尔	2 897 120	22. 83
德兰士瓦	1 077 513	3. 22
奥兰治自由邦	74 290	0. 48
联邦	11 164 484	7. 13

资料来源：R. L. Buell, *The Native Problem in Africa*, p. 74.

这里需要指出，不管是英国人或是布尔人，无论他们对南非班图各民族集中居住地的称呼如何，设立保留地和特居地的直接目的都是为了获得非洲人的劳动力供应。保留地一般离白人工矿业中心和大城市远一些，而特居地往往就设在白人工作区附近。布尔人坦白地承认，建立特居地是由于居民不能获得劳动力。[②] 在1913年《土著土地法》颁布后，在一些地区未能得到贯彻执行，仍有858 000公顷的土地由非洲人所有，它们大都是黑人通过各种途径从白人农场主或政府那里购买来的，零星地夹在白人的

① R. L. Buell, p. 74.

② Bernard Makhosezwe Magubane, 1979: *The Political Economy of Race and Class in South Africa*. Monthly Review Press, New York, p. 75.

大片地产之间。如何结束非洲人经济生活的“自成一统”，是白人苦心积虑要解决的问题。

马克思在《资本论》里曾经指出过：“资本主义生产方式在开始时期碰到的土地所有权形态，是与它不相适应的。适合于它的土地所有权形态，要由它自己，通过把农业附属于资本的办法而创造出来。同时，封建的土地所有权，氏族所有权，或……土地公社的小农民所有权等等，不管其法律形态如何不同，也被转化为适合于这种生产方式的经济形态。”在南非，这种适合资本主义生产方式的土地所有权形态就是通过《土著土地法》的法律效力，使白人占有绝大部分土地，而将黑人驱赶进贫瘠的地区——保留地和特居地，沦为白人的劳动力。“如果说资本主义生产方式是以工人的劳动条件被剥夺为前提，那末，在农业中，它是以农业劳动者的土地被剥夺，以及农业劳动者从属于一个为利润而经营农业的资本家为前提。”①

1913 年前，在整个联邦，奥兰治自由邦除外，非洲人都可像欧洲人一样，在保留地之外购买和出租土地。但他们显然无法获得皇室土地。在早些时候，在一些情况下，不同的政府机构也授予对政府友好的非洲人酋长以土地。通过各种各样的途径，到 1913 年《土著土地法》颁布时候，非洲人获得了 1 002 039 摩尔根的土地。这一部分，加上538 343摩尔根教会保留地，以及 942 280 摩尔根联邦保留地，黑人各族共拥有 2 482 662 摩尔根的联邦土地，而割让给欧洲人的土地却达到110 000 000摩尔根。余下的是林区保留地或未转让的皇室土地等。②

在这样狭小的土地范围内，非洲人的生存经历了前所未有的考验。1911 年人口普查估计，南非联邦农村黑人人口为 3 880 514，其中2 269 019 住在保留地或私有土地上。余下的 1 611 495 住在欧洲农场上。也就是说，一半以上的农村黑人人口住在他们自己的特居地或保留地内，而另一半大部分住在欧洲人拥有的土地上。③

在开普，大部分黑人村民住在保留地，而在德兰士瓦和自由邦，大部分农村黑人，以及在纳塔尔，将近一半的黑人生活在欧洲人农场上。保留地内人均拥有土地大约 5. 7 摩尔根，在欧洲人农场上，平均 12. 7 摩尔根。人口密度，在保留地内，每平方英里为大约 52. 26，而整个联邦的人口密度为 14. 67。在西斯凯，政府不是将人口集中在一个地区，而是实行一种“三明治政策”，在欧洲人农场之间建立小规模的特居地。最初，政府尝试

---

① 马克思：《资本论》第三卷（下），北京，人民出版社，1975 年，第 694 页。

② R. L. Buell, *The Native Problem in Africa*, p. 75.

③ Ibid. , p. 76.

给予每个非洲人4摩尔根（8英亩）土地——这通常是一个酋长分配给儿子的土地的数量。但这是1925年重税之前的事，当时的土地还是处女地，公用地和林场使用权也比后来大得多。结果，用不了一代人的时间，西斯凯的黑人家庭很少能够靠8英亩土地维持生活；况且事实上他们中的许多户拥有的土地少于这个数字。农民家庭实际上都由中老年组成。他们大多是在矿区或城镇作为非熟练劳工度过其青春，在大约四十或五十岁的时候，他们回到家乡经营他们的小块田地。很自然，他们把走到这一步视为“退休”。而且，他们早期的经历并没有教会他们成为高级农民。因而，在大部分情况下，他们只能将这一小片田地作为定居而非经营发展的场所就并不令人吃惊了。在最大的保留地特兰斯凯，土地被过分放牧。每一摩尔根牧场上有1.6头牲畜，而专家们认为每头牲畜大约需要6英亩牧场。由于黑人民族对牛的亲情关系，由于洛博拉（Lobola，相当于中国的彩礼，以牛为聘物）制度，班图人对牲畜只重视数量不重视质量，很难让他们以集约型农业来代替牧业经济。黑人劳力在矿区获得一小笔钱财后，他觉得把它投在传统的牲畜方面更容易和更有利可图，而不是用来改进或引入新的农业生产方式。[①]当他离家到矿区做工的时候，他的妻子可以比较容易地照管牲畜，而照管雄心勃勃的农业计划就要费力得多。更主要的，他只在家呆一两年，然后就要到矿区呆上6~9个月，没有时间侍弄农艺。在这种制度下，班图人获得牲畜越多，经济困难反倒比以前更难解决。[②] 只要黑人劳动力半辈子在外面度过，特兰斯凯保留地的农业和黑人社会状况的改善就将极为困难。但如果这种流动劳工的现象不再继续，家乡的妻儿老小就不能偿付他们的税款和购买食品的费用。“结果，特兰斯凯似乎被老虎钳夹住，也许只有联邦土地问题解决了，它才能将自己解脱出来。”[③]

1921年人口普查时，特兰斯凯大约有6 000男人和4 000妇女正离家在欧洲人的矿场或农场工作。从全年来看，几乎一半的成年男子在外工作。也就是说，每个体力许可的年轻男子一年中一段时间总要到矿区工作。

保留地的极端拥挤状况激起了非洲人的强烈反抗。1913年土地法颁布之后，由于关于黑人可购买土地的区域迟迟没有划定，事实上该土地法并没有得到完全的实施。为了强制黑人与白人地区的分别发展，阿非利卡人政府决定重构传统的“部落制度”。1920年史末资政府通过了“土著事务法”，规定设立一个“土著事务常设委员会”，并在一些保留

---

① R. L. Buell, *The Native Problem in Africa*, p. 106.

② Ibid., p. 107.

③ Ibid., p. 110.

地建立非洲人地方会议。赫尔左格上台后，立即采取“区别”政策，即“欧洲人将治理欧洲人，土著治理土著，影响双方的问题则必须得到双方同意”。[①] 1926年，赫尔左格政府公布了四项立法议案，体现了他的土著政策：（1）土著议会代表法案（The Representation of Natives in Parliament Bill）；（2）联邦土著会议法案（The Union Native Council Bill）；（3）1913年土著土地法修正案（The Native Lands Act，1913，Amendment Bill）；（4）有色人权利法案（The Coloured Persons Right Bill）。[②]

在这里值得一提的是1927年由赫尔佐格提出的土地法令（The Land Bill of 1927），即1913年土著土地法修正案（The Native Lands Act，1913，Amendment Bill）。1913年土地法建议在保留地之外确立黑人可单独从政府或欧洲人那里购买土地的区域，也就是说，要另外划出一部分土地供黑人购买，但这一部分土地的面积到底应该有多大，当时并没有确定。1916年阿非利卡人政府指定成立了一个“博蒙特委员会”（The Beaumont Commission）来处理这个问题。博蒙特委员会建议拨出和黑人保留地一样大小的土地作为“让渡区域”供黑人购买。但这一建议遭到白人农场主的强烈反对。1927年，作为一个折中方案，赫尔佐格提议划出一个让渡区域（released areas），不再给予班图人在这些地区购买土地的独断权，在那里黑人和白人都可以竞争购买土地。只是规定白人在区内不得购买周围全部被黑人土地围住的土地，反之亦然。这样的地区占了保留地之外联邦土地的大约8%（根据1913年土地法）。除了以族体为单位，法案还禁止各种“土著人协会”购买土地，如工商业联盟。如果欧洲人要卖掉在“让渡区域”内购买的土地，黑人可以购买与“让渡区域”外亩数相等的土地，如果它与黑人土地相邻，黑人和白人土地之间必须筑有篱笆。[③]

这一对白人作出了巨大让步的主张甚至得到了黑人的赞同，尽管黑人处于明显的劣势，他们认为黑人和白人竞争购买土地的建议还是公平的。然而白人农场主认为1927年土地法由于实行起来过于复杂，结果其中的大部分内容被白人议会所拒绝。他们所接受的只是其第19条的规定，即在法令正式实施前，白人农场主要容留和使用非洲“垦户”（squatters）或分成制佃农，必须领取许可证，但得到许可证的条件是使用劳役佃户，并且要交纳3英镑费用，如果欧洲人实际占用该土地；如

① *History of Native Policy in South Africa*, p. 319. Quoted in R. L. Buell, p. 136.

② R. L. Buell, p. 137.

③ Ibid., p. 140.

果未实际占用，费用为5英镑。[1] 这是强化1913年土地法的规定。少数农场主为了补偿领取许可证的费用，趁机同佃农或“垦户”签约，将他们变成仆役（servants），长年留在主人那里劳动。有些农场主不愿交纳费用，便通知佃农或垦户（squatters）要么变为仆役（servants），要么离开农场。这一部分黑人由于在人口过多的城市或保留地已经无法找到容身之地，被迫变为欧洲地主的仆役（servants），即长期劳役佃户。当时就有人质疑说：这样的话，佃户“将没有合同的自由，所谓的仆役将与奴隶毫无区别……这比废除奴隶贸易前南非土著的条件有任何改善吗？”[2] 尽管法令中并未暗含这些黑人可能被买卖的内容，他们却可以被主人从一个农场转到另一个农场，“这将是强迫劳动的最高形式”。[3]

1927年赫尔佐格还促使议会通过了“土著管理法”（The Native Administration Act No. 38 of 1927），规定设立一个“土著委员会”，授权该委员会处理有关保留地的一切问题，并考虑将一些行政权授予保留地的酋长。1927土著管理法的目标是确保黑人社会文明的解体，它的一个重要特征是“教会土著（为白人）工作”。[4] 1936年，在政府授意下，一些酋长组成了“土著代表委员会”，作为政府在种族问题上立法的咨询机构。从这些机构的设立我们已经可以看到班图斯坦制度的一点雏形。

1936年4月，阿非利卡政府又通过了《班图托管与土地法》（The Bantu Trust and Land Act No. 18 of 1936）。这一法律是对1913年土地法“分别发展”方案的完善和补充。根据这一法律，政府将在5年内收购价值1000万英镑的土地以扩大黑人保留地的面积，解决黑人购买土地的问题。这部分“让渡”出来的土地实际上又分为两部分，一部分由黑人“自由”购买，另外相当大一部分由新成立的“南非土著托管局”（The South African Native Trust）出钱从白人农场主那里收购，然后用来“安置黑人，拓殖这部分土地，促进保留地的农业，从总体上提高黑人的物质条件、道德和社会福利水平”。[5] 其实“羊毛出在羊身上”，土著托管局“为黑人”购买土地的开支来自1925年“土著税收法案”（The Native Taxation Act of 1925），也就是新增加的人头税和地区税，以及对黑人各种各样“违法行为”（如违反“通行证法”）的罚金。在托管局的农场

① R. L. Buell, p. 141.

② Ibid., p. 146.

③ General J. Smuts, 1926: *Memorandum on Government Natives and Coloured Bills*, Pretoria, No. I, pp. 15, 17. Quoted in R. L. Buell, p. 147.

④ Letsoalo, op. *cit.*, p. 11.

⑤ Ibid., p. 40.

上，黑人实际上成为土著事务部的佃农，每人耕种的土地不超过5摩尔根，这对于维持生存来说极其艰难。从黑人可以购买的部分土地情况来看，在德兰士瓦，68 000名黑人当时已经住在他们要购买的白人农场上，所以这种“购买”实际上并没有增加黑人的土地份额，反而意味着白人占有土地份额的扩大。从结果来看，政府从白人农场主那里购买“让渡”土地的过程一直没有完成，托管农场也更多被用作土著事务部属下的出口创汇基地而非用作黑人佃农的福利。“欧洲人农场主和土地所有者拒绝让出哪怕是一英亩的土地来增加土著的居住面积。他们坚决反对任何意在为黑人提供更多土地和增加他们独立性的隔离计划……白人农场主坚信，为土著附加任何土地份额都将对他们的劳动力市场构成威胁。”[①] 南非的经济生活依赖于一个庞大的劳动力水库的存在，而“黑人作为独立的农业耕作者（拥有土地）不能实现这个功能”。[②] 黑人保留地的总面积最终只增加到154 000平方公里，仅占全国土地总面积的12.4%，尽管南非黑人的人口增加了数倍，保留地的面积却一直没有再增加，而为了换取这不到13%的土地面积，黑人付出了巨大的政治代价，原先仅有的一点选举权也被剥夺殆尽。

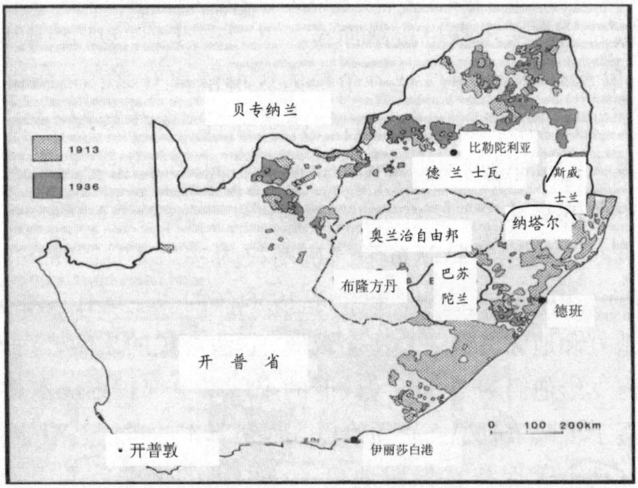

图6－2　1913年和1936年土地法案分别设定的区域

资料来源：本图根据A. J. Christopher 2001：The *Atlas of Changing South Africa*, Routledge, 2nd ed, p. 31. 原图译制。

① Lord Oliver, 1927：*The Anatomy of African Misery*, Hogarth Press, London, p. 107.

② Letsoalo, *op. cit.*, p. 41.

图中地名中英文对照：比勒陀利亚（Pretoria）德兰士瓦（Transvaal）奥兰治自由邦（Orange Free State）布隆方丹（Bloemfotein）德班（Durban）纳塔尔（Natal）斯威士兰（Swaziland）开普省（Cape Province）开普敦（Cape Town）伊丽莎白港（Port Elizabeth）巴苏陀兰（Basutoland）贝专纳兰（Bechuanaland）

第二次世界大战期间，阿非利卡政府对黑人的控制稍微有所松动，黑人民族以其顽强的生命力和卓越的经营能力“向白人地区发展”，原来的“黑点”不仅没有彻底消灭，随着工业化和城市化的发展，还有向城市——阿非利卡人生活的中心区蔓延的趋势。战争结束后，阿非利卡人又重新感受到了国内日益增长的“黑色危险”。当时席卷非洲大陆的黑人民族反对殖民统治、争取民族独立的革命风暴也使阿非利卡人受到极大的震动。1948 年，在新一届政府选举中，极右派国民党人马兰上台执政，从此开始了南非种族隔离从政策向制度的根本转变。

三、“分别发展”的最高阶段：“黑人家园”的设立

在极右国民党人上台以前，尽管已经采取了不少从地域上分离白人和黑人的措施，但都不是以各个民族单位为基础。伴随着种族隔离理论的出台，政府的立法步骤也接踵而至，并且一步比一步加强和严厉，阿非利卡人开始以民族为单位把各个黑人族群隔离开来，过去的黑人保留地变成了“班图斯坦”，即所谓的“黑人家园”。这是继 1936 年剥夺了所有南非黑人的选举权后进一步剥夺所有南非黑人的公民权，从而剥夺他们所有资源的举动。

1951 年，国民党政府颁布了“班图权力法”（The Bantu Authorities Act of 1951）。根据这项法律，撤销了 1936 年的“土著代表委员会”，建立部落、地方和地区三级“立法会议”。立法会议的主席皆由酋长担任，由白人政府支给他们薪金。马兰政府的土著事务部长维沃尔德在南非联邦议会解释土著政策时说，必须给黑人以最基本的自治，“只要我们做到这一步——把土著保持在保留地里……白人的南非就会得到挽救”。[①] 1954 年，由政府任命的以汤姆林森为首的“南非联邦班图人地区社会和经济发展委员会”提出了一份长达 3 755 页的调查报告，它首倡将当时所有三百多块黑人保留地合并为 8 个班图斯坦，实行分别发展，由白人作为班图居民的监护人履行他们的职责。这份报告被誉为班图斯坦制度

① Wellington, 1967: *South West Africa and its Human Issues*, Oxford University Press, p. 352.

的“圣经”。根据报告的建议，阿非利卡政府于1959年进一步通过了“促进班图自治法”（The Promotion of Bantu Self - Government Act of 1959），规定在不同民族的基础上建立8个由白人中央政府直接控制的“班图自治区”①，把原来的“地方立法会议”改为班图人“议会”，设立“班图人自治政府”，通过实现古老的社会机构现代化来强化传统酋长的权力。这样，获得了自治的班图人民族单位就不再称为“保留地”，而叫做“班图斯坦”（Bantoustans，即“班图人的家园”）了。

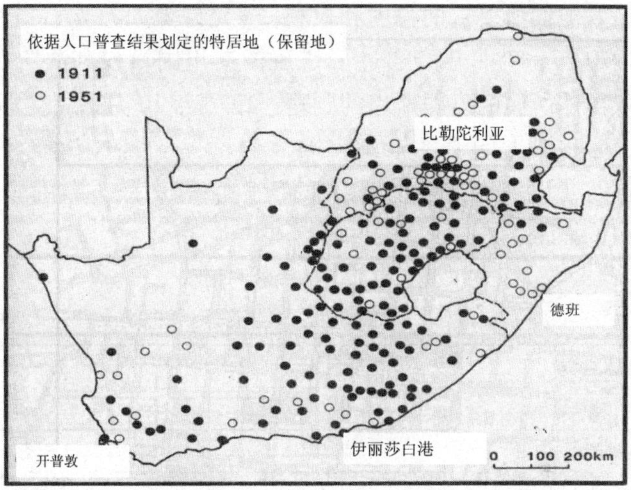

图6－3　1911和1951年特居地（保留地）的分布状况对照

资料来源：原图为A. J. Christopher根据南非中央档案馆保存的1911～1951年间人口普查数据绘制，本图依照A. J. Christopher的原图译制。参见A. J. Christopher，2001：The *Atlas of Changing South Africa*，Routledge，2nd ed，p. 37.

图中地名中英文对照：比勒陀利亚（Pretoria）德班（Durban）开普敦（Cape Town）伊丽莎白港（Port Elizabeth）

1959年3月，原来由科萨人居住的几块保留地被归拢到一起，在此基础上成立了特兰斯凯“地方立法会议”。1963年，阿非利卡政府通过了“特兰斯凯宪法”，第二年，在特兰斯凯成立了黑人“议会”和“政府”，第一个“南非共和国范围内的自治地”，即第一个班图斯坦就这样建立起

① 这8个黑人民族单位为Lebowa（北苏陀人）、QwaQwa（南苏陀人）、Bophuthatswana（茨瓦纳人）、KwaZulu（祖鲁人）、KaNgwane（斯威士人）、Gazankulu（聪加人）、Venda（文达人）、Transkei和Ciskei（科萨人）后来又增加了South Ndebele（夸恩得贝莱人）作为黑人民族居住单位。

来了。从1968年到1975年，阿非利卡人又相继炮制了9个班图斯坦。

20世纪60年代正是非洲大陆非殖民主义化的高潮阶段，受其他非洲国家黑人民族运动的影响，南非黑人在非洲人国民大会的领导下加紧了反对白人种族主义政权的斗争。为了“顺应”形势，堵塞国际社会舆论谴责的口实，1961年维沃尔德总理表示：“迫于南非所受到的外部压力，政府应当把班图斯坦的政治演变一直引导到最后的独立。”他进一步解释说：“这种使南非变成好多个国家的支离破碎的局面，如果我们力所能及的话，我们显然是宁愿予以避免的。但为了白人在这个归他们所有的国家里换取他们所要求的自由和权利，（允许黑人独立），这是唯一的办法。”[①] 1970年，南非政府通过了“班图斯坦国籍权利法”，规定所有黑人必须取得他所属的班图斯坦的国籍。1976年10月，特兰斯凯，这个最早建立、面积最大的班图斯坦宣布“独立”。按照南非政府的设想，其他9个班图斯坦最终都要脱离南非而“独立”，成为名副其实的“黑人家园”（Homelands）。

“黑人家园”的民族与面积

（单位：平方英里。1平方英里＝2.59平方公里）

“家园”名称	主要民族	面积
特兰斯凯	科萨人	14 178
西斯凯	科萨人	3 547
夸祖卢（或译克瓦祖鲁）	祖鲁人	12 141
莱博瓦	佩迪人/南恩德贝莱人	8 549
文达	文达人	2 333
加赞库卢	尚加/聪加人	2 576
博普塔茨瓦纳	茨瓦纳人	14 494
巴苏陀·夸夸	南苏陀人	144
斯威士	斯威士人	818
南恩德贝莱	南恩德贝莱人	?

资料来源：Muriel Horrell, *The African Homelands of South Africa*, Johannesburg, 1973, and the annual reports *A Survey of Relations in South Africa*, Johannesburg, 1969 ~ 1975. Quoted in Jeffrey Butler, Robert I. Rotberg & John Adams, *The Black Homelands of South Africa; The Political and Economic Development of Bophuthatswana and KwaZulu*, University of California Press, 1977, p. 2.

从最初的保留地和特居地到最终的班图斯坦和黑人家园，这中间隐藏

① Marianne Cornevin, 1977: *L'Afrique du Sud en Sursis*, Paris: Hachette, pp. 74 – 75.

着白人政府的一个极其险恶的用心，即强制非洲人画地为牢，把占南非总人口76%以上的黑人严格地圈在不到13% 的南非国土上，从根本上剥夺他们对整个南非所享有的经济、政治和社会权利。保留地和特居地内的南非黑人还是南非的国民，而到了班图斯坦和黑人家园，南非黑人却成了“南非的外国人”。在世界近现代史还从没有哪一个国家政府宣布境内的绝大多数国民为外国人的先例，而阿非利卡人政府却公然作出了这样的“创举”。不管打着怎样的旗号，其目的仍昭然若揭：这就是通过把300多块面积狭小、互不连结、资源贫乏、贫困不堪的非洲人保留地归并成10个左右“自治”或“独立”的民族单位，通过使占南非76% 以上的黑人变成“外国人”，从而将黑人过去创造的全部财富堂而皇之地攫取到白人自己的手里，继续无休止地榨取他们的廉价劳动力，并使南非的土地问题永久性的极端恶化。对此，就连被迫“独立”的黑人家园的领导人也看得明白，在特兰斯凯宣布独立前夕，6位班图斯坦政府的首席部长发表了一份共同声明：“我们拒绝放弃我们生来作为南非人的权利。我们将要求分享主要是由我们创造的经济财富。”[①]非国大也指出，把班图人分离出来并剥夺他们在国内其他土地上的基本机会和权利，都是完全不能接受的。非洲人是本土的居民，对全国各地的发展作出了充分的贡献，他们对整个南非作为他们的家乡拥有不可争辩的权利。[②]

事实上，黑人家园独立的过程也就是黑人丧失最后一点独立生存权利的过程。尽管经过1913年和1936年土地法的剥夺，由于黑人的抵抗，在半个世纪的时间内，阿非利卡人并未能完全将黑人“垦户”即所谓的“擅自占地者”（squatter）逐出白人尚未垦殖的土地，而令白人恐惧的“黑点”也没有完全消灭，到1976年，仅克瓦祖鲁地区就有144个“黑点”。在确立班图斯坦制度的过程中，阿非利卡人有意加强了对这两部分黑人土地的最后一轮剥夺。1950年政府颁布了“集团住区法”，1957年通过该法的修正案，都曾强迫黑人迁离，但收效并没有他们期望的那么大。1959年“班图自治法”出笼，政府一再提出“归并方案”，要求对土地占有状况进行调整。这表面上看来是为黑人家园的完整着想。因为各个班图斯坦地域狭小，大都由数块乃至数十块互不相连的飞地组成，这本来是白人长期以来蚕食和侵吞黑人土地的结果。博普塔茨瓦纳“总统”曼戈佩在“独立仪式”上曾抱怨说：“我‘国’领土七零八落，完

① Marianne Cornevin, 1977: *L' Afrique du Sud en Sursis*, Paris: Hachette, p. 75.

② Wellington, 1967: *South West Africa and its Human Issues*, Oxford University Press, p. 356.

全缺乏可信性，会使全世界认为南非的意图是十分可疑的"，同时这也是"令人不安的怨恨的源泉"。① 现在，白人政府提出归并土地，并不是要实现黑人家园的"领土完整"，而是别有用心，即彻底消灭"黑点"，将"擅自占地者"驱逐到黑人家园。在 1960 至 1970 年十年间，656 000 名"擅自占地者"和 10 000 名"黑点"上的黑人农民被没收了土地，驱赶出白人地区。70 年代以后，归并规模越来越大，仅 1973 年"归并方案"涉及的黑人人口就达 100 多万。例如，大约有 2 000 人的巴佩迪人族群 1904 年集体购买了一个白人农场的土地，此后一直在那里生活。在白人政府实施归并方案的过程中，他们被要求搬迁到莱博瓦（Lebowa）家园去，遭到他们理所当然的拒绝，但白人武装警察竟动用推土机强行摧毁了他们的全部房屋。1973 年班图事务部又提出了"重新定居计划"，涉及的黑人总数达 400 万人以上。成千上万的黑人家庭被迫迁离故土，搬进黑人家园，他们中的许多人是"黑点"上的居民或"垦户"，还有一些人居住在本来就属于自己的私有土地上。

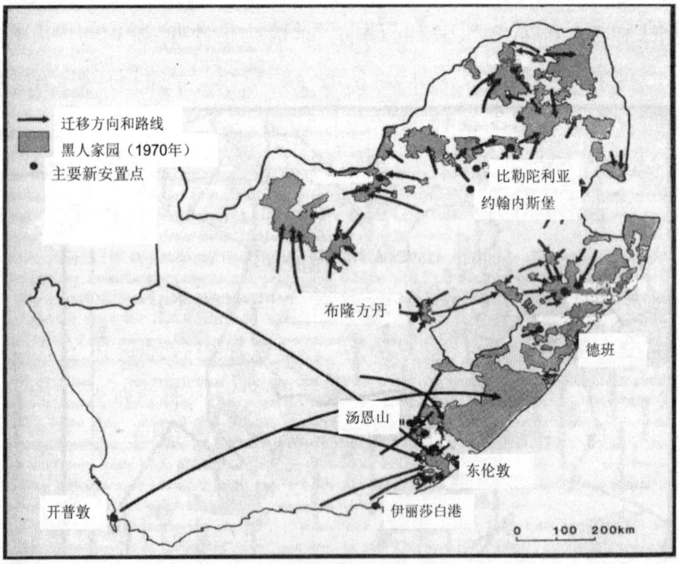

图 6－4　强迫非白人迁移工程

资料来源：本图根据 A. J. Christopher 2001：The *Atlas of Changing South Africa*, Routledge, 2nd ed, p. 85. 译制。

① 路透社、美联社 1977 年 12 月 6 日南非电讯。转引自宁骚：《试论南非班图斯坦制度》，《北京大学学报》1980 年第 1 期。

说明：在1960至1983年间，根据“剩余人口迁移工程”（The Surplus People Project），超过170万南非各族黑人被强行迁移至新的安置地，主要是已建保留地。

图中地名中英文对照：比勒陀利亚（Pretoria）约翰内斯堡（Johannesburg）布隆方丹（Bloemfontein）德班（Durban）伊丽莎白港（Port Elizabeth）开普敦（Cape Town）汤恩山（Thorn hill）东伦敦（East London）

事实上，黑人家园从来就没有固定不变的“国土”，一切都服从于白人政府的需要。70年代初，在莱布瓦（Lebowa）和博普塔茨瓦纳（Bophutatswana）两个黑人家园发现了富矿，其开采权落到了阿非利卡人手里。1975年白人政府又从克瓦祖鲁黑人家园的滨海地区割走了一块世界罕见的钛矿地带。1978年，南非政府又以安全为由，索回了文达一块长60公里、宽10公里的边境地区。由此可见，炮制黑人家园的过程就是继续剥夺非洲人地上和地下资源的过程。尤为荒谬的是，被阿非利卡人宣布为第十个黑人家园的南恩得贝莱，当时竟然寸土皆无。

把上千万黑人驱赶进黑人家园，一方面是要夺走他们的地上和地下资源，另一方面，对这些资源的开发还有赖于失去土地而无以生存的黑人劳动力。这是制造黑人家园所产生的一箭双雕的效果。南非经济在50~70年代种族隔离制度最为严酷的时期所以能够保持高速发展，创造经济奇迹，除了其得天独厚的自然资源外，最重要的一个前提条件就是黑人家园的实施造成数以百万计的廉价劳动力。第二次世界大战后白人农场机械化的加强使农业部门与工矿业部门争夺劳动力的现象成为历史，根据1980年12月第2089号政府通知（Government Notice 2089 of September 1980），正式废除了阿非利卡人农场主偏爱的佃农制度。这些“释放”出来的黑人被迫回到家园，加入失业劳工的队伍，等待他们的就是和自己的同胞竞争获取城市和工矿业中心提供的微薄的工资。南非矿业劳工组织总经理就此解释说：“我们的情况一直是这样：我们需要农民作为劳工，我们的工资不足以满足一个工人及其家庭的需要，除非以其家园内一小块土地的收入作为补充。例如，来自约翰内斯堡的一个有家口的男子，不可能依靠我们发给的工资糊口。”① 在先后成立的十个黑人家园中，半数或绝大多数的人口都直接住在白人地区，向白人农场主和矿业资本家出卖劳动力；住在黑人家园的黑人，大部分青壮年男子也不得不到白人资本家开办的“边境工业”区做工。颇具代表性的是面积仅457平方公里的黑人家园——南苏陀·夸夸（Qwaqwa），在法律规定持

① Letsoalo, *op. cit.*, pp. 57－58.

有该“国”国籍的黑人人口中，只有25 000人居住在本土，其他1 200 000人都住在白人地区为资本家做工。[①] 在家园之外的整个白人地区，大约有三分之二的黑人在城市和矿区直接为白人资本家从事工矿业生产，或作为他们的家庭奴仆；另外三分之一在白人大农场上做农业工人。正如有的学者指出的那样：“没有班图族工人，南非的农场和企业就会在五分钟内陷于停顿。”[②] 黑人家园存在的唯一和最大的功能就是可以在那里再生产没有公民权的劳动力，而白人资本家完全可以以低于劳动力成本的低廉价格在榨取完他们的潜力后把他们打发回家园。一位班图人牧师说：“你们（欧洲工厂企业主）需要我们的劳动，但是，一当我们为你们不需要时，你们就把我们送走，尽可能离你们远些，而且一直到我们的劳动又为你们所需要以前，你们再也不想看见我们，我们就像马一样，在工作以后被关进马厩中去。”[③]在1960～1970年代，大约有400 000黑人被认为已经失去了“生产能力”，结果像垃圾一样被扔进了黑人家园。[④] 正如沃斯特公开宣称的那样：“问题的关键是我们需要他们，因为他们是给我们干活的……但是为了使他们给我们干活，就永远不应当给予他们索取政治权利的合法资格。无论是现在，还是将来，不管是否已经让他们在这里长住。”[⑤]关于这一点，史末资政府早在1922年就有明确说明：“白人建立和专有的城市，黑人只有在他们准备为白人服务的情况下才能被允许留在那里，而在完成任务后就应该让他们离开。”[⑥] 马兰也承认：“我们全部的经济结构主要是依靠土著劳动。”[⑦] 1970年土著事务部长博塔重申：“不管是在哪些方面，任何社会平等，都是与白人地区的黑人毫不相干的：他们在那里没有发言权，他们既没有产业所有权，也不能从同样的职业中得到好处。”[⑧] 他们所能做的，就是长期做白人的流动劳工。正是贫穷的、仅占南非全国土地面积12.4%的“黑人家园”源源不断地向发达的“白人家园”输送肉体能源，才使南非在第二次世界大战后的几

---

① Paul Giniewski, 1975: *L' An Prochain à Umtata*, Paris, p.63.

② Basil Davidson, 1952: *Report on Southern Africa*, London, p.27.

③ ［苏联］奥尔德罗格、波铁辛主编：《非洲各族人民》，党凤德等译，北京，生活·读书·新知三联书店，1960年，第768～769页。

④ Post (South Africa), July 9, 1919.

⑤ Alexandre Kirby, Afrique du Sud, 1976: *Vers la décolonisation? Quelle Indèpendence pour le Transkei? Genéve Centre Europe – Tiers Monde*, p.19.

⑥ Paul Giniewski, 1975: *L' An Prochain à Umtata*, Paris, p.223

⑦ Report of the United Nations Commission on the Racial Situation in the Union of South Africa (《联合国关于南非境内的种族情况委员会的报告》), New York, 1993, p.140

⑧ Paul Giniewski, 1975: *L' An Prochain à Umtata*, Paris, p.224.

十年时间里保持着非人道的经济繁荣。用布罗代尔的话说：“若不借助别人卖身的劳动，它大概压根儿就生长不成。”①

通过独到的精心设计，南非白人政权在不到一个世纪的时间内部分实现了“分别发展”的目标，即南非白人经济的现代化。但令他们意想不到的是，这条按照种族主义政治经济学理论铺就的路径不依白人意志为转移地指向了死胡同。到20世纪80年代，“分别发展”实际上已经完全停滞，南非白人一度引以为自豪的经济繁荣转变成了负增长，白人的政治统治也面临着黑人反抗的巨大冲击，阿非利卡人政府在国际上更陷入了空前的孤立。

图6－5　1873年金伯利矿区近景

图6－6　金伯利的大矿坑

① 〔法〕布罗代尔：《资本主义的动力》，杨起译，北京，生活·读书·新知三联书店，1997年，第62页。

图 6-7　兰德金矿井下的黑人劳工

第七章　白人的政治经济困境与种族隔离政权的瓦解

一、白人南非的经济困境

通过绞尽脑汁设计的"分别发展"计划以及不遗余力地予以实施，白人政权基本上达到了他们所要达到的目标：黑人家园一个个"顺利"地建立并"成功"地运作，这些南非国土上黑肤色的"外国人"将只能被用来满足白人的需求，而不用担心分享"低人权成本"的方式带来的经济发展成果，更不用担心他们分享建立在经济繁荣基础上的民主政治权利。一段时间内，南非确实出现了不仅在非洲大陆上比较少见的"经济奇迹"——在从1932年到1972年的40年时间里，平均每7.4年国内生产总值就翻一番。20世纪60年代，南非的经济增长速度仅次于亚洲的日本。[①] 但南非的这种"奇迹"不可能长久地维持下去，因为它的成本是无法维持的，不仅在经济上，而且在政治上。尽管阿非利卡人采取了极为严厉的种族隔离措施，将黑人限制在保留地、特居地和"班图斯坦"或黑人家园内，让他们彻底与白人城市脱离开来，但事实上白人不可能完全做到这一点，尽管不止一次地试图这样做。无论怎样折腾黑人民族，非洲人数量上的优势、顽强的生命力和适应环境的能力一直是白人所压不垮的。尽管白人将一度呈墨汁扩展渗透状态[②]，甚至成星罗棋布之势的"黑点"压缩集中到有限的空间内，即不到南非13%的土地范围内，但"黑点"在他们心中留下的阴影却是经久不散和无法消除的——种族主义政治经济学已经走到了自己的对立面，黑人的基本权利不得到解决，白人的发展问题也得不到解决。表

---

① Legasick, Martin, 1974: "Legislation, Ideology and Economy in Post – 1948 South Africa." Journal of *South African Studies*. 1 (1): 5 – 35.

② 参见郑家馨：《南非史》，北京，北京大学出版社，2010年，第228页。

面上长期困扰白人政权的问题似乎一劳永逸地解决了，但实际上问题变得更加严重了，因为从本质上讲，白人政府这种“殚精竭力的殖民计划”[①]及其实施并不符合南非的经济和政治发展的趋势，对占人口绝大多数黑人民众最大程度的剥夺，也就是对占人口绝对少数的白人利益的最大损害。如同恩格斯所指出的，尽管一切政府可以加速或延缓经济发展及其政治和法律的结果[②]，但如果国家权力沿着经济发展相反方向起作用，就会“给经济发展造成巨大的损害”，甚至造成经济崩溃。[③] 黑人家园稀少而又瘠薄的土地根本无法承受数以千万计的人口压力，所谓的10个黑人家园“独立国家”，其“国内生产总值”只占整个南非的2%，其中农业和林业占5.8%，矿业占1.5%，制造业、建筑业等仅占0.3%。事实上黑人家园的成立并没有减少流入白人城镇的黑人劳工的数量，只是使他们的求职更加艰难。南非城镇黑人人口的比例到20世纪70年代已经超过50%，这意味着1 000万以上的黑人并没有像白人设计的那样呆在家园中。整个南非早已从一个农牧业、矿业为主的国家转变为以制造业和服务业为主的国家，与撒哈拉以南非洲其他国家不同，南非事实上已不存在“农民”这一社会阶层。[④] 南非需要大批受过良好教育的技术工人和熟练工人，而白人不得不依赖的主要劳动力——黑人却一直处于颠沛流离的状态，这与经济发展的要求极不适应，从20世纪70年代末开始南非经济的衰退以及随后不可避免的停滞直至80年代的负增长充分说明了这一点。已经成为南非经济支柱的制造业，1975～1980年间年均增长率为4.1%，1980～1985年间下降到-1.2%，这是自19世纪80年代南非经济转型以来所从未出现过的。另一主导产业建筑业，由于黑人消费能力减弱，且在城市中无力建房、购房，20世纪80年代以来也呈明显的下降趋势，该领域的就业人口在1981～1987年间减少了10%。传统的矿业亦不景气，产值逐年下降，由1980年的156.3亿美元下降到1993年的142.9亿美元，实际下降了106亿美元。[⑤] 铀的产量在20世纪80年代中期曾高达8 280吨，位居世界第二，随着冷

---

① 郑家馨：《南非史》，北京，北京大学出版社，2010年，第298页。郑家馨教授认为，班图斯坦实质上是白人南非的“内部殖民地”。

② 《恩格斯致尼·弗·丹尼尔逊的信（1892年6月18日）》，《马克思恩格斯选集》第4卷，第495页。

③ 《马克思恩格斯选集》第四卷，第483页。

④ ［南非］默莱齐·姆贝基（Moeletsi Mbeki）：《南非后种族隔离时代的统治阶级与南非的不发达》，《西亚非洲》2008年第4期。

⑤ 艾周昌、沐涛等著：《南非现代化研究》，上海，华东师范大学出版社，2000年，第126页。

战的结束，国际采购量锐减，到种族隔离制度结束前的1994年，猛降到1 669吨，只居世界第六位。引以为自豪的黄金生产，20世纪70年代年产量最高曾达1 000多吨的历史记录，占到世界总产量的一半，但到20世纪90年代只占全球产量的25%，已过了“黄金时代”，经济效益逐渐为俄罗斯和美国所超越。[①] 几项主要经济指标的下滑意味着国内生产总值的衰减，经济危机实际上在威胁着南非整体经济的可持续发展。1974年南非国内生产总值增长率为8.3%，1975年突降为2.9%，1976年为1.3%，1977年为0，其后几年虽然由于博塔总统的临时性改革而有所回升，但一直没有超过1974年的水平。到了20世纪80年代，经济更是跌入了低谷：1982年为-0.8%，1983年为-1.8%，1985年为-1.2%。经济连年持续在谷底徘徊，这在南非历史上是前所未有的现象。

与经济低迷相伴而生的往往是物价上涨、失业率上升，国民生活水平严重下降。20世纪60年代，南非的年均通货膨胀率为2.7%，70年代猛增至10.6%，80年代则高达14.7%。城镇正式部门的工作岗位和政府公务员的职位，由于种族隔离法令的规定，一直由白人把持，企业中的“白领”也多由白人担当，即使下层的阿非利卡人，也可到军队和警察部门充职。尽管许多职位被保留给白人，但他们的就业仍不可避免地受到经济总体状况的影响，失业人数越来越多，政府一再防止的“贫穷白人”现象还是不以人的意志为转移地呈现在官员们的面前。到20世纪90年代初，南非已经形成了较大规模的失业大军，其中非洲人的失业率为57%，即超过半数的黑人无以为生；有色人（混血种人）失业率为46%，亦相当可观；亚裔人为17%，白人为4%。[②] 绝大多数南非人都感受到了持续的经济低迷对生活质量的影响，处于最底层的广大黑人民众生活更趋贫困化。“黑人家园”土壤贫瘠，人满为患，自身根本无法维持生计，加上失业大军部分回流“家园”，更造成黑人聚居区无论在物质生活上还是在精神生活上都时时处于某种“临界状态”。家园是劳动力的蓄水池，同时也是怨愤的火药库。1989年，特兰斯凯、博普塔茨瓦纳、文达和西斯凯四个“独立”的黑人家园的绝对贫困人口占到了其总人口的81%！不安和骚动的种子不仅在“黑人家园”里播种，而且如同幽灵般在白人城区飘荡。

---

① 《美国学者谈南非问题》，《西亚非洲》1992年第5期。

② 杨立华：《旧话重提——南非穷白人》，《世界知识》1997年第5期。

越来越多的白人企业家和知识分子都认识到这种“竭泽而渔”的制度安排已经不符合他们的利益，南非需要在种族关系方面做一些松动，以便为僵死的经济增添一些润滑剂，变革的呼声已经时有所闻。从政治层面来看，在生态人口上，居于绝对少数的白人不可能永远统治占人口绝对多数的广大黑人民众，这是理性的政治家不得不承认的客观现实。[①] 从资源配置来看，南非作为一个“白人警察国家”不仅有损于自己的形象，也造成国民财富的极大耗费，白人的经济收益实际上大大缩水。极度强化国家机器的镇压功能占用了大量的政府可支配资金。南非拥有200多所监狱，是世界上关押人数占人口比例最高的国家，在1975～1984年的十年间，仅因为违反《通行证法》而被拘捕、关押的非洲人就多达1 900万人次，其中1975～1976年一年就达38万人次。为了有效镇压非洲人的反抗，南非的警察和军队的装备水平都在世界上居于领先水准。白人人力资源中的相当比例被分配到镇压机构中，警察、军队和监狱的开支占到了政府总支出的30%，1975～1985年间南非的军费增长达到了500%，这还不包括拨付给政府各部门的一些旨在加强安保的巨额“隐性”开支。尽管南非的“防暴”开支居高不下，南非非洲人的反抗却与日俱增，致使白人政府的运营成本最终无法维持。

二、黑人的抗争与国际社会的抵制

历史上，南非非洲人对白人的殖民入侵曾进行过激烈的抵抗。随着南非联邦的成立和白人“入主”南非政府，黑人和其他有色人为争取自己的生存权和发展权的斗争就从来没有停止过，只是随着时代的不同和国内形势的发展而在形式上有所变化。1913年，南非土著人国民大会曾组织代表团向白人政府和英帝国政府请愿，尽管毫无结果，但非洲人第一次通过政党的方式喊出了自己的呼声。此后非国大就成了南非黑人抵抗种族隔离政权的最主要力量，特别是在20世纪50年代曼德拉、西苏鲁等人进入非国大领导层之后。1952年非国大与南非印度人大会共同发起了“蔑视不公正法运动”，向种族隔离制度的几个主要法律发起挑战，限政府在1952年2月底之前废除《通行证法》、《镇压共产主义条例》、《特定住居法》、《班图权利法》和《选民分别登记法》等，当时有上万民众签名支持该运动。

① 《美国学者谈南非问题》，《西亚非洲》1992年第5期。

运动很快蔓延到全国各大城市和工业中心，并坚持了6个月之久。尽管运动没有达到预期的目标，但正如运动的全国志愿者总指挥曼德拉所言："它召唤出巨大的社会力量，并影响了全国成千上万的人。这是一个促使群众在政治上发挥作用的有效方法，是对政府的反动政策表达愤慨的强有力的手段。这是向政府施加压力的最好途径之一，并且对国家的稳定和安全构成极大的威胁。它鼓舞并唤起我们的人民摆脱被征服的、屈从的唯唯诺诺状态，而成为一支有斗争性的、毫不妥协的战斗队伍。全国都变成了战场，争取解放的力量与反动邪恶的势力进行着殊死的较量。我们的旗帜在每一个战场上飘扬，成千上万的同胞团结在它周围，我们掌握着主动权，争取自由的力量展开全面进攻。"①运动被镇压后，非国大的影响空前扩大，会员从7 000人猛增至10万人以上。

1954年，"南非非洲人国民大会"再次与"印度人国民大会"联手，并和混血人政治团体"有色人国民大会"以及由进步的白人组成的"民主人士大会"酝酿建立和开展统一战线性质的"人民大会联盟运动"，共同反对白人的种族主义统治。1955年6月25日，人民大会运动在克里普敦正式开始。当时有2 884名代表，其中包括112名白人代表参加。26日，大会通过"自由宪章"，用英语、科萨语和苏陀语庄严宣告："南非属于所有生活在这里的人民，黑人和白人；任何政府都不能宣称有统治的权力，除非它符合全体人民的意愿。"这是南非人民第一个不分种族和政治信仰、摒弃了意识形态分歧和党派偏见的共同行动纲领，对后来的反种族隔离运动产生了根本性的影响。在1956～1961年断断续续的"叛国审判案"中，"自由宪章"经受住了考验，曼德拉、西苏鲁等非国大领袖针对莫须有的罪名对种族主义统治进行了有力的驳击，不仅最终被无罪释放，而且赢得了许多白人宗教领袖、大学教授及部分自由党和工党议员的声援，他们对"自由宪章"的原则表示认同。

1960年3月21日，由泛非主义者大会发起的反对《通行证法》运动再次掀起蔑视种族隔离制度的高潮，在南非钢铁中心弗里尼欣市的沙佩维尔镇（Sharpeville），约5 000名群众聚集在警察局门前抗议，遭到白人警察的残酷镇压，造成数十名抗议者死亡。此后南非各地黑人民众纷纷行动起来，举行了更大规模的抗议运动，有20 000多名参与者被捕。

---

① 转引自杨立华：《南非黑人领袖纳尔逊·曼德拉》，北京，社会科学文献出版社，1988年，第109页。

图 7－1　种族隔离时期警察在检查黑人的通行证

图 7－2　“白人专用”：种族隔离时代的标志

1960 年 4 月，非国大和泛非大被白人政府宣布为“非法组织”。严酷的现实逼迫非国大领导层转变非暴力、不合作的传统斗争策略，决定以武装斗争的手段对抗残暴的种族主义镇压行径。1961 年，非国大的军事组织“民族之矛”成立，并于当年 12 月 16 日引爆了设置在约翰内斯堡、伊丽莎白港和德班的目标上的爆炸装置，发出了武装抵抗白人种族主义统治的信号弹。此后“民族之矛”多次策划并实施了针对白人种族主义目标的军事行动，主要是破坏性行动。同时，“民族之矛”开始在国内外建立训练基地，准备开展长时期的游击战。泛非大也建立了自己的军事组织“波戈”，开展对白人目标的袭击行动，并制定了武装起义的计划。虽然武装破坏的效果有限，但还是给白人种族主义政权带来极大的震动和恐惧，白人警察和军队动用一切手段甚至越境打击抵抗组织，对抵抗运动造成极大的破坏。1962 年 8 月曼德拉被逮捕，此后“民族之矛”和“波戈”组织的多名主要领导人和战士被捕。特别是 1963 年 7 月设在约翰内斯堡以北里沃尼亚（Rivonia）地区的非国大地下领导机构和“民族之矛”的指挥部遭到毁灭性的清剿，随后进行的审判不仅使曼德拉失去了 28 年的人身自由，大批抵抗运动领导人被长期囚禁，更使武装抵抗运动进入了十几年的“沉寂”时期。

但这种“沉寂”只不过是活火山下的岩浆，随时都有爆发的可能。非洲人前赴后继，以“南非学生组织”为主体的一代黑人青年接过了曼德拉等人举过的旗帜，发起了具有深远意义的“黑人觉醒运动”，重新唤起黑人民众被强行压制下去的斗争精神和顽强的战斗力。在杰出的组织者斯蒂夫·比科的带领下，“南非学生组织”成为“黑人觉醒运动”的核心。1976 年 6 月 16 日，为抗议白人政府强行规定在黑人中小学中一半的课程须以阿非利卡语为教学语言，约翰内斯堡西南索韦托（Soweto）镇大约 1.5 万名学生走上街头示威游行，要求政府取消强制推行阿非利卡语的规定。警察竟向手无寸铁的学生开枪，上百名学生倒在血泊中。被激怒的学生们烧毁警车，捣毁一切象征种族主义统治的标志。随后，数十万非洲工人举行罢工，支援学生们的行动，抗议当局的血腥镇压，迫使政府取消了在黑人学校实行阿非利卡语教学的规定。1977 年，在索韦托事件一周年纪念日，40 多所黑人中学的 3 000 多名学生和 500 多名教师又进行了几个月的罢课，进一步要求取消《班图教育法》。1977 年 9 月，学生组织领导人比科死于狱中，再次激起全国性的抗议浪潮，有 120 万名学生参与罢课。

自索韦托事件之后，南非黑人每年都在6月16日掀起一次次反对种族主义统治的斗争高潮，从此之后南非白人当局就再也没有安稳过。极为重要的是，黑人工人逐渐成为南非最主要的政治力量，并且取得了一定的成就。1979年，南非白人当局允许黑人工人成立工会，取消了原《劳工法》中有关职业保留的全部规定。[①] 据统计，1979年南非工人举行101次罢工，1980年举行了207次罢工，1981年举行了342次罢工。1985年“南非工会大会”宣告成立，当年拥有会员50万人，1986年即举行了两次150万工人大罢工。与此同时，自发的黑人武装抵抗活动显著增加，城市游击战时有发生。

1983年5月，德兰士瓦32个黑人组织成立“联合民主阵线”，呼吁全国人民不分种族、不分肤色、不分宗教团结起来，为建立一个统一的民主国家而奋斗。同年8月，在开普敦召开了“联合民主阵线”全国大会，参加者包括非洲人、有色人和亚裔人的570个组织、200多万名会员。有黑人大主教图图参加的“全国论坛”，也为广泛联合反对种族隔离制度的力量起到了推波助澜的作用。

种族隔离的藩篱在“联合民主阵线”的冲击下似乎有些动摇。博塔政府时期，尽管仍不肯在整个制度层面上对非洲人作出根本性的让步，但毕竟开始解禁了某些种族主义的法令，如取消了黑人不许进入“白人专用”餐厅、剧院等场所，不许与白人同乘一辆公交车，不许参加白人之间的体育赛事等条例，甚至取消了种族隔离制度的重要支柱之一《通行证法》，放宽对城镇黑人租地建房的限制等。

在南非国内各族人民为反对种族隔离制度而进行艰苦斗争的同时，国际社会也在关注着南非局势的发展。自国民党极右翼颁布种族主义法律伊始，世界有正义感的国家和人士都表达了自己对阿非利卡人顽固推行种族隔离措施的谴责和对非洲人处境的同情、对他们抗议行动的声援和支持。所谓“当局者迷，旁观者清”，就连南非的前宗主国英国也对南非阿非利卡人政府顽固不化的种族主义态度感到困惑不已，1960年2月3日英国首相麦克米伦在南非议会演讲时曾提醒白人当局：“变革之风已经吹遍这个大陆，不管我们喜欢不喜欢，民族意识的这种增长是个政治事实，我们大家都必须承认这是事实，并且在制订国家政策时把它考

① 南非《星报》(*The Star*)，1979年5月22日。

虑进去。”①

1960年3月南非沙佩维尔事件发生后，安理会在多数成员国代表的坚持下，不顾南非政府的抗议，讨论了南非国内的局势，于4月1日一致通过了一项决议，严厉谴责南非政府的屠杀行为，指出这种情势如在南非继续下去将会危害国际和平与安全，督促白人当局放弃不得人心的种族隔离政策。当年联合国大会也于4月和11月两次讨论了“南非问题”，对南非政府的一意孤行表示遗憾。1962年11月联合国通过1761号决议，要求各会员国采取包括同南非政府断绝外交关系等具体措施，促使白人当局在国内政策上作出调整，并设立了一个“十一人特别委员会”继续专门关注南非的种族问题。1963年8月，联合国安理会通过181号决议，号召成员国对南非实行武器禁运，并成立一个特别委员会监督执行。“里沃尼亚审判”发生后，联合国大会以106票对1票的悬殊结果通过决议，要求南非政府释放所有的被告及在押政治犯。联合国安理会也通过决议，强烈要求南非政府中止审判，释放所有因反对种族隔离而入狱的政治犯。1965年12月15日，联合国倡议成员国对南非实行经济制裁，认为这将有助于推动南非国内政策出现积极的变化。1966年，联合国就种族隔离问题第一次举行系列讨论会。同年，联大宣布将3月21日，即沙佩维尔事件纪念日，定为“国际消除种族歧视日”（the International Day for the Elimination of Racial Discrimination）。1968年，联合国倡议切断同南非的文化、教育、体育运动等方面的联系。1971年，联大第一次公开谴责南非“黑人家园”的设立。1974年联合国通过一项动议，要求将南非驱逐出联合国，但遭到几个西方大国的反对。1977年索韦托事件发生后，联合国“反对种族隔离特别委员会”主席莱斯利·哈里曼发表声明，对南非当局取缔18个反种族隔离组织表示强烈谴责，认为这是一种新的暴行，是一个政权的垂死挣扎。他赞同通过武装斗争来消灭种族主义政权，因为黑人及真正的民主主义者已经别无选择。1986年瑞典首相帕尔梅在对“瑞典人民反种族隔离制度议会”的演说中宣布：“种族隔离制度不能被改革，而只能被消灭。”②这种旗帜鲜明地反对种族隔离制度的态度在西方并不少见，但落实在行动上，许多西方国家特别是几个主要的大国则往往出于自身利益考虑，迟迟不见有真正的

① 转引自郑家馨：《南非史》，北京，北京大学出版社，2010年，第335页。

② Grieg, Charlotte, 2008: *Cold Blooded Killings: Hits, Assassinations, and Near Misses That Shook the World*. Booksales Inc Remainders., p. 43.

制裁措施。相反，包括国际奥林匹克委员会和一些发展中国家，特别是非洲“前线国家”，对南非的体育、文化、经济制裁却产生了直接的效果。在20世纪80年代之前，西方大国对南非的制裁只是在武器和石油禁运方面有所进展，真正对南非实行普遍的经济制裁是在80年代中期以后，当时美国与苏联的全球性对抗有所缓和，对非洲的争夺也渐趋平静。1985年4月18日，欧洲议会经过反复辩论后，正式决定对南非实行“有限的”经济制裁。5月31日，法国总理法比尤斯对外宣布，若南非在一年半之内不结束种族隔离制度，法国将停止对南非的投资。6月5日，和南非关系最密切的美国终于也有所举措，众议院通过了对南非实行有限经济制裁的决议，内容包括禁止美国公司投资南非、禁止向南非输入核技术和电子计算机等。7月24日，法国召回了驻南非大使，并宣布冻结在南非的投资。此前态度一直比较积极的北欧国家和加拿大、澳大利亚、新西兰等国也相继采取类似的行动，宣布召回驻南非大使，对南非实行有限的经济制裁。9月，美国总统里根签署行政命令，除了上述提到的禁运内容外，还增加了禁止从南非进口金币。英联邦首脑会议也通过了制裁南非的具体方案，包括禁止向南非进行新的投资或以利润进行再投资；停止同南非公司签订新的合同；停止进口南非的农产品；停止同南非的旅游业合作；中断同南非的空中联系；不再同南非签订双重免税协定等。1986年，美国国会通过了《全面反对种族隔离法》，其内容与英联邦首脑会议大体相似，并列举了禁止从南非进口的具体货物，如钢铁、煤炭、石油、金币、铀、纺织品、农产品等。此后，美国各州政府也相继宣布禁止本州的美国公司同南非做生意，违者将受到惩罚。1986～1987年，欧共体、日本、英联邦国家等又先后宣布扩大对南非的经济制裁项目，这次制裁持续到90年代初，直到南非政府被迫启动民主化进程才告终止。

中国政府和人民一如既往地坚持谴责南非白人当局的种族主义政策和行径，不顾自己的政治和经济利益受到损害，以各种形式支持南非人民反抗种族歧视的正义斗争。毛泽东、周恩来等国家领导人多次致电包括非国大在内的主要抵抗组织，声援他们的反种族主义事业。事实上，中国政府是最坚决反对一切形式的种族主义统治的国家之一，早在20世纪50年代就断绝了同南非白人政府的一切往来，并拒绝建立任何经济和政治联系。在1971年恢复了联合国的合法席位之后，作为联合国的常任理事国，中国勇敢地担当起了大国应负的责任，在联合国起草和通过的谴责种族隔离制度、对南非实行制裁的各项决议中，都发挥了重要的作用。

一旦国际制裁真正付诸实施，其效果还是显而易见的。南非的外国直接投资（FDI）急剧下降，1980 年为 165.19 亿美元，1985 年骤降至 109.19 亿美元。1985～1990 年，许多外国公司陆续撤出南非或撤走投资，又有 11 亿美元流出南非。国际上对南非的贷款也直线下降，仅美国银行对南非的贷款就从 1984 年的 50 亿美元降至 1986 年的 30 亿美元。受此影响，南非国内的白人资本家的信心也由于担心政局不稳而受挫，悄然流往国外，致使南非的固定资产投资回落，1987 年比 1981 年减少了 31%。阿拉伯家和非洲国家对南非的石油禁运颇有成效，迫使南非政府不得不从黑市高价购买石油[①]，并研究出从煤炭中提炼石油，但这只能满足其需要量的 30%，在某种程度上，南非的经济失去了动力。经济停滞的结果还表现在债务上，由于国际制裁，南非的外汇收入锐减，国际收支严重失衡，1985 年外汇储备总额只有 19 亿美元，而外债总额则从 1980 年的 60 亿美元上升到 1986 年的 240 亿美元，其中短期债务居高不下，占了国内生产总值的 72%。

在内外交困之中，南非的种族隔离制度终于走上穷途末路。

三、白人种族隔离制度的瓦解

到 20 世纪 80 年代，南非种族隔离政权的国家机器虽然似乎还在照常运转，但实际上它的政治经济基础都已经发生了严重的动摇。无论是黑人广大民众，还是白人上层社会，都在盼望着出现真正的变革。博塔总统作为种族隔离制度的守夜者，也朦胧地感受到了黎明的曙光将不可阻挡地照亮南非。他试图在不改变种族隔离制度的前提下做一些“改革”，为此于任内出台了一些解禁措施，给予非洲人某些本来就应有的基本权利，如允诺给予家园之外失去公民权的黑人以公民权，废除《禁止混合婚姻法》和《不道德行为修正法》，以及禁止不同种族的人参加同一政党的有关法令等。但更令人深恶痛绝的数以百计的种族隔离法律的存在，使他的改革微不足道，甚至被国内外舆论视为欺骗之道和缓兵之

---

① *Apartheid the Facts*, *The International Defence and Aid Fund*, Research Information and Publication Department, 1983, p. 88.

计。即使这样，他的些微让步也令白人极右分子深感不安，白人内部的分化不断加大。同时在黑人内部，对白人政府的变革姿态和南非未来的前途，也有不同的反应和认识。20 世纪 80 年代中后期到 90 年代初是当代南非最为动荡混乱的时期。时势造英雄，英雄改变时势。德克勒克和曼德拉顺应历史潮流，一起引领南非跨进了一个新时代。虽然都面临来自本集团内部的掣肘或激烈反对，但两位伟大的领袖人物最终经过说服和斗争，都将各自阵营内支持改革的绝大多数人团结在自己的周围，并且代表着不同种族和政党的两位领导人在关键问题上基本达成了一致，使得南非的历史朝着正确的方向发展。

德克勒克在 1989 年 8 月接替博塔担任总统后，就作出了与他的历届前任都全然不同的政治姿态，他宣布准许黑人举行和平集会和示威游行，并向此前在选举中因动乱而遭警察杀害的死难黑人家属表示慰问，取消了一些显著的种族隔离标志，会见黑人大主教图图，释放西苏鲁等八名抵抗运动领导人。1990 年 2 月 2 日，德克勒克在开普敦举行的议会上用阿非利卡语和英语宣布：取消对非国大、泛非大和南非共产党等政治组织的禁令；释放与这些组织相关的政治犯；同时撤销对其他 33 个组织的限制；部分解除已经持续了 5 年的“紧急状态”。最后，也是最重要的一点，是宣布近期将无条件地释放黑人领袖曼德拉。这为解决南非的僵局迈出了最为关键的一步。2 月 11 日，72 岁的曼德拉带着胜利者的微笑迈出了监狱的铁门。

将昔日的阶下囚奉为座上宾，确实需要极大的勇气。曼德拉既是他的政治对手，又是他的合作伙伴。随后的政治谈判一直在紧锣密鼓中进行，而从白人极右派阵营和黑人祖鲁阵营中发出的不和谐音也时时干扰着谈判的进程。德克勒克在夹缝中左冲右突，曼德拉在斗争中奋勇前行。

1991 年 10 月，曼德拉倡议召开了“爱国阵线大会”，组成了有近百个政党参加的广泛的非洲人统一战线。11 月，“爱国阵线”发动有 300 万人参加、为期两天的总罢工，向政府施加最后的压力。11 月底，南非各种族的 20 个主要政党在约翰内斯堡召开制宪谈判预备会议。12 月 20 ~21 日，有 19 个主要政党和政府方面 400 名代表参加的第一次“民主南非大会”举行。由于在关键问题上各自阵营内部都无法统一立场，如黑人方面比较激进的“阿扎尼亚人民组织”和泛非大，还有以祖鲁黑人家园为后盾的布特莱齐及其“因卡塔自由党”，白人方面的极右势力等，这注定是一场艰苦而又漫长的谈判。1992 年 3 月 17 日，南非白人举行全民公决，以表明对德克勒克改革的态度。结果在登记的329万名白人合格选民中，有280万人参加了投票，其中1 923 186张选票支持德克勒克，占有效票数的68.61%，反对票875 619张，只占有效票数的31.2%。德克勒克赢得了决定性的胜利。

每一种政治势力都想左右谈判进程，都希望自己能够在谈判中扮演主要角色。各方角力和冲突的代价是：1992年，全年死于政治暴力的人数超过了3 000人，社会动乱已经“接近于灾难状态”①，而南非的经济也在政治和社会暴乱中几乎陷于瘫痪，全国有600万人失业，占南非劳动力的40%，如果谈判不能取得实质性进展，形势不能稳定下来，政治、经济的混乱状态将形成恶性循环，这无论对白人还是对黑人以及参加谈判的任何一方都将是不可接受的最坏结果。

在这紧要关头，德克勒克和曼德拉再次发挥了关键的作用。在他们的影响下，双方都作出了巨大的让步，特别是非国大正式提出了在过渡时期分享权力、建立全国团结政府的主张，得到各方的一致赞同。1993年4月初，多党制宪谈判的各方又齐坐在谈判桌前，先前宣布退出“民主南非大会”的一些左翼和右翼政党也“迷途知返”。1993年11月，26个政党最终就根本性问题达成共识，通过了过渡宪法草案。12月22日，南非议会正式通过了《南非共和国宪法草案》，与此同时，有关“黑人家园”和1984年排除黑人参政的“三院制议会”宪法也随之废止。南非白人种族隔离制度在法律层面上宣告结束。

1994年4月26日，南非开始举行不分种族的“一人一票”的全民大选，5月6日公布了选举结果：非国大获得1 220万张选票，占有效票数的62.65%。国民党获得390万张选票，占有效票数的20.4%。其他各党派也基本上基于各自的实力得到了相应的票数。依据得票结果，在议会400个席位中，非国大占得252席，国民党82席，因卡塔自由党43席，白人保守党9席，泛非大5席，基督教民主党2席。在内阁中，按照比例非国大得到了17个部长职位，包括国防、外交和安全部长；国民党拥有7个部长职位，因卡塔自由党3个。

总统由国民议会选举产生，曼德拉众望所归成为第一位南非黑人总统，塔博·姆贝基当选为第一副总统，德克勒克当选为第二副总统。

一个多种族共存的“彩虹之邦”新南非就此诞生。

---

① 据路透社南非约翰内斯堡1992年7月14日英文电讯。

结　语

从1652年荷兰人登陆桌湾，到1994年阿非利卡人将政权交给真正民主选举的黑人总统曼德拉，南非的发展经历了极其艰难而曲折的历史进程。南非发展的关键问题是土地问题，其他诸多影响社会经济、政治、文化生活各个方面的历史和现实问题，大都与土地问题密切相关。因为“土地所有权”是“一切财富的原始源泉”①，同时也是一切社会不平等的根源。历史学研究的主要任务之一，就是要探求历史现象的终极原因，而南非土地问题的成因，绝不是一句笼统的“殖民主义统治”所能解释的。

恩格斯指出：“一切历史上的现象，都可以用最简单的方法予以说明，而每一历史时期的人的观念和思想也是如此，可以简单地完全由这一时期的生活的经济条件以及由其所决定的社会关系和政治关系来说明。”②南非土地问题的形成有着自己的特殊性。作为17世纪资本主义商业霸权的化身，荷兰人首先在好望角建立了殖民地。带着强烈的种族主义、极端自由主义和“无主土地”的理念，荷兰人自认为是独一无二的“上帝的选民”，将自己刚刚挣脱的殖民枷锁又套在了非洲民族的脖子上。“对于黑人来说，南非与其他前殖民地国家的基本差别在于：殖民者是在他们中间而不是来自海外，而且这个殖民者不愿以任何代价放弃自己的统治。”③

毫无疑问，阿非利卡人是一个极其顽固的民族，同时他们也是一个富于创造性的民族。他们民族性格中的这种两重性在南非特殊的自然和人文状况下同时得到张扬。阿非利卡人的经济行为是他们所处的国家和时代生产力水平与南非的经济现实相结合的反映。正如恩格斯在阐述马克思主义历史唯物论原理时所指出的那样：“并不是像某些人为着简便起见而设想的那样是经济状况自动发生作用，而是人们自己创造着自己的历史，但他

① 马克思：《论土地国有化》，《马克思恩格斯选集》第2卷，人民出版社，1972年，第451页。

② 恩格斯：《卡尔·马克思》，《马克思恩格斯选集》第3卷，北京，人民出版社，1972年，第41页。

③ Marianne Cornevin, 1977: *L' Afrique du Sud en Sursis*, Paris, p. 231.

们是在制约着他们的一定环境中，是在既有的现实关系的基础上进行创造的，在这些现实关系中，尽管其他的条件——政治的和思想的——对于经济条件有很大的影响，但经济条件归根到底还是具有决定意义的，它构成一条贯穿于全部发展进程并唯一能使我们理解这个发展进程的红线。"①在19世纪中期以前，阿非利卡人抢夺非洲人土地的行为时刻都和世界贸易和市场的刺激联系在一起；南非内陆地区的高草原地貌使他们从欧洲最先进的农夫变成了和科伊桑人与班图各黑人民族一样的牧民，相同的经济结构促使他们在与后者的竞争中凭借枪支、马匹和牛车的优势不仅将对方的土地占为己有，而且强使原住民本身沦为自己的奴仆；尽管他们基本上没有参加奴隶贸易，但主子民族的心态和缺乏移民、劳动力严重不足的现实使他们先是进口奴隶，然后又把科伊人变成了事实上的奴隶；只要进入内地即可成为农场主的"天然权力"使阿非利卡人在两矿发现和开采之前无法在本民族中沉淀下"过剩"工人，英国人的"系统殖民理论"在南非的实践充分证明了这一点；布尔人"大迁徙"的过程同时也是大规模剥夺黑人民族土地的过程，这是英国人的"推力"和班图人的"阻力"共同作用的结果；两矿的开发、英布战争及其后果使铁板一块的阿非利卡人终于出现了严重的阶级分化，数以十万计"贫穷白人"的存在使阿非利卡人上层感到忧虑，而同样受到由两矿开发而带来的市场经济大潮冲击的黑人民族商品化农业经营的成功和部分富裕起来的黑人购买土地造成的"黑点"使人数处于绝对劣势的阿非利卡人惊恐不已；这一切最终导致了1913"土著土地法"的出笼；此后阿非利卡人依靠手中掌握的国家权力，利用行政立法手段进一步彻底剥夺南非黑人的土地所有权，从保留地和特居地的设立到"班图斯坦"和"黑人家园"的"独立"，体现了阿非利卡人费尽心机要实现"分别发展"、完全剥夺非洲人土地和榨取他们劳动力价值的宿愿。可以说，保留地和"黑人家园"的设立既是压榨黑人劳动力的手段，也是进一步剥夺黑人土地的结果。

南非的历史发展表明，随着南非现代化步伐的加快，种族资本主义政治经济学越来越严重地阻碍了经济发展②，由此带来的问题使20世纪80年代以后南非的经济出现停滞甚至负增长。把南非的主体民族班图黑人驱赶进"黑人家园"，同时极力榨取他们的劳动力，这如同"在保有蛋糕的同时又吃掉它"，已经成为不可能的事情。无论白人政府承认与否，"分别发

---

① Marianne Cornevin, 1977: *L' Afrique du Sud en Sursis*, Paris, p. 231.

② 关于种族隔离制度与经济发展的矛盾，可参见李保平：《南非种族隔离制度与经济发展之间的关系》，《亚非研究》第六辑，北京，北京大学出版社，1996年。

展”的道路已经走进了死胡同。在现代化进程中的南非，作为生产关系集中体现的种族关系必须适应生产力发展的需要，排斥黑人全面参与社会生产和社会生活如同排斥白人的参与一样不可思议。三百多年的历史交往，如一位南非记者借用叔本华的比喻所形容的那样：在寒冷的夜晚，几头箭猪挤在一起取暖，却用刺互相倾扎，不得不暂时分开，结果却又挨了冻，只好再次更紧密地拥抱在一起。[①]这也是如今南非黑人和白人的处境。德克勒克和曼德拉，作为阿非利卡人和班图黑人的杰出领袖，充分地意识到南非发展问题的关键所在，德克勒克勇敢地释放了曼德拉，而曼德拉也以更宽广的胸怀表示不仅要解放被剥削者，还要解放压迫者。民族和解后的新南非正以令人瞩目的步伐迈进21世纪。

但历史遗留下来的问题也同样令人瞩目。城镇中的失业问题、农村中的农业凋敝和整个社会的治安问题，特别是，如同本文引言中提到的那样，土地问题突出地展现在新政府的面前。从何处着手，如何解决这些问题，还在新政府成立之前，黑人领袖们就着实花了一段时间进行认真的研究。经过仔细酝酿，出台了《重建与发展计划》。

《重建与发展计划》将促进经济增长、解决日益严重的失业问题、改善黑人民众的福利作为当务之急。几年下来，计划取得了一定的进展，到1997年底，政府为130万人提供了清洁用水；为将近500万人提供了基本的医疗服务；增加了教育经费，为500万小学生免费提供午餐；为150万户家庭接通了电力，使南非的电力供应覆盖58%的家庭，为黑人住区的经济发展创造了条件；完成38.5万套低价住房建设，为70万户提供了住房补贴；实施900个以社区为基础的公共工程项目，新创造就业机会4万个[②]，等等。

但这些目标的实现是有限的。1995年南非的经济增长率达到3.4%（1991年为－1.0%，1992年为－2.2%，1993年为1.3%，1994年为2.7%），算是献给新政府的厚礼，但此后连续几年大幅下降，几乎呈倍数递减：1996年为3.1%，1997年为1.7%，1998年为0.1%。[③]生活在贫困线（每月生活费低于310兰特，约合60美元）以下的人口仍高达53%，失业率居高不下，达33%，其中绝大多数为黑人。[④]

---

① Allister Sparks, *The Mind of South Africa*, p.92. 关于“箭猪”的比喻，参见西方现代诗性哲人文丛：《叔本华文集》中之《杂喻》，西宁，青海人民出版社，1996年，第81页。

② 杨立华：《大选之年看南非经济》，《西亚非洲》1999年第3期。

③ *Business Day*, 23 Feb., 1999.

④ 南非总统曼德拉1998年2月6日议会开幕报告；南非财政部长1998年预算报告。转引自杨立华：《大选之年看南非经济》。

更令人不安的是，几年下来，南非农村在实质性的变化方面进展缓慢。政府的着眼点主要放在了工业方面，这是可以理解的，因为南非早就实现了工业化，一半以上的人口生活在城市，但农村经济的滞后无疑严重地拖了整体经济发展的后腿，并且农村还蕴藏着许多影响城市生活不安定的根源——无处不在的流动劳工，除了一小部分来自邻国外，绝大部分来自前黑人家园。农业的生产周期长，投入多，风险大，稳定性差，在国民产值中所占的比重较小，不如工业那样能够促使经济规模成倍增长，这是事实；但一个社会无论发展到什么样的程度，农业一直是国民经济的第一生产部门。而且农业的意义还不仅如此。正如一位西方学者指出的那样："如果上台的政府都不能得到农村的支持或默认，那么政治稳定的基础就微乎其微了"，"在现代化政治中，农村扮演着关键性的'钟摆'角色，它不是稳定的根源，就是革命的根源。"①

应该说，从曼德拉到姆贝基再到祖马，他们不是不知道农村经济和农民问题的重要性，也不是有意要忽略农村经济，令人棘手的是，这一切问题的难点是土地问题。在由曼德拉总统亲自作序的《建设新南非·经济政策》蓝皮书中，作者们指出："农村地区包括许多备受种族隔离制度摧残的人们，农业部门的特征就是极端的不平等，以致使这些人在种族隔离后的南非无法生存。"②南非农业和土地部长德雷克·汉内克姆（Derek Hanekom）指出："这个国家的历史就是土地被剥夺的历史。这是诸多冲突的根源。""我们的使命就是确保土地权利的恢复……这个国家的未来就寄托于此。"③ 但土地问题的解决极其复杂，牵扯到许多方面，不仅有技术操作的难度，还有制度变革的因素。从历史上看，南非黑人并不缺乏创造力，他们是从传统经济向现代经济转型最快、最成功的非洲黑人民族社会，早在19世纪80年代他们就充分展示了其顺应现代资本主义市场经济的能力。是白人因对他们人数和能力的恐惧而动用国家机器的力量强行限制了他们的发展。因而南非经济的最大问题是如同在政治和其他社会领域广泛存在的种族不平等，这种不平等表现为权利和机会的不公正。如今政治和其他社会领域的不平等已经基本上取消，但经济权利和机会的不平等并没有消除，所以目前南非经济发展的关键问

---

① 〔美〕塞缪尔·亨廷顿：《变化社会中的政治秩序》，王冠华等译，北京，生活·读书·新知三联书店，1989年，第267页。

② Marc Van Ameringen, ed., 1995: *Building A New South Africa*, *Vol.* 1, Economic Policy: A Report from the Mission on Economic Analysis and Policy Formulation for Post－apartheid South Africa, International Development Research Centre, Canada, p.31.

③ *The Star*, 18 June 1997.

题可能不是生产经济学的问题，而是分配经济学的问题。南非最大的、最基本的不平等，追根溯源，就是集中在生产力的要素——土地的分配问题上。其实在曼德拉上台以前，非洲人国民大会就设想过如何解决土地分配问题，但一直苦于没有良方。

1955年6月25～26日，由南非各族人民参加的人民大会在约翰内斯堡附近召开。大会提出了《自由宪章》。第二年该《宪章》为非国大特别会议通过，成为其行动指南。其中提到将实现耕者有其田，在耕者之间重新分配土地。曼德拉新政府成立前经过多党谈判确立的过渡时期宪法决定了黑人多数政府不可能像一些国家革命后建立的政权那样，用重新分配财富的方法来解决社会生活中的不公平。因而过渡宪法只是规定凡自1913年6月13日以后被剥夺土地者，可以个别地或集体地提出归还土地的申请。但同时规定必须在当前土地持有者同意出售的情况下，才能磋商赎买问题。在第一次全民大选前夕，非国大公布了《重建与发展计划》，作为新政府成立后的一项基本国策，它删去了《自由宪章》中有关国有化和重分土地的原则。1995年1月18日，曼德拉政府宣布成立土地归还委员会。到1996年3月，该委员会收到了大约7 000份要求归还土地的申请。但经过大半个世纪的政治风云，要确定原产权，确认土地申请的合理性，并非想象的那么容易。土地归还委员会成立后，直到1995年10月20日才第一次确认了一个居民集团一份土地申请的合法性。据1999年6月18日《人民日报》报道：曼德拉执政5年来，土地改革使得3.3万户黑人重新获得了土地，共17.9万公顷。这离广大黑人的要求相去太远。南非的左翼人士认为，不改变过渡宪法中保护私有财产的条款，就无法从根本上解决土地问题。但白人坚持在保护私有财产的条款方面，一直寸步不让。

如何处理好土地问题与政治经济的关系，南非黑人政府仍然在探索中。有人提出由国家出面，用财政拨款进行赎买。但这需要的资金将会是天文数字。在南非的经济命脉仍然掌握在白人手中的情况下，新政府要改善黑人处境只能在宪法和财政状况许可的范围内，根据南非的经济现状，在不增加税收、不引发通货膨胀的情况下进行。实际情况是，曼德拉和姆贝基继承下来的政府已经是负债累累。到1995年3月，南非的国债已达2 460亿兰特（当年1兰特约等于0.4美元），占国内生产总值的55%，几乎税收的1/5要用来支付国债的利息。到1995年9月底国债进一步增加到2 740亿兰特，占了国民收入的58%。1998～1999年度国债尽管有所减少，但仍占了国内生产总值的48%。[1]由此看来，财政上不可能为这一庞大计划的实施提供大量的资金。通过进一步提高税收来积累赎买资本也不可行，因为1995～1996年度税收已占国内生产总值的25%，再大幅度提高税收肯定更不利于增长速度缓慢的经济状况的改善。减少政府机关以及公用事业庞大职工队伍的开支，通过节流来增支，看起来是个好办法，但似乎也是得不偿失。南非的公务员的工资占了政府开支的将近40%，但解雇他们中的一部分，所付出的退休金和其他福利待遇也为数不少。更何况新政府成立后又增设了不少新机构，政府雇员事实上有增无减。新政府一再提出要减少10万公务员的设想，但能“减肥”到什么程度，还不十分明确。依靠外援也是一种途径。曼德拉政府成立后，世界各国政府曾纷纷答应解囊相助，但真正到位的资金远不像期待的那么多。

由于缺乏资金，非国大不得不一再修改《重建与发展计划》的目标。1994年经过七易其稿后，曼德拉政府决定5年内用于该计划的开支为390亿兰特。但新政府在实际制定预算时，每年用于计划项目的拨款只有25亿兰特，而这25亿兰特实际上也由于种种原因并没有全部落实到位，比如1994～1995年度就只用了10亿兰特，1995～1996年度前8个月只用去8.77亿兰特，这无异于杯水车薪。

1996年2月26日，由于《重建与发展计划》迟迟难以兑现，姆贝基副总统提出了《全国增长与发展战略》。除了重新审定一些增长和发展指标外，这一战略并没有添加多少新的内容。但在“战术”方面，姆贝基以及其后的祖马政府仍然取得了不少成效，毕竟通过十几年来实实在在的工作，有一些积攒下来的土地问题得到了解决，国家政治生活方面虽然经历了一些风波，但民主制度得到巩固，经济总体上向好的方面发展。

可以说，尽管“路漫漫其修远”，民众的耐心也在经受着考验，不过进入21世纪的南非黑人政府，已经度过了最初的难关。因为，从某种意义上来看，南非土地问题与政治经济的关系在性质上已经悄然发生了改变。从理论上说，今日南非土地问题反映的不再是种族对立和压迫，而是新南非奔向现代化过程中公平和效率的关系问题。

令人欣慰的是，曼德拉及其继承者姆贝基、祖马等还原了政治经济学的本来面目，不是以种族，而是以民主为手段为南非的全面现代化开辟新的路径，尽管目前仍在摸索，一段时期内甚至会困难重重，但没有分别的发展无疑会有光明的前景。

---

① *Business Day*, 22 June 1999.

附录一　1913年《土著土地法》主要内容

The Natives' Land Act

[**No.** 27, 1913.]

ACT

TO Make further provision as to the purchase and leasing of Land by Natives and other Persons in the several parts of the Union and for other purposes in connection with the ownership and occupation of Land by Natives and other Persons.

Be it enacted by the King's Most Excellent Majesty, the Senate and the House of Assembly of the Union of South Africa, as follows: —

1. (1) From and after the commencement of this Act, land outside the scheduled native areas shall, until Parliament, acting upon the report of the commission appointed under this Act, shall have made other provision, be subjected to the following provisions, that is to say: —

Except with the approval of the Governor-General —

a. a native shall not enter into any agreement or transaction for the purchase, hire, or other acquisition from a person other than a native, of any such land or of any right thereto, interest therein, or servitude thereover; and

b. a person other than a native shall not enter into any agreement or transaction for the purchase, hire, or other acquisition from a native of any such land or of any right thereto, interest therein, or servitude thereover.

(2) From and after the commencement of this Act, no person other than a native shall purchase, hire or in any other manner whatever acquire any land in a scheduled native area or enter into any agreement or transaction for the purchase, hire or other acquisition, direct or indirect, of any such land or of any right thereto or interest therein or servitude thereover, except with the approval of the Governor – General.

(3) A statement showing the number of approvals granted by the Governor – General under sub – sections (1) and (2) of this section and giving the names and addresses of the persons to whom such approvals were granted, the reasons for granting the same, and the situation of the lands in respect of which they were granted, shall, within six weeks after the commencement of each ordinary session of Parliament, be laid upon the Tables of both Houses of Parliament.

(4) Every agreement or any other transaction whatever entered into in contravention of this section shall be null and void abinitio.

2. (1) As soon as may be after the commencement of this Act the Governor – General shall appoint a commission whose functions shall be to inquire and report —

a. what areas should be set apart as areas within which natives shall not be permitted to acquire or hire land or interests in land;

b. what areas should be set apart as areas within which persons other than natives shall not be permitted to acquire or hire land or interests in land.

c. The commission shall submit with any such report —

i. descriptions of the boundaries of any area which it proposes should be so set apart; and

ii. a map or maps showing every such area.

(2) The commission shall proceed with and complete its inquiry and present its reports and recommendations to the Minister within two years after the commencement of this Act, and may present interim reports and recommendations: Provided that Parliament may by resolution extend (if necessary) the

time for the completion of the commission's inquiry. All such reports and recommendations shall be laid by the Minister, as soon as possible after the receipt thereof, upon the Tables of both Houses of Parliament.

3. (1) The commission shall consist of not less than five persons, and if any member of the commission die or resign or, owing to absence or any other reason, is unable to act, his place shall be filled by the Governor – General.

(2) The commission may delegate to any of its members the carrying out of any part of an inquiry which under this Act it is appointed to hold and may appoint persons to assist it or to act as assessors thereto or with any members thereof delegated as aforesaid, and may regulate its own procedure.

(3) The reports and recommendations of the majority of the commission shall be deemed to be the reports and recommendations of the commission: Provided that any recommendations of any member who dissents from the majority of the commission shall, if signed by him, be included in any such report aforesaid.

(4) The commission or any member thereof or any person acting as assistant, or assessor, or secretary thereto may enter upon any land for the purposes of its inquiries and obtain thereon the information necessary to prosecute the inquiries. The commission shall without fee or other charge have access to the records and registers relating to land in any public office or in the office of any divisional council or other local authority.

4. (1) For the purposes of establishing any such area as is described in section two, the Governor – General may, out of moneys which Parliament may vote for the purpose, acquire any land or interest in land.

(2) In default of agreement with the owners of the land or the holders of interests therein the provisions of the law in force in the Province in which such land or interest in land is situate relating to the expropriation of land for public purposes shall apply and, if in any Province there be no such law, the provisions of Proclamation No. 5 of 1902 of the Transvaal and any amendment thereof shall mutatis mutandis apply.

5. (1) Any person who is a party to any attempted purchase, sale, hire or lease, or to any agreement or transaction which is in contravention of this Act or any regulation made there under shall be guilty of an offence and liable on

conviction to a fine not exceeding one hundred pounds or, in default of payment, to imprisonment with or without hard labour for a period not exceeding six months, and if the act constituting the offence be a continuing one, the offender shall be liable to a further fine not exceeding five pounds for every day which that act continues.

(2) In the event of such an offence being committed by a company, corporation, or other body of persons (not being a firm or partnership), every director, secretary, or manager of such company, corporation, or body who is within the Union shall be liable to prosecution and punishment and, in the event of any such offence being committed by a firm or partnership, every member of the firm or partnership who is within the Union shall be liable to prosecution and punishment.

6. In so far as the occupation by natives of land outside the scheduled native areas may be affected by this Act, the provisions thereof shall be construed as being in addition to and not in substitution for any law in force at the commencement thereof relating to such occupation; but in the event of a conflict between the provisions of this Act and the provisions of any such law, the provisions of this Act shall, save as is specially provided therein, prevail:

Provided that —

a. nothing in any such law or in this Act shall be construed as restricting the number of natives who, as farm labourers, may reside on any farm in the Transvaal;

b. in any proceedings for a contravention of this Act the burden of proving that a native is a farm labourer shall be upon the accused;

c. until Parliament, acting upon the report of the said commission, has made other provision, no native resident on any farm in the Transvaal or Natal shall be liable to penalties or to be removed from such farm under any law, if at the commencement of this Act he or the head of his family is registered for taxation or other purposes in the department of Native Affairs as being resident on such farm, nor shall the owner of any such farm be liable to the penalties imposed by section five in respect of the occupation of the land by such native; but nothing herein contained shall affect any right possessed by law by an owner or lessee of a farm to remove any native therefore.

7. (1) Chapter XXXIV of the Orange Free State Law Book and Law No. 4 of 1895 of the Orange Free State shall remain of full force and effect, subject to the modifications and interpretations in this section provided, and sub-section (1) (a) of the next succeeding section shall not apply to the Orange Free State.

(2) Those heads of families, with their families, who are described in article twenty of Law No. 4 of 1895 of the Orange Free State shall in the circumstances described in that article be deemed to fall under the provisions of Ordinance No. 7 of 1904 of that Province or of any other law hereafter enacted amending or substituted for that Ordinance.

(3) Whenever in Chapter XXXIV of the Orange Free State Law Book the expressions "lease" and "leasing" are used, those expressions shall be construed as including or referring to an agreement or arrangement whereby a person, in consideration of his being permitted to occupy land, renders or promises to render to any person a share of the produce thereof, or any valuable consideration of any kind whatever other than his own labour or services or the labour or services of any of his family.

8. (1) Nothing in this Act contained shall be construed as, –

a. preventing the continuation or renewal (until Parliament acting upon the report of the said commission has made other provision) of any agreement or arrangement lawfully entered into and in existence at the commencement of this Act which is a hiring or leasing of land as defined in this Act; or

b. invalidating or affecting in any manner whatever any agreement or any other transaction for the purchase of land lawfully entered into prior to the commencement of this Act, or as prohibiting any person from purchasing at any sale held by order of a competent court any land which was hypothecated by a mortgage bond passed before the commencement of this Act; or

c. prohibiting the acquisition at any time of land or interests in land by devolution or succession on death, whether under a will or on intestacy; or

d. preventing the due registration in the proper deeds office (whenever registration is necessary) of documents giving effect to any such agreement, transaction, devolution or succession as is in this section mentioned; or

e. prohibiting any person from claiming, acquiring, or holding any such servitude as under Chapter VII, of the Irrigation and Conservation of Waters Act, 1912, he is specially entitled to claim, acquire, or hold; or

f. in any way altering the law in force at the commencement of this Act relating to the acquisition of rights to minerals, precious or base metals or precious stones; or

g. applying to land within the limits in which a municipal council, town council, town board, village management board, or health committee or other local authority exercises jurisdiction; or

h. applying to land held at the commencement of the Act by any society carrying on, with the approval of the Governor – General, educational or missionary work amongst natives; or

i. prohibiting the acquisition by natives from any person whatever of land or interests in land in any township lawfully established prior to the commencement of this Act, provided it is a condition of the acquisition that no land or interest in land in such township has at any time been or shall in future be, transferred except to a native or coloured person; or

j. permitting the alienation of land or its diversion from the purposes for which it was set apart if, under section one hundred and forty – seven of the South African Act, 1909, or any other law, such land could not be alienated or so diverted except under the authority of an Act of Parliament; or

k. in any way modifying the provisions of any law whereby mortgages of or charges over land may be created to secure advances out of public moneys for specific purposes mentioned in such law and the interest of such advances, or whereunder the mortgagee or person having the charge may enter and take possession of the land so mortgaged or charged except that in any sale of such land in accordance with such law the provisions of this Act shall be observed.

(2) Nothing in this Act contained which imposes restrictions upon the acquisition by any person of land or right thereto, interests therein, or servitudes thereover, shall be in force in the Province of the Cape of Good Hope, if and for so long as such person would, by such restrictions, be prevented from acquiring or holding a qualification whereunder he is or may become entitled to be registered as a voter at parliamentary elections in any electoral division in the said Province.

9. The Governor - General may make regulations for preventing the overcrowding of huts and other dwellings in the status, native villages and settlements and other places in which natives are congregated in areas not under the jurisdiction of any local authority, the sanitation of such places and for the maintenance of the health of the inhabitants thereof.

10. In this Act, unless inconsistent with the context,

"scheduled native area" shall mean any area described in the Schedule to this Act;

"native" shall mean any person, male or female, who is a member of an aboriginal race or tribe of Africa; and shall further include any company or other body of persons, corporate or unincorporate, if the persons who have a controlling interest therein are natives;

"interest in land" shall include, in addition to other interest in land, the interest which a mortgagee of, or person having charge over, land acquires under a mortgage bond or charge;

"Minister" shall mean the Minister of Native Affairs;

"farm labourer" shall mean a native who resides on a farm and is bona fide, but not necessarily continuously employed by the owner or lessee thereof in domestic service or in farming operations:

Provided that —

a. if such native reside on one farm and is employed on another farm of the same owner or lessee he shall be deemed to have resided, and to have been employed, on one and the same farm;
b. such native shall not be deemed to be bona fide employed unless he renders ninety days' service at least in one calendar year on the farm

occupied by the owner or lessee or on another farm of the owner or lessee and no rent is paid or valuable consideration of any kind, other than service, is given by him to the owner or lessee in respect of residence on such farm or farms.

A person shall be deemed for the purposes of this Act to hire land if, in consideration of his being permitted to occupy that land or any portion thereof –

a. he pays or promises to pay to any person a rent in money; or

b. he renders or promises to render to any person a share of the produce of that land, or any valuable consideration of any kind whatever other than his own labour or services or the labour or services of his family.

11. This Act may be cited for all purposes as the Natives' Land Act, 1913.

附录二　南非土地问题大事记

时间	事件
1652年4月	荷兰东印度公司派遣范·里贝克率近百人在好望角桌湾登陆,建立食品供给站,为来往大西洋和印度洋的荷兰船只补充牛羊肉、粮食、蔬菜等。
1657年	荷属东印度公司允许雇员以自由民身份开办农场,一步步侵占桌湾后面的科伊桑人土地,供给站由移民拓殖地逐渐演变为殖民地。
1659—1660年	爆发第一次"科伊—荷兰战争",又称第一次"霍屯督战争"。
1673—1677年	爆发第二次"霍屯督战争"。
1688年	大约200名法国胡格诺教徒来到开普,加入殖民南非的行列。
1699年	欧洲移民越出开普最初边界,扩展到斯泰伦博希。
1714年	荷属东印度公司宣布取消世袭农场制,实行租地农场制,荷兰后裔自称布尔人("农夫"之意),或称阿非利卡人("非洲人"),突破开普半岛平原地区,开始向内地"高维尔"(草原)地区扩张。至18世纪上半叶,布尔人将殖民地的边界扩展到东经21.5°,掀起了第一次土地扩张高潮。
1770—1795年	布尔人掀起第二次土地扩张高潮,将原住民桑人灭绝殆尽,科伊人则丧失了民族独立性,沦为布尔人的牧农和附从。1770年开普殖民地的东部疆界扩展到加姆图斯河,1775年扩展到东经26.7°布须曼河下游,1778年进至大鱼河上游谷地楚尔惠尔德地区。
1799—1781年	布尔人扩张至东经27.2°大鱼河下游,遭遇到班图黑人中科萨人部落的抵抗,爆发第一次"卡弗尔战争",又称"科萨人战争"。
1789—1793年	第二次"卡弗尔战争"爆发。
1795—1803年	英国人第一次占领开普。
1799—1803年	第三次"卡菲尔战争"。布尔人持续近百年的向东扩张的势头受到科萨人的顽强阻遏,从此开始向北部的奥兰治河方向扩张。至1820年代,奥兰治河南岸逐渐布满了布尔人农场。
1803—1806年	英国人将开普归还给荷兰殖民者。
1806年1月	英国人第二次占领开普。1814年维也纳国际会议上,荷兰正式将开普殖民地的管辖权移交给英国,从此英国人取代荷兰人统治南非。

（续）

1809 年	开普殖民当局颁布《霍屯督法令》，限制科伊人迁徙和流动的自由，规定其离开原住地均需携带通行证。
1811—1812 年	第四次“卡菲尔战争”。英国殖民军进占楚尔惠尔德地区，英国人和布尔人农场主掀起了第三次土地扩张高潮。
1812 年	英国殖民当局宣布实行农地制度改革，布尔人农场主必须预付地价，并交纳土地税。
1818 年	“姆法肯（迪法肯）战争”开始，奥兰治河以北地区卷入持续数十年的部落战争，在此过程中，恰卡及其继承者将 100 多个部落并入祖鲁部落联盟，开始向国家组织过渡。同时，苏陀人、斯威士人、马塔贝莱人、加扎人等班图黑人部落也纷纷建立自己的王国，以增强抵抗殖民入侵的力量。
1818—1819 年	第五次“卡菲尔战争”。英国人迫使科萨人割让了大鱼河与凯河之间的大片土地，并在大鱼河西岸建立军屯地带，由科伊混血人驻守。
1820 年	英国按照“系统殖民”计划，向楚尔惠尔德地区移民 5000 人，南非当地的工商业活动开始活跃起来。
1824 年	英国殖民当局规定奥兰治河为开普殖民地的北界，限制布尔人农场主越界占领土地。
1828 年	英国殖民当局颁布《第五十号法令》，即《关于改善霍屯督人及开普其他自由有色人种处境的法令》，对布尔人农场主造成很大冲击，促使布尔人考虑进行大迁徙。
1834—1835 年	英国人驱赶进入大鱼河东岸“中立区”的科萨人部落，导致第六次“卡菲尔战争”。
1834 年	布尔人农场主特里加特率领数十人离开开普，1836 年到达德拉果阿湾，1837 年到达洛伦索马奎斯。
1835 年	布尔人波吉特率领为数可观的布尔人农场主队伍出发，成为大迁徙的前锋。
1836 年 3 月	大批布尔人涌出开普殖民地边界，向奥兰治河以北地区迁徙。其中雷蒂夫向印度洋方向进发，企图打通出海口。此后数以万计的布尔人陆陆续续向北、向东迁徙，最终占据了奥兰治河以北的纳塔尔、德兰士瓦、奥兰治等本属于班图族黑人的广大地区。
1837 年	雷蒂夫发表《迁徙的农场主宣言》，又称《雷蒂夫宣言》，阐明大迁徙的原因和目的地等。
1838 年	马里茨率领最后一支开普布尔人队伍离开当地，前往纳塔尔。12 月 16 日，布尔人与丁刚率领的祖鲁人之间进行“血河之役”，布尔人的“牛车阵”挫败祖鲁人武士。此次战役成为双方的民族纪念日。
1840 年	布尔人在占领的纳塔尔地区成立纳塔利亚共和国。
1842—1843 年	英国军队打败布尔人民团，随后进占纳塔尔。随后，英国殖民总督宣布设立“保留地”制度，将非洲人限制在有限的地理区域内。

（续）

1845 年	英国宣布将纳塔尔正式并入开普殖民地。
1846—1847 年	第七次“卡菲尔战争”。英国兼并了大鱼河和凯河之间的整块地区，并将之更名为英属卡弗拉里亚。
1848 年	比勒陀利乌斯率最后一批布尔人离开纳塔尔，大规模的布尔人民族迁徙告一段落。
1850—1853 年	第八次“卡菲尔战争”。科萨人在布尔人和英国人的联手进攻下失败。
1852 年	英国人与布尔人签订《桑德河协定》，承认法尔河以北德兰士瓦布尔人共和国独立。
1854 年	英国人与布尔人签订《布隆方丹协定》，给予奥兰治布尔人共和国独立，即奥兰治自由邦。 法尔河以北的三个布尔人共和国名义上联合为“南非共和国”，但并未成为现实，直到 1860 年，德兰士瓦的几个布尔人小共和国才组成规模小得多的南非共和国。
1857—1862 年	英国向英属卡弗拉里亚地区输送 12 000 名移民。
1858 年	第一次“巴苏陀战争”爆发。奥兰治自由邦布尔人与苏陀人争夺卡利登河与奥兰治河之间的土地，结果布尔人败北。
1865 年	第二次“巴苏陀战争”爆发，苏陀人失利，被迫与布尔人签订合约，丧失大片土地。
1867 年	第三次“巴苏陀战争”爆发。巴苏陀国王莫舒舒向英国求援，随后巴苏陀成为英国的保护国，在夹缝中求得生存。
1867 年	奥兰治河南岸霍普敦地区发现金刚石。次年又在西格里夸兰的奥兰治河和法尔河交汇处的三角地带陆续发现金刚石矿。随后于 1870 年在杜多伊斯潘地区又有所发现，数以万计的“探宝客”纷至沓来，矿产发现地也因此成为英国人与布尔人争夺的目标。
1869 年	巴苏陀兰与奥兰治共和国签订边界条约，将奥兰治河与卡利登河之间的土地割让给布尔人共和国。
1871 年	西格里夸兰被宣布为英国皇家殖民地，1880 年并入开普殖民地。
1877 年	英国人兼并德兰士瓦，继布尔人之后继续攻打佩迪王国。
1877—1879 年	第九次“卡菲尔战争”爆发。科萨人的抵抗最终归于失败。英国人把祖鲁分成 13 个酋长国，1886 年全部并入纳塔尔殖民地。
1881 年	英国人与德兰士瓦布尔人之间爆发第一次战争，8 月签订《比勒陀利亚协定》，英国承认德兰士瓦自治，但其外交权属于英国，德兰士瓦与非洲人的关系须由英国人定夺。
1884 年	在威特沃特斯兰德发现金矿，与此前发现的金刚石矿一起，促发了南非的经济变革。
1885 年	英国军队占领贝专纳兰。

(续)

1885 年 7 月	英国宣布庞多兰为其保护国。
1887 年	布尔人北上侵入马塔贝莱人地区,逼迫马塔贝莱国王洛本古拉签订条约让出马塔贝莱兰。随后英国人罗得斯向洛本古拉施加压力,向布尔人出让马塔贝莱兰的条约归于无效,英国人获得在当地的矿产开采权。
1895 年	斯威士兰被胁迫成为德兰士瓦布尔人的保护国。
1898 年	文达王国被德兰士瓦人消灭。
1899—1902 年	英布战争。自 1899 年 10 月 11 日战争爆发,历经三个阶段历时三年的厮杀,战争以军事上英国人的胜利而告终。双方都为此付出了极为惨重的代价。1902 年 5 月 31 日,双方签订《弗里尼欣条约》。两个布尔人共和国被宣布为英属德兰士瓦和奥兰治殖民地。
1909 年 9 月	英国议会公布《南非法案》,这也是南非联邦颁布的第一部种族主义宪法。
1910 年 5 月	南非联邦正式成立,原布尔人民团总司令博塔率领的南非党在选举中获胜,博塔出任第一届白人政府总理。
1912 年 1 月	非洲人国民大会(简称"非国大")在布隆方丹成立,主张通过非暴力的方式与白人政权进行斗争,争取获得和白人一样的土地和选举权利。
1913 年	南非联邦政府通过《土著土地法》。非国大组织代表到伦敦向英国皇室请愿,反对该法案。
1914 年 1 月	代表白人极端右翼的国民党成立,主张实行更严厉的种族主义政策。
1916 年	南非政府设立"博蒙特委员会",提出设立与保留地等面积的"让渡区域"供黑人购买的方案,遭到白人农场主反对而未获通过。
1922 年	阿非利卡人政府通过《土著事务法》,规定在南非要实行白人和黑人"分别发展"。
1923 年	南非政府通过《市区法案》,非洲人只许居住在特定的城市郊区,黑人居住地区的管理由白人官员负责。
1927 年	南非联邦政府提出"1913 年土著土地法修正案",限制黑人在保留地之外购买土地。
1927 年	南非议会通过《土著管理法》,规定设立一个"土著委员会",处理有关保留地的一切问题。
1931 年	英国议会通过《威斯敏斯特条例》,南非正式成为大英帝国的自治领。
1936 年	南非政府通过《班图托管与土地法案》,设立"南非土著托管局",进一步剥夺开普黑人在划定的保留地之外购买土地的权利。
1943 年	南非国民党主办的杂志上首次出现 Apartheid 一词,意即"种族隔离"。
1947 年	南非斯泰伦博希白人大学成立南非种族问题研究会,炮制了一套在南非实行种族隔离的理论。其根本目的是将对非洲人土地的占有合法化、永久化。

（续）

1948年	马兰为首的国民党以“种族隔离”理论为竞选纲领，赢得选举，马兰任总理兼外长，从此开始了国民党连续46年的长期执政，出台了一系列加强种族隔离措施的法令，使种族隔离在南非制度化。
1950年	南非政府成立汤姆林森委员会，专门研究解决南非种族分别发展的可行性方案。
1950年4月	国民党政府通过《特定住居法》，规定所有居民均需按照种族集团居住。
1951年	南非政府通过《班图权力法》。
1951—1959年	南非当局开始实施“班图斯坦计划”的第一阶段，试图将黑人以民族为单位进行归并安置，进一步压缩黑人的土地空间。
1952年	南非当局实行《通行证法》，允许黑人为寻找工作暂时居留城市三天。
1952年4月	6日，南非白人庆祝荷兰人登陆好望角300周年。
1954年	“汤姆林森委员会”提出将300多块黑人土地合并为8个班图斯坦的计划。
1955年6月	非国大与民主人士大会、南非工会、印度人大会以及有色人组织等联合召开南非人民代表大会，通过“自由宪章”，反对强加于非白人的种族隔离制度，号召为民主的南非而斗争。
1956年	南非政府按照“班图斯坦计划”，在特兰斯凯成立地方当局和立法会议。
1959年6月	白人政府通过《促进班图自治法》，规定在不同民族的基础上建立8个“班图自治区”。
1959—1976年	“班图斯坦计划”实施进入第二阶段，南非政府将264个黑人部落和保留地等逐渐合并成8个“班图斯坦”，即“黑人家园”，陆续在黑人家园内设立自治政府，但实际大权仍牢牢控制在白人手里。
1961年5月	南非政府通过第二个宪法，宣布脱离英联邦，成立共和国。
1961年12月	非国大领导人曼德拉率领军事组织“民族之矛”袭击白人地方政府机关，开始以武装斗争的方式向白人索回属于自己的权利。
1963年	特兰斯凯“班图斯坦”成为第一个黑人家园自治政府。
1968年	南非政府颁布限制城镇黑人房地产法令。
1970年	南非政府颁布《班图斯坦国籍权利法》，规定所有黑人必须取得其所属的班图斯坦国籍。
1973年	按照“班图斯坦计划”，南非白人政府将100多万黑人的土地进行归并，居住在白人区内的黑人皆变为“流动劳工”。
1976—1981年	南非政府开始实施“班图斯坦计划”的第三阶段。本欲炮制出10个黑人家园，但因国内国际形势的变化，最终只炮制出9个班图斯坦黑人“国家”。
1977年	白人政府取消通行证，改由“班图斯坦”黑人政府颁发身份证。
1983年11月	南非政府通过第三部宪法，遭到包括非国大在内的联合民主阵线的反对。
1989年11月	德克勒克继任南非总统，尝试进行改革，与狱中的曼德拉会面，商讨南非的民主进程，缓和紧张的种族关系。

（续）

1990 年 2 月	德克勒克宣布取消党禁，释放政治犯。 曼德拉走出监狱，非国大合法化。
1990 年 5 月	曼德拉率非国大代表团与德克勒克的政府代表团举行会谈。
1990 年 8 月	曼德拉与德克勒克双方签署《比勒陀利亚备忘录》，非国大宣布暂停武装斗争，南非种族和解走上正轨。
1991 年 6 月	种族隔离制度走到尽头。12 月召开“民主南非大会”，20 个政党参加，举行制宪谈判。
1993 年 12 月	南非议会正式通过《南非共和国宪法草案》。
1994 年 4 月	南非举行不分种族的第一次大选，非国大取得决定性胜利。5 月 9 日，曼德拉当选为南非首位黑人总统。政府宣布以《重建与发展计划》作为施政的基本国策。
1994 年 11 月	曼德拉总统签署《土地回归权力法》，授权政府部门对旧的土地法律进行清理和纠正。
2002 年	姆贝基政府表示要加速土地改革的步伐。
2009 年 4 月	南非祖马政府与刚果共和国进行商谈，试图购买数百万公顷土地，南非的农场主对在刚果境内获得大片可耕地很感兴趣。但由于刚果即将在 6 月份举行总统选举，交易暂时延缓下来。刚果农业部长表示，待总统选举结束后，刚果政府渴望与南非方面达成交易。

参考文献

一、中文部分

（一）译著

1.《马克思恩格斯选集》第二卷，中共中央马克思恩格斯列宁斯大林著作编译局译，北京，人民出版社，1995 年；第三卷，第四卷，北京，人民出版社，1972 年。

2.《马克思恩格斯全集》第二十五卷，中共中央马克思恩格斯列宁斯大林著作编译局译，北京，人民出版社，1974 年；第三十五卷，北京，人民出版社，1971 年。

3. ［德］马克思：《资本论》（根据第一卷德文第一版翻译），中共中央马克思恩格斯列宁斯大林著作编译局译，北京，经济科学出版社，1987 年。

4. ［美］斯塔夫里阿诺斯：《全球分裂》（上下册），迟越等译，北京，商务印书馆，1993 年。

5. ［美］伊曼纽尔·沃勒斯坦：《现代世界体系》（第一、二卷），尤来寅、吕丹等译北京，高等教育出版社，1998 年。

6. 联合国教科文组织《非洲通史》国际科学委员会编写，B. A. 奥戈特主编：第五卷，《十六世纪至十八世纪的非洲》，北京，中国对外翻译出版公司，2001 年；J. F. 阿德·阿贾伊主编：第六卷，《十九世纪八十年代以前的非洲》，北京，中国对外翻译出版公司，1998 年；阿杜·博亨主编：UNESCO《非洲通史》第七卷，北京，中国对外翻译出版公司，1991 年；A. A. 马兹鲁伊主编：第八卷，《1935 年以后的非洲》，北京，中国对外翻译出版公司，2003 年。

7. ［苏联］波特欣等：《种族主义在非洲》，何清新、林立、杨松年译，北京，世界知识出版社，1962 年。

8. ［苏联］奥尔德罗格、波铁辛主编：《非洲各族人民》，党凤德等译，北京，生活·读书·新知三联书店，1960 年。

9. 苏联科学院非洲研究所编：《非洲史：1800—1918》，顾以安、翁防民译，上海，上海人民出版社，1977。

10. ［苏联］莫伊谢耶娃：《南非共和国经济地理概况》，郑州，河南人民出版社，1977 年。

11. ［法］路易·约斯：《南非史》，史陵山译，北京，商务印书馆，1973 年。

12. ［法］勒内·杜蒙、玛丽－弗朗斯·莫坦：《被卡住脖子的非洲》，北京，世界知识出版社，1983 年。

13. ［美］理查德·吉布森：《非洲解放运动—当代反对白人少数统治的斗争》，上海，上海人民出版社，1975 年。

14. ［南非］弗斯特：《西南非洲》，山东大学外文系俄语专业师生集体译，济南，山东人民出版社，1978 年。

15. ［西德］亨·耶内克：《白人老爷》，赵振权、董光祖译，北京，世界知识出版社，1981 年。

16. ［美］戴维·拉姆：《非洲人》，张理初、沈志彦译，上海，上海译文出版社，1990 年。

17. ［南非］玛利·本森：《纳尔逊·曼德拉传》，杨立华等译，北京，中国青年出版社，1990 年。

18. ［英］欣斯利主编：《新编剑桥世界近代史》第 11 卷，中国社会科学院世界历史研究所组译，北京，中国社会科学出版社，1987 年。

19. ［英］巴兹尔·戴维逊：《现代非洲史》，舒展等译，北京，中国社会科学出版社，1989 年。

20. ［波兰］巴利茨基：《种族主义在南非》，温颖、金乃学译，北京，世界知识出版社，1957 年。

21. ［德］马克斯·韦伯：《民族国家与经济政策》（韦伯文集第一卷），甘阳等译，北京，生活·读书·新知三联书店，1997 年。

22. ［法］布罗代尔：《资本主义的动力》，杨起译，北京，生活·读书·新知三联书店，1997 年。

23. 海因·马雷：《南非：变革的局限性——过渡的政治经济学》，葛佶、屠尔康译，北京，社会科学文献出版社，2003 年。

24. ［美］塞缪尔·亨廷顿：《变化社会中的政治秩序》，王冠华等译，北京，生活·读书·新知三联书店，1989 年。

（二）中国学者著作

25. 郑家馨：《南非史》，北京，北京大学出版社，2010 年。

26. 艾周昌、郑家馨主编：《非洲通史》（近代卷），上海，华东师范大学出版社，1995 年。

27. 陆庭恩、彭坤元主编：《非洲通史》（现代卷），上海，华东师范大学出版社，1995 年。

28. 何芳川、宁骚主编：《非洲通史》（古代卷），上海，华东师范大学出版社，1995 年。

29. 杨立华等：《南部非洲政治经济的发展》，北京，中国社会科学出版社，

1994年。
30. 杨立华：《南非黑人领袖纳尔逊·曼德拉》，北京，社会科学文献出版社，1988年。
31. 杨立华：《曼德拉——南非民族团结之父》，长春，长春出版社，1995年。
32. 杨立华等：《正在发生划时代变革的国度：南非政治经济的发展》，北京，中国社会科学出版社，1994年。
33. 葛佶等：《南部非洲动乱的根源》，北京，世界知识出版社，1989年。
34. 葛佶等：《南非——富饶而多难的土地》，北京，世界知识出版社，1994年。
35. 张象主编：《彩虹之邦新南非》，北京，当代世界出版社，1998年。
36. 温宪：《黑人骄子曼德拉》，北京，当代世界出版社，1995年。
37. 李安山：《南非斗士曼德拉》，北京，学苑出版社，1996年。
38. 李安山：《非洲华侨华人史》，北京，华侨出版社，2000年。
39. 李安山：《殖民主义统治与农村社会反抗》，长沙，湖南教育出版社，1999年。
40. 夏吉生：《南非种族关系探析》，上海，华东师范大学出版社，1996年。
41. 杨人楩：《非洲通史简编》，北京，人民出版社，1984年。
42. 宁骚：《非洲黑人文化》，杭州，浙江人民出版社，1993年。
43. 宁骚：《民族与国家》，北京，北京大学出版社，1995年。
44. 李保平：《非洲传统文化与现代化》，北京，北京大学出版社，1997年。
45. 刘鸿武：《黑非洲文化研究》，上海，华东师范大学出版社，1997年。
46. 杨逢泰：《非洲研究专集》，台北，台湾商务印书馆，1989年。
47. 《非洲史论文集》，北京，生活·读书·新知三联书店，1982年。
48. 北京大学亚非所：《亚非研究》各辑。
49. 北京大学非洲研究中心编：《中国与非洲》，北京，北京大学出版社，2000年。
50. 现代国际关系研究所编：《南非经济》，北京，时事出版社，1994年。
51. 照那斯图、阮西湖、葛公尚、刘兴武等编：《种族主义问题国际会议文集》，重庆，重庆出版社，1988年。
52. 《世界民族研究论文集》，成都，四川人民出版社，1981年。
53. 中国世界民族研究会编：《反对种族歧视和种族隔离（资料汇编）》，1983年。
54. 王凤生、顾长永：《种族冲突中南非的政经变局》，台北，五南图书出版有限公司，1994年。
55. 陈翰生主编：《华工出国史料汇编》，第四、八、九、十辑，北京，中华书局，1984年。
56. 艾周昌、沐涛等著：《南非现代化研究》，上海，华东师范大学出版社，2000年。

二、西文部分

(一) 西文书目

1. Gale Group, 1998: *Africa South of the Sahara*, Europa Publications Limited, 1998 27th ed.
2. Department of Bantu Studies, 1942, 1969, 1973: *African Studies*, J ohannesburg, University of the Wiwatersrandv. 1, Mar. ; V. 28, No. 2; V. 32, No. 1 – 2.
3. Ayandele, E. A. , 1971: *The Growth of African Civilization*, Longman.
4. Akenson, Donald Harman, 1992: *God' s Peoples: Covenant and Land in South Africa, Israel, and Ulster*, Cornell University Press.
5. Alan H. Jeeves and Jonathan Crush, ed. , 1997: *White farms, Black Labor: the State and Agrarian Change in Southern Africa 1910 – 1950* , Portsmouth, NH : Heinemann.
6. Barber, James, & John Barratt, 1990: *South Africa's Foreign Policy: the Search for Status and Security 1945 – 1988*, Cambridge University Press.
7. Beinart, William, ed. , 1995: *Segregation and Apartheid in Twentieth – Century South Africa*, London : Routledge.
8. Beinart, Willam, 1987: *Hidden Struggles in Rural South Africa – Politics and Popular Movement in the Transkei and East Cape 1890 – 1930*, Johannesburg.
9. Benyon, John, 1980: *Proconsul and Paramountcy in South Africa: the High Commission, British Supremacy, and the Sub – continent 1806 – 1910*, Pietermaritzburg, South Africa : University of Natal Press.
10. Beryland, A. , 1989: *Zulu thought – Patterns of Symbolism*, Bloomington, Indiana Uni. Press.
11. Bever, Edward, 1996: *Africa* (part of South Africa), Oryx Press.
12. Boxer, C. R. , 1965: *The Dutch Seaborne Empire*, London.
13. Brooker, E. H. , 1968: *Apartheid – a History Documentary Study of Modern South Africa*, London.
14. Brooks, Edgar M. , 1927: *The History of Native Policy in South Africa*, Pretoria.
15. Bryce, James, 1900: *Impressions of South Africa*, New York.
16. Buell, Raymond Leslie, 1928: *The Native Problem in Africa*, The MacMillan Company, 2Vols.
17. Bundy, Colin, 1979: *The Rise and Fall of South African Peasantry*, California.
18. Bunting, Brian, 1969: *The Rise of the South African Reich*, Baltimore: Penguin Books.
19. Burger, John, 1943: *The Black Man's Burden*, London.

20. Callinicos, L, 1987: *Working Life 1880 – 1940* (*A People's History of South Africa, Vols 2.*): *Factories, Townships and Popular Culture on the Land*, Johannesburg.

21. Cameron, Trewhella, 1986: *An Illustrated History of South Africa*, Publication info: Johannesburg : J. Ball.

22. Chosack , Hilary, 1975: *The African Homeland of South Africa*, Johannesburg.

23. Christopher A. J. , 2001: *The Atlas of Changing South Africa*, London: Routledge.

24. Cohen, A. , 1959: *British Policy in Changing Africa*, London.

25. Cooper L. , ed. , 1983: *Reform and Response – Selected Research Papers on Aspects of Contemporary South Africa*, Cape Town, Department of Economic History, Uni. of Cape Town.

26. Cooper, Carole, 1985: *Race Relations Survey*, Johannesburg: South African Institute of Race Relations, V. 38(1984)

27. Cory, 1926: *The Rise of South Africa*, V. II and V. III, London.

28. Cory, George, 2010: *The Rise of South Africa: A History of the Origin of South African Colonization and of Its Development Towards the East, from the Earliest Times*, V. 3, Kessingger Publishing.

29. Coquerel, Paul, 1992: *L'Afrique du Sud des Afrikaners*, Bruxelles :Editions Complexe.

30. Cornevin, Marianne, 1977: *L' Afrique du Sud en Sursis*, Paris: Hachette.

31. Cornevin, Marianne, 1979: *L' apartheid: Pouvoir et Falsification Historique*, Paris, UNESCO.

32. Crais, Clifton C. , 1992: *White Supremacy and Black Resistance in Pre – industrial South Africa: The Making of the Colonial Order in the Eastern Cape 1770 – 1865*, Cambridge University Press.

33. Crapanzano, V. , 1985: *The Whites of South Africa*, New York.

34. Daniel Thorner, Basile Kerblay, R. E. F. Smith, ed. , with a foreword by Teodor Shanin, A. V. Chayanov, 1986: *On the Theory of Peasant Economy*, Madison, Wis. : The University of Wisconsin Press.

35. Danziger, E. C. , 1978: *Perspectives in History: a Documentary Study of South African History 1849 – 1978*, Cape Town.

36. Davenport, T. R. H. , 1991: *South Africa, A Modern History*, 4th edition, Macmillan.

37. Davidson, Basil, 1952: *Report on Southern Africa*, London.

38. De Kiewiet, C. W. , 1976: *The Anatomy of South African Misery*, London.

39. De Kiewiet, C. W. , 1941: *A History of South Africa: Social and Economic*, London.

40. De Kiewiet, C. W., 1937: *The Imperial Factor in South Africa*, Cambridge.

41. Delius, Peter, 1984: *The Land Belongs to Us: the Pedi Polity, the Boers and the British in the Nineteenth – century Transvaal*, Berkeley and Los Angeles.

42. Dolny, Helena, 1992: *Land and Agrarian Reform in South Africa: Land Ownship, Land Market and The State*, Open University(UK).

43. Du Toit, A. and Giliomee, H., 1983: *Afrikaner Political Thought, Analysis and Documents*, California University Press.

44. Duly, L., 1968: *British Land Policy at the Cape 1795 – 1844*, Durham, N. C.

45. Elizabeth A. Eldredge and Fred Morton, ed., 1994: *Slavery in South Africa: Captive Labor on the Dutch Frontier*, Boulder: Westview Press.

46. Elphick, Richard and Dovenport, Rodney, 1997: *Christianity in South Africa: a Political, Social, and Cultural History*, Los Aangeles: University of California.

47. Elphick, Richard and Giliomee, Hermann, eds., 1979: *The Shaping of Shouth African Society 1652 – 1820*, Cape Town and London.

48. Elphick, Richard, 1985: *Khoikhoi and the Founding of White South Africa*, Johannesburg.

49. Evans, Ivan, 1997: *Bureaucracy and Race: Native Administration in South Africa*, California.

50. Eybers, G. W., 1918: *Select Constitutional Documents Illustrating South African History 1795 – 1910*, London.

51. Fage, J. D. and Roland Oliver, *1975 – 1986*: *The Cambridge History of Africa*, Vols. 3,4,5,6,7,8, Cambridge University Press.

52. Fanon, Frantz, 1968: *The Wretched of the Earth*, New York.

53. February, Vernon, 1991: *The Afrikaners of South Africa*, London: Kegan Paul International Limited.

54. Feinstein, C. H., 2005: *An Economic History of South Africa: Conquest, Discrimination, and Development*, Cambridge University Press.

55. Fieldhouse, D. K., 1983: *Colonialism 1870 – 1945*, London.

56. Fine, Robert and Dannis Davis, 1991: *Beyond Apartheid: Labour and Liberation in South Africa*, London.

57. Fisher, 1900: *Transvaal and Boer*, London.

58. Franklin, N. N., 1948: *Economics in South Africa*, Cape Town.

59. Fromm, Erich, 1961: *The Fear of Freedom*, London.

60. Galbraith, John S., 1963: *Reluctant Empire: British Policy on the South African Frontier 1834 – 1854*, Berkeley and Los Angeles.

61. Gann, L. H., & Duignan, P., 1969: *Colonialism in Afeica 1870 – 1960*, Cambridge, Vols. 1 – 4.

62. Gann, L. H., & Duignan, P., 1981: *Why South Africa Will Survive*, London.

63. Geldenhuys, D, 1981: *South Africa's Black Homelands – Past Objectives, Present Realities and Future Developments*, Johannesburg.

64. George McCall Theal, 1897: *History of South Africa under the Administration of Dutch East India Company 1652 – 1795*, S. Sonnenschein & Co., Limited.

65. Giniewski, Paul, 1975: *L' An Prochain à Umtata*, Paris.

66. Gray, R., ed., 1975: *The Cambridge History of Africa*, V. 4, London.

67. Hancock, K. W., 1942: *Survey of Commonwealth Affairs*, V. II, (Problems of Economic Policy, 1918 – 1939), Part 2, London.

68. Heale, Jay, 1981: *They Made This Land*, Donker.

69. The Government Communication and Information System (GCIS) ed.: *South Africa Yearbook 1998 – 2010*. Pretoria.

70. Hendricks, F. Thomas, 1990: *The Pillars of Apartheid: Land Tenure, Rural Planning and the Chieftaincy*, Uppsala Universitet (Sweden).

71. Hobsbawm, E., 1980: *The Peasantry in History*, Oxford.

72. Houghton, D. Hobart, 1976: *The South African Economy*, Oxford University Press.

73. Houghton, D. Hobart and Dagut, Jenifer, 1973: *Source Material on the South Africa Economy 1860 – 1970*, Oxford Uni. Press.

74. Houghton, D. Hobart, 1967: *The South African Economy*, London: Oxford Univ. Press.

75. Houghton, Hobart, 1938: "Some Economic Problems of the Bantu in South Africa", *South African Institute of Relations Monograph Series* No. 1, Johannesburg.

76. I. Dreze, Jean, ed., 1990: *The Political Economy of Hunger*, Oxford.

77. J. Christopher, A, 1994: *The Atlas of Apartheid*, London, Witwatersrand University Press, and New York New.

78. Jeffrey Butler, Robert I. Rotberg & John Adams, 1977: *The Black Homeland of South Africa: The Political and Economic Development of Bophuthatswana and KwaZulu*, Berkeley: University of California Press.

79. J. Ki – Zerbo (Burkina Faso), UNESCO, *General History of Africa*, V. 1, The Unesco Press, 1980.

80. John de St. Jorre, 1977: *A House Divided: South Africa's Uncertain Future*, Washington and New York.

81. John Suckling & Landeg White, ed., 1988: *After Apartheid: Renewal of the South African Economy*, Heslington, York: Centre for Southern African Studies in Association with J. Currey.

82. Johnstone, Herbert, 1970: "White prosperity and white supremacy in South Africa", *African Affairs*, April.

83. Jones, Stuart and Muller, Andre, 1992: *The South African Economy 1910 – 1990*, London, Macmillan Academic and professional Ltd.

84. Katzen, Leo, 1964: *Gold & the South African Economy : the Influence of the Gold-mining Industry on Business Cycles and Economic Growth in South Africa* 1886 – 1961 , Cape Town :A. A. Balkema.

85. Keegan, Tim, 1988: *Facing the Storm – Portrait of Black Lives in Rural South Africa*, Cape Town.

86. Keegan, Timothy J. , 1986: *Rural Transformations in Industrializing South Africa: The Southern Highveld to* 1914 , Cape Town: Ravan Press.

87. Kerr, Alastair James, 1961: *The Native Law of Succession in South Africa*, London, Butterworths.

88. Kirby, Alexandre, 1976: "Afrique du Sud: Vers la décolonisation? Quelle Indèpendence pour le Transkei?" *Genéve Centre Europe, Tiers* Monde.

89. Kline, Benjamin, 1988: *Genesis of Apartheid : British African Policy in the Colony of Natal 1845 – 1893*, Lanham, MD :University Press of America.

90. Konczacki, Zbigniew A. , 1990 – 1991: *Studies in the Economic History of Southern Africa*, V. 1 – 2 , London :Frank Cass.

91. Kruger D. W. , 1969: *The Making of a Nation : a History of the Union of South Africa 1910 – 1961*, London : Macmillan.

92. Kwame Anim, Ffancis Daniel,1997: *Land Tenure, Access to Credit and on – farm Investment under Common Property Arrangements*, University of Pritoria.

93. Laband, John, 1997: *The Rise & Fall of the Zulu Nation*, London :Arms and Armour Press.

94. Lalloo, Kirankumar, 1998: *Citizenship, Property and Place: Land and Housing in South Africa*, University of Southern California.

95. Lamar, Howard and Thompson, Leonard (ed.), 1981: *The Frontier in History – North America and Southern Africa Compared*, New Heaven, Com. , Yale Uni. Press.

96. Leach, Graham, 1989: *The Afrikaners : Their Last Great Trek.* , London :Macmillan.

97. Legum, Colin, 1970: *The United Nations and Southern Africa*, Sussex.

98. Leibbrandt, Murray Victor, Rabula revisited, 1994: *The South African Land Tenure in the Light of a Village – level Study*, University of Notre Dame.

99. Letsoalo, Essy M. , 1987: *Land Reform in South Africa*, Johannesburg.

100. Lipton, Merle, 1986: *Capitalism and Apartheid: South Africa 1910 – 1986*, Aldershot, Hants, England :Wildwood House.

101. Livejoy, p. E. , 1983: *Transformation in Slavery*, Cambridge University Press.

102. Livingstone, 1875: *Missionary Travels and Researches in South Africa*, London.

103. Lord Oliver, 1927: *The Anatomy of African Misery*, Hogarth Press, London.

104. M. D. Young and O. T. Solbrig, ed., *The World's Savannas: Economic Driving Forces, Ecological Constraints, and Policy Options for Sustainable Land Use*, Paris: UNESCO.

105. Maasdnop, Gavin and Whiteside, Alan (eds.), 1992: *Towards a Post – apartheid Future – Political and Economic Relations in Southern Africa*, New York.

106. Macmillan, C. W., 1963 (revised edition, originally 1929): *Bantu, Boer, and Briton: The Making of the South African Native Problem*, Oxford.

107. Magubane, Bernard Makhosezwe, 1979: *The Political Economy of Race and Class in South Africa*, Monthly Review Press, New York.

108. Malan, Theo, 1983: *Southern Africa : Facts and Figures*, V. 1, Pretoria: Africa Institute of south Africa.

109. Mangaliso, Namazengele, A, 1994: *The South African Mosaic——a Socio – Logical Analysis of Post Apartheid Conflict*, New York.

110. Marais, Hein, 1998: *South Africa : Limits to Change : the Political Economy of Transition*, London: Zed Books.

111. Marais, 1957: *The Cape Coloured People*, Johannesburg.

112. Maraise, J. S., 1961: *The Fall of Kruger' s Republic*, Oxford.

113. Marks, Shula, 1972: "Khoisan Resistance to the Dutch in the Seventeenth and Eighteenth centuries", in *Journal of African History*, No. 1.

114. Marks, Shula and Atmore, Anthony ed., 1980: *Economy and Society in Pre – industrial South Africa*, Longman Group Ltd.

115. Marks, Shula and Rathbone, Richard, ed., 1982: *Industrialisation and Social Change in South Africa: African Class Formation, Culture, and Consciousness 1870 – 1930*, New York :Longman.

116. Marks, Shula and Trapido, Stanley, ed., 1987: *The Politics of Race, Class, and Nationalism in Twentieth – century South Africa*, London: Longman.

117. Mather, Charles T., 1992: *Agrarian Ttransformation in South Africa: Land and Labour in the Barberton District 1920 – 1960*, Queen's University at Kingston (Canada).

118. Maylan, P., 1986: *A History of the African People of South Africa*, New York.

119. Mbeki, G, 1984: *South Africa – the Peasants' Revolt*, London.

120. Michener, James A., 1982: *The Covenant*, New York: Fawcett Crest.

121. Millin, Gertrude, 1926: *The South Africans*, Parts Ⅵ and Ⅶ, New York, 1926,

122. Moodie, Donald, ed., 1960: *The Record or a Series of Official Papers Relating to the Condition and Treatment of Native Tribes of South Africa*, Amsterdam.

123. Moodie, T. Danbar, 1975: *The Rise of Afrikanerdom: Power, Apartheid, and the Afrikaner Civil Religion*, Berkeley, California University Press.

124. Muller, C. F. J., 1986: *Five Hundred Years: A History of South Africa*, Pretoria.

125. Nattrass, Jill, 1988: *The South African Economy: its Growth and Change*, Cape Town: Oxford University Press.

126. Neame, L, 1962: *The History of Apartheid; the Story of the Colour War in South Africa*, London.

127. Neumark, Solomon Daniel, 1957: *Economic Influences on the South Africa Frontier 1652 – 1836*, California.

128. *Official Year Book of the Republic of South Africa.*

129. O'meara, Dan, 1983: *Volkskapitalisme: Class, Capital, and Ideology in the Development of Afrikaner Nationalism 1934 – 1948*, Cambridge.

130. Omer – Cooper, J. D., 1966: *The Zulu Aftermath: a Nineteenth Century Revolution in Bantu Africa*, Madison.

131. p. J. Mashall, ed., 1996: *The Cambridge Illustrated History of the British Empire*, New York: Cambridge University Press.

132. Palmer, Robin H., 1977: *The Roots of Rural Poverty in Central and Southern Africa, Berkeley*: University of California Press.

133. Parker, Graham & Pofukani, Patrick, 1975: *History of Southern Africa*, London.

134. Parsons, Neil, 1993: *A New History of Southern Africa*, London: Macmillan.

135. Patterson, Sheila, 1953: *Colour and Culture in South Africa: a Study of the Status of the Cape Coloured People Within the Social Structure of the Union of South Africa*, London: Routledge.

136. Patterson, Sheila, 1957: *The Last Trek: a Study of the Boer People and the Afrikaner Nation*, London.

137. Pienar, S. and Simpson, Anthony, 1960: *South Africa: Two Views of Separate Development*, London.

138. Plaatjie, S., 1916: *Native Life in South Africa before and since the European War and the Boer Rebellion*, London.

139. Platzky, Laurino, 1985: *The Surplus People – Forced Removals in South Africa*, Braamfonteid, Ravan Press Ltd.

140. Pollock, N. and Agnew, S., 1963: *A Historical Geography of South Africa*, London.

141. Preston – Whyte, Eleanor and, Christian (eds.), 1991: *South Africa's Informal Economy*, Cape Town, Oxford Uni. Press.

142. Price, R. M., 1991: *The Apartheid State in Crisis: Political Transformation in South Africa 1975 – 1990*, Oxford University Press.

143. Pringle, Thomas, 1961: *Narrative of a Residence in South Africa*, Cape Town.

144. Pritorius, Diederik Daniel, 1994: *A Socio – economic Analysis of the Communal Land Tenure System in Venda*, University of Pretoria.

145. R. Lewis, S, 1990: *The Economics of Apartheid*, New York.

146. South African Institute of Race Relations: *Race Relations Survey* 1989 – 1990, Johannesburg.

147. Redfield, R., 1956: *Peasant Society and Culture*, Chicago.

148. *Report of the Native Laws Commission 1946 – 1948*: U. G. 28/1948, Pretoria.

149. *The Native Reserves and Their Place in the Economy of the Union of South Africa*: U. G. 32/1946, Pretoria.

150. 1993: *Report of the Racial Situation in the Union of South Africa*, New York

151. Riley, Eileen, 1991: *Major political events in South Africa 1948 – 1990*, Oxford: facts and files.

152. Roberts, A. D., 1990: *The Colonial Movement in Africa: Essays on the Movement of Minds and Materials 1900 – 1940*, Cambridge University Press.

153. Robertson, Michael, 1990: *South African human Rights and Labour Law Yearbook.*, Cape Town: Oxford University Press.

154. Robinson, D. and Smith, D., ed., 1979: *Sources of the African Past*, London.

155. Ross, Robert, 1999: *A Concise History of South Africa*, Cambridge University Press.

156. Ross, Robert, 1993: *Beyond the Pale: Essays on the History of Colonial South Africa*, Hanover and London: University Press of New England.

157. Ross, Robert, 1983: *Cape of Torments: Slavery and Resistance in South Africa*, London.

158. Russel, Robert, 1911: *Natal: The Land and Its Story*, 12th (and final) ed., Pietermaritzburg.

159. Saunders, ed., 1983: *Historical Dictionary of South Africa*, London.

160. Saunders, G., 1988: *The Making of the South African Past – major Historian on Race and Class*, Cape Town.

161. Schama, Simon, 1988, 1991: *The Embarrassment of the Riches: an Interpretation of Dutch Culture in the Golden Age*, New York.

162. Scheub, Harold, ed., 1997: *Secret Fire*: the 1913 – 14 *South African Journal of Pauline Smith*, Pietermaritzburg: University of Natal Press.

163. Schlemmer, F. C. L. and Van Vauren, Dean (ed.), 1991: *Policy Option for a New South Africa*, South Africa, Human Science Research Council.

164. Schrire, Robert A., 1992: *Adapt or Die: the End of White Politics in South Africa*, London: Hurst & Co.

165. Schrire, Robert A., 1990: *Critical Choice for South Africa——an Agenda for the 1990s*, Cape Town: Oxford University Press.

166. Schrire, Robert A., 1992: *Wealth or Poverty?: Critical Choices for South Africa*, Cape Town: Oxford University Press.

167. Shanin, Teodor, 1971: "Peasantry: Delineation of a Sociological Concept and a Field of Study", *European Journal of Sociology*, XII.

168. Shanin, Teodor, ed., 1987: *Peasants and Peasant Societies: Selected Readings*, Oxford [Oxfordshire]; Blackwell.

169. Simons, H. J., & Simons, R. E., 1969: *Class and Colour in South Africa 1850 - 1950*, Penguin Books.

170. Smithers, A. J., 1973: *The Kaffir Wars 1799 - 1877*, London.

171. Smollan, Roy, 1986: *Black Advancement in the South African Economy*, Braamfontein, Johannesburg: Macmillan South Africa.

172. Unesco, 1980: *Sociological Theories: Race and Colonialism*, Paris.

173. South Africa, Social and Economic Planning Council, 1946: *Native Reserves and Their Place in the South African Economy*, U. G. No. 32.

174. *South Africa. Commission for the Socio - economic Development of the Bantu Areas*, A/916/S087.

175. South Africa Dept. of Information, 1973: *South Africa: Official yearbook of the Republic of South Africa*, V. 1, Pretoria.

176. South African State Dept. of Information, 1974: *South Africa*, Pretoria.

177. Jean Morris, 1984: *South African Tribal Life Today*, South Africa, College Press.

178. Spaiks, Allster, 1991: *The Mind of South Africa*, New York: Ballantine Books.

179. Sparks, Allster, 1995: *Tomorrow is Another Country*, New York.

180. Spies, p. H., 1983: *Urban - rural Interaction in South Africa*, Stellenbosch.

181. State Department of Information, 1974: *Multi - national Development in South Africa. The Reality*, Pretoria.

182. Bureau for Economic Research, Co - operation and Development, 1983: *Statistiese Oorsig van Swart Ontwikkeling: Statistical Survey of Black Development*, Pretoria, pt. 1 - 2/1982

183. *Suid - Afrikaanse statistieke: South African Statistics*, South Africa: Pretoria: [s. n.]; 1976 - V. (1976), (1978).

184. *Summary of the Report of the Commission for the Socio - Economic Development of the Bantu Areas within the Union of South Africa*, U. G. 61/1955, The Government Printer, Pretoria.

185. T. Bryans, A, 1980: *A History of the Zulu and Neighbouring Tribes*, Cape Town.

186. Tatz C. M., 1962: *Shadow and Substance in South Africa: A Study in Land and*

Franchise Policies Affecting Africans 1910 – 1960, Pietermaritzburg: University of Natal Press.

187. The Turret Source Workbook 6, 1984: *South African Political and Economic History*, Johannesburg.
188. World Bank Group, 1997: *African Development Indicators*, Washington D. C.: The World Bank.
189. Thompson, L., 1990: *A History of South Africa*, Yale University.
190. Thompson, Leonard M., 1964: "The South African Dilemma", in Louis M. Hartz, *The Founding of New Societies*, New York.
191. Thompson, Leonard M., 1985: *The Political Mythology of Apartheid*, Vail – Ballou Press, Binghamton, New York.
192. Townsend, Robert Frederick, 1997: *Policy Distortions Agricultural Performance in the South African Economy*, University of Pretoria.
193. UN, Department of Political and Security Council Affairs, Center Against Apartheid, December 1976: *Land Tenure Conditions in South Africa*, No. 37.
194. Union of South Africa, 1932: *Report of Native Economic Commission , 1930 – 1932: U. G.* 22/1932, *Pretoria.*
195. *Union of South Africa*, 1948: *The Economic and Social Conditions of the Racial Groups in South Africa*, U. G. 53/1948, Pretoria.
196. University of Cape Town Centre for African Studies, 1979: *Perspectives on the South African Past*, Cape Town.
197. Van Ameringen, Marc, ed., 1995: "Economic Policy: A Report from the Mission on Economic Analysis and Policy Formulation for Post – apartheid South Africa", *Building A New South Africa*, V. 1, International Development Research Centre, Canada.
198. Van Dipen, M., ed., 1988: *The National Question in South Africa*, London.
199. Van Jaarsveld, F. A., 1964: *The Afrikaner's Interpretation of South African History*, Cape Town.
200. W. Cell, J, 1982: *The Highest Stage of White Supremacy——the Origins of Segregation in South Africa and the American South*, London.
201. Walker, E. A., ed., 1963: *The Cambridge History of the British Empire*, V. VIII, Cambridge University Press.
202. Weber, Max, 1958: *The Protestant Ethic and the Spirit of Capitalism*, New York.
203. Wellington, John H., 1967: *South West Africa and its Human Issues*, Oxford University Press.
204. Welsh, David, 1971: *Cambridge History of the British Empire*, *The Roots of Segregation: Native Policy in Colonial Natal 1843 – 1910*, Cape Town.

205. Werger, M. J. A., 1978: *Biogeography and Ecology of Southern Africa*, The Hague: Junk.

206. William Roger Louis, Judith M. Brown, Alaine M. Low, Nicolas p. Canny, 1999: *The Oxford History of the British Empire, the Twentieth Century*, Oxford University Press.

207. Wilmot, G. James, ed., 1987: *The State of Apartheid*, Boulder, Colo. : L. Rienner.

208. Wilmot, 1895: *The Story of the Expansion of South Africa*, 2d ed., London.

209. Wilson, Francis & Mamphela, Ramphele, 1989: *Uprooting Poverty: the South African Challenge: Report for the Second Carnegie Inquiry into Poverty and Development in Southern Africa*, New York : W. W. Norton.

210. Wilson, Monica and Thompson, Leonard, 1969: *The Oxford History of South Africa*, Oxford, Clarendon Press.

211. Wolpe, Harold, 1972: "Capitalism and Cheap Labour Power in South Africa: From Segregation to apartheid", in *Economy and Society*, V. 1, Issue 4.

212. Worden, Nigel, 1994: *The Making of Modern South Africa – Conquest, Segregation and Apartheid*, Oxford.

213. Worden, N., 1985: *Slavery in South Africa*, Cambridge.

214. Worden, N. and Clifton Crais, eds., 1994: *Breaking the Chains: Slavery and its Legacy in the Nineteenth – Century Cape Colony*, Johannesburg.

215. Yudelman, David, 1983: *The Emergence of Modern South Africa*, London.

(二) 西文杂志

Africa Insight

Africa Today

African Affairs

The Black Scholar

Courier: Africa – Caribbean – Pacific European Common

Courrier de l'Unesco

Current History

Issue: A Journal of Opinion

Journal of African History

Journal of Southern African Studies

Modern African Studies

Politique Africaine

Review of African Political Economic

后　记

我研究非洲史已经将近二十年了，研究南非经济史也有十余年了。而专门研究南非土地问题，则是在我到北京大学跟随郑家馨教授攻读博士学位之后，那是 1997 年，至今也算跨世纪了。从泛泛地涉猎世界历史，到国际关系史，到发展中国家的历史，再到非洲，特别是南非土地问题的历史，我最终走进了象牙塔，钻入了牛角尖，在聚焦的同时却也感到学术视界似乎越来越宽，正如这次献给读者的拙著《土地问题与南非政治经济》所昭示的那样——一段土地问题的历史，就是一个国家政治经济发展变化的历史。

正如非洲迈向现代化的非凡进程一样，研究非洲的路途也不平坦，个中甘苦，耐人回味。在这里我要感谢那些中国非洲学的开拓者们，是他们的真知卓识和为人师表将我引领到了非洲学这一相对冷僻而又充满魅力的学术领域。《土地问题与南非政治经济》是以我的博士论文为基础的，在北京大学的六年时间里，我有幸受益于历史系世界史专业导师组郑家馨教授、何芳川教授、陆庭恩教授等名家的直接指导，也得到国际关系学院李安山教授、李保平教授、中国社会科学院西亚非洲研究所杨立华研究员、徐济明研究员等前辈和学长们的大力帮助，他们的点拨令我至今难忘。

当然，我要特别感谢我的导师郑家馨教授，先生一生致力于非洲史研究，对我的指导细致入微，这培养了我专心敬业和严谨笃实的治学精神。离开北京多年了，我在写作书稿的过程中，仍然时常请教于导师，导师仍如当初，给我以诚恳的建议。

本书的完稿还应向华东师范大学的沐涛教授、浙江师范大学的刘鸿武教授等非洲学界的著名学者致谢，他们一直对我的研究表示关注，并提出建议、给予帮助和鼓励。

中国社科院《西亚非洲》编辑部的徐拓、安春英、李智彪、詹世明等诸位专家，他们以“为他人做嫁衣”的奉献精神和独到的专业编审的眼光对我的一些先期成果提出合理化建议，并提供发表的平台，在此一并向他们表示衷心的感谢。

这部并不厚重的著作需要坚实的资料支撑，北京大学历史系资料室、北京大学图书馆、北京大学亚非研究所资料室的工作人员默默为此提供了无私的帮助，亦特此向他们表示谢意。

要感谢的还有很多：江苏省政府留学基金为我赴英国伦敦大学英联邦研究院访学交流和查阅相关资料提供了资助；我的联系导师、英联邦研究院前院长 Tim Shaw 教授、Richard Crook 教授，研究院办公室的 Mary Sanver 女士和 Coralie 女士等都为我留英期间提供了诸多帮助。

当然也要感谢我的夫人孙传红，作为一名科研管理工作者，她为此书成稿做了许多辅助工作。

最后，要郑重感谢国家社科基金后期资助项目各位专家评委们，他们对书稿给予了高度评价，并提出了具体的改进意见和建议，最终使这部探讨非洲最南端一个“彩虹之邦”土地问题与政治经济关系历史的书稿得到立项资助！还有，是中央编译出版社的责任编辑和专家们的辛勤劳动才使这部著作得以与读者见面，一并致谢！

作者

2011 年 5 月于徐州师范大学

图书在版编目(CIP)数据

土地问题与南非政治经济/孙红旗著. —北京:
中央编译出版社,2011.8
ISBN 978-7-5117-0965-3
Ⅰ.①土…
Ⅱ.①孙…
Ⅲ.①土地问题-研究-南非(阿扎尼亚)
Ⅳ.①F347.811
中国版本图书馆CIP数据核字(2011)第159634号

土地问题与南非政治经济

出 版 人 和 龑
策划编辑 贾宇琰
责任编辑 杜永明
责任印制 尹 珺
出版发行 中央编译出版社
地　　址 北京西城区车公庄大街乙5号鸿儒大厦B座(100044)
电　　话 (010)52612345(总编室) (010)52612341(编辑室)
(010)66161011(团购部) (010)52612332(网络销售)
(010)66130345(发行部) (010)66509618(读者服务部)
网　　址 www.cctpbook.com
经　　销 全国新华书店
印　　刷 北京中印联印务有限公司
开　　本 787毫米×960毫米 1/16
字　　数 220千字
印　　张 12.75
版　　次 2011年10月第1版第1次印刷
定　　价 39.00元